LITOUWS
WOORDENSCHAT

THEMATISCHE WOORDENLIJST

NEDERLANDS LITOUWS

De meest bruikbare woorden
Om uw woordenschat uit te breiden en
uw taalvaardigheid aan te scherpen

5000 woorden

Thematische woordenschat Nederlands-Litouws - 5000 woorden
Door Andrey Taranov

Woordenlijsten van T&P Books zijn bedoeld om u woorden van een vreemde taal te helpen leren, onthouden, en bestudering. Dit woordenboek is ingedeeld in thema's en behandelt alle belangrijk terreinen van het dagelijkse leven, bedrijven, wetenschap, cultuur, etc.

Het proces van het leren van woorden met behulp van de op thema's gebaseerde aanpak van T&P Books biedt u de volgende voordelen:

- Correct gegroepeerde informatie is bepalend voor succes bij opeenvolgende stadia van het leren van woorden
- De beschikbaarheid van woorden die van dezelfde stam zijn maakt het mogelijk om woordgroepen te onthouden (in plaats van losse woorden)
- Kleine groepen van woorden faciliteren het proces van het aanmaken van associatieve verbindingen, die nodig zijn bij het consolideren van de woordenschat
- Het niveau van talenkennis kan worden ingeschat door het aantal geleerde woorden

Copyright © 2016 T&P Books Publishing

Alle rechten voorbehouden. Niets uit deze uitgave mag worden verveelvoudigd, opgeslagen in een geautomatiseerd gegevensbestand en/of openbaar gemaakt in enige vorm of op enige wijze, hetzij elektronisch, mechanisch, door fotokopieën, opnamen of op enige andere manier zonder voorafgaande schriftelijke toestemming van de uitgever. U mag dit boek niet verspreiden in welk formaat dan ook.

T&P Books Publishing
www.tpbooks.com

ISBN: 978-1-78492-348-8

Dit boek is ook beschikbaar in e-boek formaat.
Gelieve www.tpbooks.com te bezoeken of de belangrijkste online boekwinkels.

LITOUWSE WOORDENSCHAT
nieuwe woorden leren

T&P Books woordenlijsten zijn bedoeld om u te helpen vreemde woorden te leren, te onthouden, en te bestuderen. De woordenschat bevat meer dan 5000 veel gebruikte woorden die thematisch geordend zijn.

- De woordenlijst bevat de meest gebruikte woorden
- Aanbevolen als aanvulling bij welke taalcursus dan ook
- Voldoet aan de behoeften van de beginnende en gevorderde student in vreemde talen
- Geschikt voor dagelijks gebruik, bestudering en zelftestactiviteiten
- Maakt het mogelijk om uw woordenschat te evalueren

Bijzondere kenmerken van de woordenschat

- De woorden zijn gerangschikt naar hun betekenis, niet volgens alfabet
- De woorden worden weergegeven in drie kolommen om bestudering en zelftesten te vergemakkelijken
- Woorden in groepen worden verdeeld in kleine blokken om het leerproces te vergemakkelijken
- De woordenschat biedt een handige en eenvoudige beschrijving van elk buitenlands woord

De woordenschat bevat 155 onderwerpen zoals:

Basisconcepten, getallen, kleuren, maanden, seizoenen, meeteenheden, kleding en accessoires, eten & voeding, restaurant, familieleden, verwanten, karakter, gevoelens, emoties, ziekten, stad, dorp, bezienswaardigheden, winkelen, geld, huis, thuis, kantoor, werken op kantoor, import & export, marketing, werk zoeken, sport, onderwijs, computer, internet, gereedschap, natuur, landen, nationaliteiten en meer ...

INHOUDSOPGAVE

Uitspraakgids	9
Afkortingen	11

BASISBEGRIPPEN	12
Basisbegrippen Deel 1	12

1.	Voornaamwoorden	12
2.	Begroetingen. Begroetingen. Afscheid	12
3.	Hoe aan te spreken	13
4.	Kardinale getallen. Deel 1	13
5.	Kardinale getallen. Deel 2	14
6.	Ordinale getallen	15
7.	Getallen. Breuken	15
8.	Getallen. Eenvoudige berekeningen	15
9.	Getallen. Diversen	15
10.	De belangrijkste werkwoorden. Deel 1	16
11.	De belangrijkste werkwoorden. Deel 2	17
12.	De belangrijkste werkwoorden. Deel 3	18
13.	De belangrijkste werkwoorden. Deel 4	19
14.	Kleuren	20
15.	Vragen	20
16.	Voorzetsels	21
17.	Functiewoorden. Bijwoorden. Deel 1	21
18.	Functiewoorden. Bijwoorden. Deel 2	23

Basisbegrippen Deel 2	25

19.	Dagen van de week	25
20.	Uren. Dag en nacht	25
21.	Maanden. Seizoenen	26
22.	Meeteenheden	28
23.	Containers	29

MENS	30
Mens. Het lichaam	30

24.	Hoofd	30
25.	Menselijk lichaam	31

Kleding en accessoires	32

26.	Bovenkleding. Jassen	32
27.	Heren & dames kleding	32

28. Kleding. Ondergoed 33
29. Hoofddeksels 33
30. Schoeisel 33
31. Persoonlijke accessoires 34
32. Kleding. Diversen 34
33. Persoonlijke verzorging. Schoonheidsmiddelen 35
34. Horloges. Klokken 36

Voedsel. Voeding 37

35. Voedsel 37
36. Drankjes 38
37. Groenten 39
38. Vruchten. Noten 40
39. Brood. Snoep 41
40. Bereide gerechten 41
41. Kruiden 42
42. Maaltijden 43
43. Tafelschikking 44
44. Restaurant 44

Familie, verwanten en vrienden 45

45. Persoonlijke informatie. Formulieren 45
46. Familieleden. Verwanten 45

Geneeskunde 47

47. Ziekten 47
48. Symptomen. Behandelingen. Deel 1 48
49. Symptomen. Behandelingen. Deel 2 49
50. Symptomen. Behandelingen. Deel 3 50
51. Artsen 51
52. Geneeskunde. Medicijnen. Accessoires 51

HET MENSELIJKE LEEFGEBIED 53
Stad 53

53. Stad. Het leven in de stad 53
54. Stedelijke instellingen 54
55. Borden 55
56. Stedelijk vervoer 56
57. Bezienswaardigheden 57
58. Winkelen 58
59. Geld 59
60. Post. Postkantoor 60

Woning. Huis. Thuis 61

61. Huis. Elektriciteit 61

5

62. Villa. Herenhuis	61
63. Appartement	61
64. Meubels. Interieur	62
65. Beddengoed	63
66. Keuken	63
67. Badkamer	64
68. Huishoudelijke apparaten	65

MENSELIJKE ACTIVITEITEN	66
Baan. Business. Deel 1	66
69. Kantoor. Op kantoor werken	66
70. Bedrijfsprocessen. Deel 1	67
71. Bedrijfsprocessen. Deel 2	68
72. Productie. Werken	69
73. Contract. Overeenstemming	70
74. Import & Export	71
75. Financiën	71
76. Marketing	72
77. Reclame	73
78. Bankieren	73
79. Telefoon. Telefoongesprek	74
80. Mobiele telefoon	75
81. Schrijfbehoeften	75
82. Soorten bedrijven	75

Baan. Business. Deel 2	78
83. Show. Tentoonstelling	78
84. Wetenschap. Onderzoek. Wetenschappers	79

Beroepen en ambachten	80
85. Zoeken naar werk. Ontslag	80
86. Zakenmensen	80
87. Dienstverlenende beroepen	81
88. Militaire beroepen en rangen	82
89. Ambtenaren. Priesters	83
90. Agrarische beroepen	83
91. Kunst beroepen	84
92. Verschillende beroepen	84
93. Beroepen. Sociale status	86

Onderwijs	87
94. School	87
95. Hogeschool. Universiteit	88
96. Wetenschappen. Disciplines	89
97. Schrift. Spelling	89
98. Vreemde talen	90

Rusten. Entertainment. Reizen 92

99. Trip. Reizen 92
100. Hotel 92

TECHNISCHE APPARATUUR. VERVOER 94
Technische apparatuur 94

101. Computer 94
102. Internet. E-mail 95
103. Elektriciteit 96
104. Gereedschappen 97

Vervoer 99

105. Vliegtuig 99
106. Trein 100
107. Schip 101
108. Vliegveld 102

Gebeurtenissen in het leven 104

109. Vakanties. Evenement 104
110. Begrafenissen. Begrafenis 105
111. Oorlog. Soldaten 105
112. Oorlog. Militaire acties. Deel 1 106
113. Oorlog. Militaire acties. Deel 2 108
114. Wapens 109
115. Oude mensen 111
116. Middeleeuwen 111
117. Leider. Baas. Autoriteiten 113
118. De wet overtreden. Criminelen. Deel 1 114
119. De wet overtreden. Criminelen. Deel 2 115
120. Politie. Wet. Deel 1 116
121. Politie. Wet. Deel 2 117

NATUUR 119
De Aarde. Deel 1 119

122. De kosmische ruimte 119
123. De Aarde 120
124. Windrichtingen 121
125. Zee. Oceaan 121
126. Namen van zeeën en oceanen 122
127. Bergen 123
128. Bergen namen 124
129. Rivieren 124
130. Namen van rivieren 125
131. Bos 125
132. Natuurlijke hulpbronnen 126

De Aarde. Deel 2 — 128

133. Weer — 128
134. Zwaar weer. Natuurrampen — 129

Fauna — 130

135. Zoogdieren. Roofdieren — 130
136. Wilde dieren — 130
137. Huisdieren — 131
138. Vogels — 132
139. Vis. Zeedieren — 134
140. Amfibieën. Reptielen — 134
141. Insecten — 135

Flora — 136

142. Bomen — 136
143. Heesters — 136
144. Vruchten. Bessen — 137
145. Bloemen. Planten — 138
146. Granen, graankorrels — 139

LANDEN. NATIONALITEITEN — 140

147. West-Europa — 140
148. Centraal- en Oost-Europa — 140
149. Voormalige USSR landen — 141
150. Azië — 141
151. Noord-Amerika — 142
152. Midden- en Zuid-Amerika — 142
153. Afrika — 143
154. Australië. Oceanië — 143
155. Steden — 143

UITSPRAAKGIDS

Letter	Litouws voorbeeld	T&P fonetisch alfabet	Nederlands voorbeeld
Aa	adata	[a]	acht
Ąą	ąžuolas	[a:]	aan, maart
Bb	badas	[b]	hebben
Cc	cukrus	[ts]	niets, plaats
Čč	česnakas	[tʃ]	Tsjechië, cello
Dd	dumblas	[d]	Dank u, honderd
Ee	eglė	[æ]	Nederlands Nedersaksisch - dät, Engels - cat
Ęę	vedęs	[æ:]	Nederlands Nedersaksisch - dät, Engels - cat
Ėė	ėdalas	[e:]	twee, ongeveer
Ff	fleita	[f]	feestdag, informeren
Gg	gandras	[g]	goal, tango
Hh	husaras	[ɣ]	liegen, gaan
I i	ižas	[i]	bidden, tint
Į į	mįslė	[i:]	team, portier
Yy	vynas	[i:]	team, portier
J j	juokas	[j]	New York, januari
Kk	kilpa	[k]	kennen, kleur
L l	laisvė	[l]	delen, luchter
Mm	mama	[m]	morgen, etmaal
Nn	nauda	[n]	nemen, zonder
Oo	ola	[o], [o:]	aankomst, rood
Pp	pirtis	[p]	parallel, koper
Rr	ragana	[r]	roepen, breken
Ss	sostinė	[s]	spreken, kosten
Šš	šūvis	[ʃ]	shampoo, machine
Tt	tėvynė	[t]	tomaat, taart
Uu	upė	[u]	hoed, doe
Ųų	siųsti	[u:]	fuut, uur
Ūū	ūmėdė	[u:]	fuut, uur
Vv	vabalas	[ʋ]	als in Noord-Nederlands - water
Zz	zuikis	[z]	zeven, zesde
Žž	žiurkė	[ʒ]	journalist, rouge

Opmerkingen

- Een macron (ū), en een ogonek (ą, ę, į, ų) kunnen allemaal gebruikt worden om de klinkerlengte in het Modern Standaard Litouws te markeren. De diakritische tekens Acute (Áá Ą́ą́), grave (Àà), en tilde (Ããg Ą̃ą̃) worden gebruikt om de toonhoogte accenten aan te geven. Echter, deze toonhoogte-accenten worden over het algemeen niet geschreven, behalve in woordenboeken, grammatica's, en waar nodig voor de duidelijkheid, zoals bij homoniemen en om dialectische gebruik te differentiëren.

AFKORTINGEN
gebruikt in de woordenschat

Nederlandse afkortingen

abn	-	als bijvoeglijk naamwoord
bijv.	-	bijvoorbeeld
bn	-	bijvoeglijk naamwoord
bw	-	bijwoord
enk.	-	enkelvoud
enz.	-	enzovoort
form.	-	formele taal
inform.	-	informele taal
mann.	-	mannelijk
mil.	-	militair
mv.	-	meervoud
on.ww.	-	onovergankelijk werkwoord
ontelb.	-	ontelbaar
ov.	-	over
ov.ww.	-	overgankelijk werkwoord
telb.	-	telbaar
vn	-	voornaamwoord
vrouw.	-	vrouwelijk
vw	-	voegwoord
vz	-	voorzetsel
wisk.	-	wiskunde
ww	-	werkwoord

Nederlandse artikelen

de	-	gemeenschappelijk geslacht
de/het	-	gemeenschappelijk geslacht, onzijdig
het	-	onzijdig

Litouwse afkortingen

dgs	-	meervoud
m	-	vrouwelijk zelfstandig naamwoord
m dgs	-	vrouwelijk meervoud
v	-	mannelijk zelfstandig naamwoord
v dgs	-	mannelijk meervoud

11

/ T&P Books. Thematische woordenschat Nederlands-Litouws - 5000 woorden

BASISBEGRIPPEN

Basisbegrippen Deel 1

1. Voornaamwoorden

ik	àš	['aʃ]
jij, je	tù	['tu]
hij	jìs	[jɪs]
zij, ze	jì	[jɪ]
wij, we	mẽs	['mʲæs]
jullie	jū̃s	['juːs]
zij, ze	jiẽ	['jiɛ]

2. Begroetingen. Begroetingen. Afscheid

Hallo! Dag!	Sveĩkas!	['svʲɛɪkas!]
Hallo!	Sveikì!	[svʲɛɪ'kʲɪ!]
Goedemorgen!	Lãbas rýtas!	['lʲaːbas 'rʲiːtas!]
Goedemiddag!	Labà dienà!	[lʲa'ba dʲiɛ'na!]
Goedenavond!	Lãbas vãkaras!	['lʲaːbas 'vaːkaras!]
gedag zeggen (groeten)	sveĩkintis	['svʲɛɪkʲɪntʲɪs]
Hoi!	Lãbas!	['lʲaːbas!]
groeten (het)	linkėjimas (v)	[lʲɪŋ'kʲɛjɪmas]
verwelkomen (ww)	sveĩkinti	['svʲɛɪkʲɪntʲɪ]
Hoe gaat het?	Kaĩp sẽkasi?	['kʌɪp 'sʲækasʲɪ?]
Is er nog nieuws?	Kàs naũjo?	['kas 'nɑujɔ?]
Dag! Tot ziens!	Ikì pasimãtymo!	[ɪkʲɪ pasʲɪmatʲiːmo!]
Tot snel! Tot ziens!	Ikì greĩto susìtikimo!	[ɪ'kʲɪ 'grʲɛɪtɔ susʲɪtʲɪ'kʲɪmɔ!]
Vaarwel!	Lìkite sveikì!	['lʲɪkʲɪtʲɛ svʲɛɪ'kʲɪ!]
afscheid nemen (ww)	atsisveĩkinti	[atsʲɪ'svʲɛɪkʲɪntʲɪ]
Tot kijk!	Ikì!	[ɪ'kʲɪ!]
Dank u!	Ãčiū!	['aːtʂʲuː!]
Dank u wel!	Labaĩ ãčiū!	[lʲa'bʌɪ 'aːtʂʲuː!]
Graag gedaan	Prãšom.	['praːʃom]
Geen dank!	Nevertà padėkõs.	[nʲɛvʲɛr'ta padʲeː'koːs]
Geen moeite.	Nėrà ùž ką̃.	[nʲeː'ra 'ʊʒ kaː]
Excuseer me, ... (inform.)	Atléisk!	[at'lʲɛɪsk!]
Excuseer me, ... (form.)	Atléiskite!	[at'lʲɛɪskʲɪtʲɛ!]
excuseren (verontschuldigen)	atléisti	[at'lʲɛɪstʲɪ]
zich verontschuldigen	atsiprašýti	[atsʲɪpra'ʃɪːtʲɪ]

12

T&P Books. Thematische woordenschat Nederlands-Litouws - 5000 woorden

Mijn excuses.	Mãno atsiprãšymas.	['maːnɔ atsʲɪ'praːʃɪːmas]
Het spijt me!	Atleiskite!	[at'lʲɛɪskʲɪtʲɛ!]
vergeven (ww)	atleisti	[at'lʲɛɪstʲɪ]
Maakt niet uit!	Niẽko baisaũs.	['nʲɛkɔ bʌɪ'sɑʊs]
alsjeblieft	prãšom	['praːʃom]
Vergeet het niet!	Nepamir̃škite!	[nʲɛpa'mʲɪrʃkʲɪtʲɛ!]
Natuurlijk!	Žinomà!	['ʒʲɪnoma!]
Natuurlijk niet!	Žinomà nè!	['ʒʲɪnoma nʲɛ!]
Akkoord!	Sutinkù!	[sʊtʲɪŋ'kʊ!]
Zo is het genoeg!	Užtèks!	[ʊʒ'tʲɛks!]

3. Hoe aan te spreken

Excuseer me, ...	Atsiprašau, ...	[atsʲɪpra'ʃɑʊ, ...]
meneer	Põnas	['poːnas]
mevrouw	Põne	['poːnʲɛ]
juffrouw	Panẽlė	[pa'nʲælʲeː]
jongeman	Ponáiti	[po'nʌɪtʲɪ]
jongen	Berniùk	[bʲɛr'nʲʊk]
meisje	Mergáitė	[mʲɛr'gʌɪtʲeː]

4. Kardinale getallen. Deel 1

nul	nùlis	['nʊlʲɪs]
een	víenas	['vʲiɛnas]
twee	dù	['dʊ]
drie	trìs	['trʲɪs]
vier	keturì	[kʲɛtʊ'rʲɪ]

vijf	penkì	[pʲɛŋ'kʲɪ]
zes	šešì	[ʃɛ'ʃʲɪ]
zeven	septynì	[sʲɛptʲiː'nʲɪ]
acht	aštuonì	[aʃtʊɑ'nʲɪ]
negen	devynì	[dʲɛvʲiː'nʲɪ]

tien	dẽšimt	['dʲæʃɪmt]
elf	vienúolika	[vʲiɛ'nʊɑlʲɪka]
twaalf	dvýlika	['dvʲiː lʲɪka]
dertien	trýlika	['trʲiː lʲɪka]
veertien	keturiólika	[kʲɛtʊ'rʲolʲɪka]

vijftien	penkiólika	[pʲɛŋ'kʲolʲɪka]
zestien	šešiólika	[ʃɛ'ʃolʲɪka]
zeventien	septyniólika	[sʲɛptʲiː'nʲolʲɪka]
achttien	aštuoniólika	[aʃtʊɑ'nʲolʲɪka]
negentien	devyniólika	[dʲɛvʲiː'nʲolʲɪka]

twintig	dvìdešimt	['dvʲɪdʲɛʃɪmt]
eenentwintig	dvìdešimt víenas	['dvʲɪdʲɛʃɪmt 'vʲiɛnas]
tweeëntwintig	dvìdešimt dù	['dvʲɪdʲɛʃɪmt 'dʊ]
drieëntwintig	dvìdešimt trìs	['dvʲɪdʲɛʃɪmt 'trʲɪs]

dertig	trìsdešimt	['trʲɪsdʲɛʃɪmt]
eenendertig	trìsdešimt víenas	['trʲɪsdʲɛʃɪmt 'vʲiɛnas]
tweeëndertig	trìsdešimt dù	['trʲɪsdʲɛʃɪmt 'dʊ]
drieëndertig	trìsdešimt trìs	['trʲɪsdʲɛʃɪmt 'trʲɪs]

veertig	kẽturiasdešimt	['kʲætʊrʲæsdʲɛʃɪmt]
eenenveertig	kẽturiasdešimt víenas	['kʲætʊrʲæsdʲɛʃɪmt 'vʲiɛnas]
tweeënveertig	kẽturiasdešimt dù	['kʲætʊrʲæsdʲɛʃɪmt 'dʊ]
drieënveertig	kẽturiasdešimt trìs	['kʲætʊrʲæsdʲɛʃɪmt 'trʲɪs]

vijftig	peñkiasdešimt	['pʲɛŋkʲæsdʲɛʃɪmt]
eenenvijftig	peñkiasdešimt víenas	['pʲɛŋkʲæsdʲɛʃɪmt 'vʲiɛnas]
tweeënvijftig	peñkiasdešimt dù	['pʲɛŋkʲæsdʲɛʃɪmt 'dʊ]
drieënvijftig	peñkiasdešimt trìs	['pʲɛŋkʲæsdʲɛʃɪmt 'trʲɪs]

zestig	šẽšiasdešimt	['ʃæʃæsdʲɛʃɪmt]
eenenzestig	šẽšiasdešimt víenas	['ʃæʃæsdʲɛʃɪmt 'vʲiɛnas]
tweeënzestig	šẽšiasdešimt dù	['ʃæʃæsdʲɛʃɪmt 'dʊ]
drieënzestig	šẽšiasdešimt trìs	['ʃæʃæsdʲɛʃɪmt 'trʲɪs]

zeventig	septýniasdešimt	[sʲɛp'tʲiːnʲæsdʲɛʃɪmt]
eenenzeventig	septýniasdešimt víenas	[sʲɛp'tʲiːnʲæsdʲɛʃɪmt 'vʲiɛnas]
tweeënzeventig	septýniasdešimt dù	[sʲɛp'tʲiːnʲæsdʲɛʃɪmt 'dʊ]
drieënzeventig	septýniasdešimt trìs	[sʲɛptʲiːnʲæsdʲɛʃɪmt 'trʲɪs]

tachtig	aštúoniasdešimt	[aʃtʊɑnʲæsdʲɛʃɪmt]
eenentachtig	aštúoniasdešimt víenas	[aʃtʊɑnʲæsdʲɛʃɪmt 'vʲiɛnas]
tweeëntachtig	aštúoniasdešimt dù	[aʃtʊɑnʲæsdʲɛʃɪmt 'dʊ]
drieëntachtig	aštúoniasdešimt trìs	[aʃtʊɑnʲæsdʲɛʃɪmt 'trʲɪs]

negentig	devýniasdešimt	[dʲɛ'vʲiːnʲæsdʲɛʃɪmt]
eenennegentig	devýniasdešimt víenas	[dʲɛ'vʲiːnʲæsdʲɛʃɪmt 'vʲiɛnas]
tweeënnegentig	devýniasdešimt dù	[dʲɛ'vʲiːnʲæsdʲɛʃɪmt 'dʊ]
drieënnegentig	devýniasdešimt trìs	[dʲɛ'vʲiːnʲæsdʲɛʃɪmt 'trʲɪs]

5. Kardinale getallen. Deel 2

honderd	šim̃tas	['ʃɪmtas]
tweehonderd	dù šimtaĩ	['dʊ ʃɪm'tʌɪ]
driehonderd	trìs šimtaĩ	['trʲɪs ʃɪm'tʌɪ]
vierhonderd	keturì šimtaĩ	[kʲɛtʊ'rʲɪ ʃɪm'tʌɪ]
vijfhonderd	penkì šimtaĩ	[pʲɛŋ'kʲɪ ʃɪm'tʌɪ]
zeshonderd	šešì šimtaĩ	[ʃɛ'ʃʲɪ ʃɪm'tʌɪ]
zevenhonderd	septynì šimtaĩ	[sʲɛptʲiːnʲɪ 'ʃɪmtʌɪ]
achthonderd	aštuonì šimtaĩ	[aʃtʊɑ'nʲɪ ʃɪm'tʌɪ]
negenhonderd	devynì šimtaĩ	[dʲɛvʲiː'nʲɪ ʃɪm'tʌɪ]

duizend	tū́kstantis	['tuːkstantʲɪs]
tweeduizend	dù tū́kstančiai	['dʊ 'tuːkstantsʲɛɪ]
drieduizend	trỹs tū́kstančiai	['trʲiːs 'tuːkstantsʲɛɪ]
tienduizend	dẽšimt tū́kstančių	['dʲæʃɪmt 'tuːkstantsʲuː]
honderdduizend	šim̃tas tū́kstančių	['ʃɪmtas 'tuːkstantsʲuː]
miljoen (het)	milijõnas (v)	[mʲɪlʲɪ'jɔːnas]
miljard (het)	milijárdas (v)	[mʲɪlʲɪ'jardas]

6. Ordinale getallen

eerste (bn)	pìrmas	['pʲɪrmas]
tweede (bn)	añtras	['antras]
derde (bn)	trẽčias	['trʲæʊtɡʲæɕ]
vierde (bn)	kętvirtas	[kʲɛt'vʲɪrtas]
vijfde (bn)	peñktas	['pʲɛŋktas]
zesde (bn)	šẽštas	['ʃæʃtas]
zevende (bn)	septiñtas	[sʲɛp'tʲɪntas]
achtste (bn)	aštuñtas	[aʃ'tʊntas]
negende (bn)	deviñtas	[dʲɛ'vʲɪntas]
tiende (bn)	dešim̃tas	[dʲɛ'ʃɪmtas]

7. Getallen. Breuken

breukgetal (het)	trùpmena (m)	['trʊpmʲɛna]
half	víena antróji	['vʲiɛna an'troːjɪ]
een derde	víena trečióji	['vʲiɛna trʲɛ'tɕʲoːjɪ]
kwart	víena ketvirtóji	['vʲiɛna kʲɛtvʲɪr'toːjɪ]
een achtste	víena aštuntóji	['vʲiɛna aʃtʊn'toːjɪ]
een tiende	víena dešimtóji	['vʲiɛna dʲɛʃɪm'toːjɪ]
twee derde	dvì trẽčioosios	[dvʲɪ 'trʲætɕʲoosʲos]
driekwart	trỹs ketvirtosios	['trʲiːs kʲɛt'vʲɪrtosʲos]

8. Getallen. Eenvoudige berekeningen

aftrekking (de)	atimtìs (m)	[atʲɪm'tʲɪs]
aftrekken (ww)	atim̃ti	[a'tʲɪmtʲɪ]
deling (de)	dalýba (m)	[da'lʲiːba]
delen (ww)	dalìnti	[da'lʲɪntʲɪ]
optelling (de)	sudėjìmas (v)	[sʊdʲeːˈjɪmas]
erbij optellen	sudėti	[sʊ'dʲeːtʲɪ]
(bij elkaar voegen)		
optellen (ww)	pridėti	[prʲɪ'dʲeːtʲɪ]
vermenigvuldiging (de)	daugýba (m)	[dɑʊ'ɡʲiːba]
vermenigvuldigen (ww)	dáuginti	['dɑʊɡʲɪntʲɪ]

9. Getallen. Diversen

cijfer (het)	skaitmuõ (v)	[skʌɪt'mʊɑ]
nummer (het)	skaĩčius (v)	['skʌɪtɕʲʊs]
telwoord (het)	skaĩtvardis (v)	['skʌɪtvardʲɪs]
minteken (het)	mìnusas (v)	['mʲɪnʊsas]
plusteken (het)	pliùsas (v)	['plʲʊsas]
formule (de)	fòrmulė (m)	['formʊlʲeː]
berekening (de)	išskaičiãvimas (v)	[ɪʃskʌɪ'tɕʲævʲɪmas]

15

tellen (ww)	skaičiúoti	[skʌɪ'tʂʲuatʲɪ]
bijrekenen (ww)	apskaičiúoti	[apskʌɪ'tʂʲuatʲɪ]
vergelijken (ww)	sulýginti	[sʊ'lʲiːgʲɪntʲɪ]

Hoeveel?	Kíek?	['kʲiɛk?]
som (de), totaal (het)	sumà (m)	[sʊ'ma]
uitkomst (de)	rezultãtas (v)	[rʲɛzʊlʲ'taːtas]
rest (de)	likùtis (v)	[lʲɪ'kʊtʲɪs]

enkele (bijv. ~ minuten)	kẽletas	['kʲælʲɛtas]
weinig (bw)	nedaũg ...	[nʲɛ'daʊg ...]
restant (het)	visà kità	['vʲɪsa 'kʲɪta]
anderhalf	pusañtro	[pʊ'santrɔ]
dozijn (het)	tùzinas (v)	['tʊzʲɪnas]

middendoor (bw)	per pùsę	['pʲɛr 'pʊsʲɛː]
even (bw)	põ lýgiai	['poː lʲiːgʲɛɪ]
helft (de)	pùsė (m)	['pʊsʲeː]
keer (de)	kártas (v)	['kartas]

10. De belangrijkste werkwoorden. Deel 1

aanbevelen (ww)	rekomendúoti	[rʲɛkomʲɛn'dʊatʲɪ]
aandringen (ww)	reikaláuti	[rʲɛɪka'lʲaʊtʲɪ]
aankomen (per auto, enz.)	atvažiúoti	[atva'ʒʲuatʲɪ]
aanraken (ww)	čiupinéti	[tʂʲʊpʲɪ'nʲeːtʲɪ]
adviseren (ww)	patarinéti	[patarʲɪ'nʲeːtʲɪ]

afdalen (on.ww.)	léistis	['lʲɛɪstʲɪs]
afslaan (naar rechts ~)	sùkti	['sʊktʲɪ]
antwoorden (ww)	atsakýti	[atsa'kʲiːtʲɪ]
bang zijn (ww)	bijóti	[bʲɪ'jotʲɪ]
bedreigen (bijv. met een pistool)	grasìnti	[gra'sʲɪntʲɪ]

bedriegen (ww)	apgaudinéti	[apgaʊdʲɪ'nʲeːtʲɪ]
beëindigen (ww)	užbaĩgti	[ʊʒ'bʌɪktʲɪ]
beginnen (ww)	pradéti	[pra'dʲeːtʲɪ]
begrijpen (ww)	supràsti	[sʊp'rastʲɪ]
beheren (managen)	vadováuti	[vado'vaʊtʲɪ]

beledigen (met scheldwoorden)	įžeidinéti	[iːʒʲɛɪdʲɪ'nʲeːtʲɪ]
beloven (ww)	žadéti	[ʒa'dʲeːtʲɪ]
bereiden (koken)	gamìnti	[ga'mʲɪntʲɪ]
bespreken (spreken over)	aptarinéti	[aptarʲɪ'nʲætʲɪ]

bestellen (eten ~)	užsakinéti	[ʊʒsakʲɪ'nʲeːtʲɪ]
bestraffen (een stout kind ~)	baũsti	['baʊstʲɪ]
betalen (ww)	mokéti	[mo'kʲeːtʲɪ]
betekenen (beduiden)	réikšti	['rʲɛɪkʃtʲɪ]
betreuren (ww)	gailétis	[gʌɪ'lʲeːtʲɪs]
bevallen (prettig vinden)	patìkti	[pa'tʲɪktʲɪ]
bevelen (mil.)	nurodinéti	[nʊrodʲɪ'nʲeːtʲɪ]

bevrijden (stad, enz.)	išláisvinti	[ɪʃlʲʌɪsvʲɪntʲɪ]
bewaren (ww)	sáugoti	['saʊgotʲɪ]
bezitten (ww)	mokéti	[mo'kʲe:tʲɪ]

bidden (praten met God)	mélstis	['mʲɛlʲstʲɪs]
binnengaan (een kamer ~)	jeĩti	[i:'ɛɪtʲɪ]
breken (ww)	láužyti	['lʲaʊʒʲi:tʲɪ]
controleren (ww)	kontroliúoti	[kɔntro'lʲʊatʲɪ]
creëren (ww)	sukùrti	[sʊ'kʊrtʲɪ]

deelnemen (ww)	dalyváuti	[dalʲi:'vaʊtʲɪ]
denken (ww)	galvóti	[galʲ'votʲɪ]
doden (ww)	žudýti	[ʒʊ'dʲi:tʲɪ]
doen (ww)	darýti	[da'rʲi:tʲɪ]
dorst hebben (ww)	noréti gérti	[no'rʲe:tʲɪ 'gʲærtʲɪ]

11. De belangrijkste werkwoorden. Deel 2

een hint geven	užsimiñti	[ʊʒsʲɪ'mʲɪntʲɪ]
eisen (met klem vragen)	reikaláuti	[rʲɛɪka'lʲaʊtʲɪ]
excuseren (vergeven)	atléisti	[at'lʲɛɪstʲɪ]
existeren (bestaan)	egzistúoti	[ɛgzʲɪs'tʊatʲɪ]
gaan (te voet)	eĩti	['ɛɪtʲɪ]

gaan zitten (ww)	séstis	['sʲe:stʲɪs]
gaan zwemmen	máudytis	['maʊdʲi:tʲɪs]
geven (ww)	dúoti	['dʊatʲɪ]
glimlachen (ww)	šypsótis	[ʃi:p'sotʲɪs]
goed raden (ww)	atspéti	[at'spʲe:tʲɪ]

| grappen maken (ww) | juokáuti | [jʊa'kaʊtʲɪ] |
| graven (ww) | raũsti | ['raʊstʲɪ] |

hebben (ww)	turéti	[tʊ'rʲe:tʲɪ]
helpen (ww)	padéti	[pa'dʲe:tʲɪ]
herhalen (opnieuw zeggen)	kartóti	[kar'totʲɪ]
honger hebben (ww)	noréti válgyti	[no'rʲe:tʲɪ 'valʲgʲi:tʲɪ]

hopen (ww)	tikétis	[tʲɪ'kʲe:tʲɪs]
horen (waarnemen met het oor)	girdéti	[gʲɪr'dʲe:tʲɪ]
huilen (wenen)	ver̃kti	['vʲɛrktʲɪ]
huren (huis, kamer)	núomotis	['nʊamotʲɪs]
informeren (informatie geven)	informúoti	[ɪnfor'mʊatʲɪ]

instemmen (akkoord gaan)	sutìkti	[sʊ'tʲɪktʲɪ]
jagen (ww)	medžióti	[mʲɛ'dʒʲotʲɪ]
kennen (kennis hebben van iemand)	pažinóti	[paʒʲɪ'notʲɪ]
kiezen (ww)	išsiriñkti	[ɪʃsʲɪ'rʲɪŋktʲɪ]
klagen (ww)	skųstis	['sku:stʲɪs]

| kosten (ww) | kainúoti | [kʌɪ'nʊatʲɪ] |
| kunnen (ww) | galéti | [ga'lʲe:tʲɪ] |

17

T&P Books. Thematische woordenschat Nederlands-Litouws - 5000 woorden

lachen (ww)	juõktis	['juaktʲɪs]
laten vallen (ww)	numèsti	[nʊ'mʲɛstʲɪ]
lezen (ww)	skaitýti	[skʌɪ'tʲiːtʲɪ]
liefhebben (ww)	myléti	[mʲiː'lʲeːtʲɪ]
lunchen (ww)	pietáuti	[pʲiɛ'tautʲɪ]
nemen (ww)	im̃ti	['ɪmtʲɪ]
nodig zijn (ww)	bū́ti reikalìngu	['buːtʲɪ rʲɛɪka'lʲɪŋgʊ]

12. De belangrijkste werkwoorden. Deel 3

onderschatten (ww)	nejvértinti	[nʲɛɪ:'vʲɛrtʲɪntʲɪ]
ondertekenen (ww)	pasirašinéti	[pasʲɪraʃɪ'nʲeːtʲɪ]
ontbijten (ww)	pusryčiauti	['pʊsrʲiːtʂʲɛʊtʲɪ]
openen (ww)	atidarýti	[atʲɪda'rʲiːtʲɪ]
ophouden (ww)	nustóti	[nʊ'stotʲɪ]
opmerken (zien)	pastebéti	[paste'bʲeːtʲɪ]

opscheppen (ww)	gìrtis	['gʲɪrtʲɪs]
opschrijven (ww)	užrašinéti	[ʊʒraʃɪ'nʲeːtʲɪ]
plannen (ww)	planúoti	[plʲa'nʊatʲɪ]
prefereren (verkiezen)	teĩkti pirmenýbę	['tʲɛɪktʲɪ pʲɪrmʲɛ'nʲiːbʲɛː]
proberen (trachten)	bandýti	[ban'dʲiːtʲɪ]
redden (ww)	gélbėti	['gʲælʲbʲeːtʲɪ]

rekenen op ...	tikétis ...	[tʲɪ'kʲeːtʲɪs ...]
rennen (ww)	bė́gti	['bʲeːktʲɪ]
reserveren (een hotelkamer ~)	rezervúoti	[rʲɛzʲɛr'vʊatʲɪ]
roepen (om hulp)	kviẽsti	['kvʲɛstʲɪ]
schieten (ww)	šáudyti	['ʃaʊdʲiːtʲɪ]
schreeuwen (ww)	šaũkti	['ʃaʊktʲɪ]

schrijven (ww)	rašýti	[ra'ʃɪːtʲɪ]
souperen (ww)	vakarieniáuti	[vakarʲiɛ'nʲæʊtʲɪ]
spelen (kinderen)	žaĩsti	['ʒʌɪstʲɪ]
spreken (ww)	sakýti	[sa'kʲiːtʲɪ]

stelen (ww)	võgti	['voːktʲɪ]
stoppen (pauzeren)	sustóti	[sʊs'totʲɪ]

studeren (Nederlands ~)	studijúoti	[stʊdʲɪ'jʊatʲɪ]
sturen (zenden)	išsių̃sti	[ɪʃ'sʲʊːstʲɪ]
tellen (optellen)	skaičiúoti	[skʌɪ'tʂʲʊatʲɪ]
toebehoren ...	priklausýti	[prʲɪklʲaʊ'sʲiːtʲɪ]

toestaan (ww)	léisti	['lʲɛɪstʲɪ]
tonen (ww)	ródyti	['rodʲiːtʲɪ]

twijfelen (onzeker zijn)	abejóti	[abʲɛ'jotʲɪ]
uitgaan (ww)	išeĩti	[ɪ'ʃɛɪtʲɪ]
uitnodigen (ww)	kviẽsti	['kvʲɛstʲɪ]
uitspreken (ww)	ištar̃ti	[ɪʃ'tartʲɪ]
uitvaren tegen (ww)	bárti	['bartʲɪ]

13. De belangrijkste werkwoorden. Deel 4

vallen (ww)	krìsti	['krʲɪstʲɪ]
vangen (ww)	gáudyti	['gaʊdʲiːtʲɪ]
veranderen (anders maken)	pakeĩsti	[pɑ'kʲɛɪstʲɪ]
verbaasd zijn (ww)	stebė́tls	[ste'bʲeːtʲɪs]
verbergen (ww)	slė̃pti	['slʲeːptʲɪ]
verdedigen (je land ~)	giñti	['gʲɪntʲɪ]
verenigen (ww)	apjùngti	[a'pjʊŋktʲɪ]
vergelijken (ww)	lýginti	['lʲiːgʲɪntʲɪ]
vergeten (ww)	užmir̃šti	[ʊʒ'mʲɪrʃtʲɪ]
vergeven (ww)	atléisti	[at'lʲɛɪstʲɪ]
verklaren (uitleggen)	paáiškinti	[pa'ʌɪʃkʲɪntʲɪ]
verkopen (per stuk ~)	pardavinė́ti	[pardavʲɪ'nʲeːtʲɪ]
vermelden (praten over)	minė́ti	[mʲɪ'nʲeːtʲɪ]
versieren (decoreren)	puõšti	['pʊɑʃtʲɪ]
vertalen (ww)	ver̃sti	['vʲɛrstʲɪ]
vertrouwen (ww)	pasitikė́ti	[pasʲɪtʲɪ'kʲeːtʲɪ]
vervolgen (ww)	tę̃sti	['tʲɛːstʲɪ]
verwarren (met elkaar ~)	suklýsti	[sʊk'lʲiːstʲɪ]
verzoeken (ww)	prašýti	[pra'ʃɪːtʲɪ]
verzuimen (school, enz.)	praleidinė́ti	[pralʲɛɪdʲɪ'nʲeːtʲɪ]
vinden (ww)	ràsti	['rastʲɪ]
vliegen (ww)	skrìsti	['skrʲɪstʲɪ]
volgen (ww)	sèkti ...	['sʲɛktʲɪ ...]
voorstellen (ww)	siū́lyti	['sʲuːlʲiːtʲɪ]
voorzien (verwachten)	numatýti	[nʊma'tʲiːtʲɪ]
vragen (ww)	kláusti	['klʲaʊstʲɪ]
waarnemen (ww)	stebė́ti	[ste'bʲeːtʲɪ]
waarschuwen (ww)	pérspėti	['pʲɛrspʲeːtʲɪ]
wachten (ww)	láukti	['lʲaʊktʲɪ]
weerspreken (ww)	prieštaráuti	[prʲiɛʃtaˈraʊtʲɪ]
weigeren (ww)	atsisakýti	[atsʲɪsa'kʲiːtʲɪ]
werken (ww)	dìrbti	['dʲɪrptʲɪ]
weten (ww)	žinóti	[ʒʲɪ'notʲɪ]
willen (verlangen)	norė́ti	[no'rʲeːtʲɪ]
zeggen (ww)	pasakýti	[pasa'kʲiːtʲɪ]
zich haasten (ww)	skubė́ti	[skʊ'bʲeːtʲɪ]
zich interesseren voor ...	domė́tis	[do'mʲeːtʲɪs]
zich vergissen (ww)	klýsti	['klʲiːstʲɪ]
zich verontschuldigen	atsiprašinė́ti	[atsʲɪpraʃʲɪ'nʲeːtʲɪ]
zien (ww)	matýti	[ma'tʲiːtʲɪ]
zoeken (ww)	ieškóti	[ɪɛʃ'kotʲɪ]
zwemmen (ww)	plaũkti	['plʲaʊktʲɪ]
zwijgen (ww)	tylė́ti	[tʲiː'lʲeːtʲɪ]

14. Kleuren

kleur (de)	spalvà (m)	[spalʲ'va]
tint (de)	ātspalvis (v)	['a:tspalʲvʲɪs]
kleurnuance (de)	tónas (v)	['tonas]
regenboog (de)	vaivórykštė (m)	[vʌɪ'vorʲi:kʃtʲe:]
wit (bn)	baltà	[balʲ'ta]
zwart (bn)	juodà	[jʊɑ'da]
grijs (bn)	pilkà	[pʲɪlʲ'ka]
groen (bn)	žalià	[ʒa'lʲæ]
geel (bn)	geltóna	[gʲɛlʲ'tona]
rood (bn)	raudóna	[rɑʊ'dona]
blauw (bn)	mėlyna	['mʲe:lʲi:na]
lichtblauw (bn)	žydrà	[ʒʲi:d'ra]
roze (bn)	rõžinė	['ro:ʒʲɪnʲe:]
oranje (bn)	orànžinė	[o'ranʒʲɪnʲe:]
violet (bn)	violètinė	[vʲɪjo'lʲɛtʲɪnʲe:]
bruin (bn)	rudà	[rʊ'da]
goud (bn)	auksìnis	[ɑʊk'sʲɪnʲɪs]
zilverkleurig (bn)	sidabrìnis	[sʲɪda'brʲɪnʲɪs]
beige (bn)	smėlio spalvõs	['smʲe:lʲɔ spalʲ'vo:s]
roomkleurig (bn)	krèminės spalvõs	['krʲɛmʲɪnʲe:s spalʲ'vo:s]
turkoois (bn)	tùrkio spalvõs	['tʊrkʲɔ spalʲ'vo:s]
kersrood (bn)	vyšnių spalvõs	[vʲi:ʃnʲu: spalʲ'vo:s]
lila (bn)	alyvų spalvõs	[a'lʲi:vu: spalʲ'vo:s]
karmijnrood (bn)	aviẽtinės spalvõs	[a'vʲɛtʲɪnʲe:s spalʲ'vo:s]
licht (bn)	šviesì	[ʃvʲiɛ'sʲɪ]
donker (bn)	tamsì	[tam'sʲɪ]
fel (bn)	ryškì	[rʲi:ʃ'kʲɪ]
kleur-, kleurig (bn)	spalvótas	[spalʲ'votas]
kleuren- (abn)	spalvótas	[spalʲ'votas]
zwart-wit (bn)	juodaĩ báltas	[jʊɑ'dʌɪ 'balʲtas]
eenkleurig (bn)	vienspálvis	[vʲiɛns'palʲvʲɪs]
veelkleurig (bn)	įvairiaspálvis	[i:vʌɪrʲæs'palʲvʲɪs]

15. Vragen

Wie?	Kàs?	['kas?]
Wat?	Ką̃?	['ka:?]
Waar?	Kur̃?	['kʊr?]
Waarheen?	Kur̃?	['kʊr?]
Waar ... vandaan?	Ìš kur̃?	[ɪʃ 'kʊr?]
Wanneer?	Kadà?	[ka'da?]
Waarom?	Kám?	['kam?]
Waarom?	Kodė̃l?	[kɔ'dʲe:lʲ?]
Waarvoor dan ook?	Kám?	['kam?]

Hoe?	Kaĩp?	['kʌɪp?]
Wat voor …?	Kóks?	['koks?]
Welk?	Kurìs?	[kʊ'rʲɪs?]

Aan wie?	Kám?	['kam?]
Over wie?	Apiẽ ką̃?	[a'pʲɛ 'ka:?]
Waarover?	Apiẽ ką̃?	[a'pʲɛ 'ka:?]
Met wie?	Sù kuõ?	['sʊ 'kʊɑ?]

| Hoeveel? | Kíek? | ['kʲiɛk?] |
| Van wie? | Kienõ? | [kʲiɛ'no:?] |

16. Voorzetsels

met (bijv. ~ beleg)	sù …	['sʊ …]
zonder (~ accent)	bè	['bʲɛ]
naar (in de richting van)	į̃	[i:]
over (praten ~)	apiẽ	[a'pʲɛ]
voor (in tijd)	ikì	[ɪ'kʲɪ]
voor (aan de voorkant)	priẽš	['prʲɛʃ]

onder (lager dan)	põ	['po:]
boven (hoger dan)	vìrš	['vʲɪrʃ]
op (bovenop)	añt	['ant]
van (uit, afkomstig van)	ìš	[ɪʃ]
van (gemaakt van)	ìš	[ɪʃ]

| over (bijv. ~ een uur) | põ …, ùž … | ['po: …], ['ʊʒ …] |
| over (over de bovenkant) | peř | ['pʲɛr] |

17. Functiewoorden. Bijwoorden. Deel 1

Waar?	Kuř?	['kʊr?]
hier (bw)	čià	['tɕʲæ]
daar (bw)	teñ	['tʲɛn]

| ergens (bw) | kažkuř | [kaʒ'kʊr] |
| nergens (bw) | niẽkur | ['nʲɛkʊr] |

| bij … (in de buurt) | priẽ … | ['prʲɛ …] |
| bij het raam | priẽ lángo | ['prʲɛ 'lʲangɔ] |

Waarheen?	Kuř?	['kʊr?]
hierheen (bw)	čià	['tɕʲæ]
daarheen (bw)	teñ	['tʲɛn]
hiervandaan (bw)	ìš čià	[ɪʃ tɕʲæ]
daarvandaan (bw)	ìš teñ	[ɪʃ tʲɛn]

dichtbij (bw)	šalià	[ʃa'lʲæ]
ver (bw)	tolì	[to'lʲɪ]
in de buurt (van …)	šalià	[ʃa'lʲæ]
vlakbij (bw)	artì	[ar'tʲɪ]

niet ver (bw)	netoli̇̀	[nʲɛ'tolʲɪ]
linker (bn)	kairỹs	[kʌɪ'rʲiːs]
links (bw)	i̇š kairė̃s	[ɪʃ kʌɪ'rʲeːs]
linksaf, naar links (bw)	į̇ kai̇̀rę	[iː 'kʌɪrʲɛː]

rechter (bn)	dešinỹs	[dʲɛʃɪ'nʲiːs]
rechts (bw)	i̇š dešinė̃s	[ɪʃ dɛʃɪ'nʲeːs]
rechtsaf, naar rechts (bw)	į̇ dẽšinę	[iː 'dʲæʃɪnʲɛː]

vooraan (bw)	pri̇́ekyje	['prʲiɛkʲiːjɛ]
voorste (bn)	pri̇́ekinis	['prʲiɛkʲɪnʲɪs]
vooruit (bw)	pirmỹn	[pʲɪr'mʲiːn]

achter (bw)	galė̇̀	[ga'lʲɛ]
van achteren (bw)	i̇š gã̇lo	[ɪʃ 'gaːlʲɔ]
achteruit (naar achteren)	atgal̇	[at'galʲ]

| midden (het) | vidurỹs (v) | [vʲɪdʊ'rʲiːs] |
| in het midden (bw) | per̃ vi̇̀durį̇ | ['pʲɛr 'vʲɪːdʊrʲɪː] |

opzij (bw)	šó̇ne	['ʃonʲɛ]
overal (bw)	visur̃	[vʲɪ'sʊr]
omheen (bw)	apli̇ñkui	[ap'lʲɪŋkʊi]

binnenuit (bw)	i̇š vidaũs	[ɪʃ vʲɪ'daʊs]
naar ergens (bw)	kažkur̃	[kaʒ'kʊr]
rechtdoor (bw)	tiẽsiai	['tʲɛsʲɛɪ]
terug (bijv. ~ komen)	atgal̇	[at'galʲ]

| ergens vandaan (bw) | i̇š kur̃ nó̇rs | [ɪʃ 'kʊr 'nors] |
| ergens vandaan (en dit geld moet ~ komen) | i̇š kažkur̃ | [ɪʃ kaʒ'kʊr] |

ten eerste (bw)	pi̇̀rma	['pʲɪrma]
ten tweede (bw)	añtra	['antra]
ten derde (bw)	trẽčia	['trʲætʂʲæ]

plotseling (bw)	staigà̇	[stʌɪ'ga]
in het begin (bw)	pradžió̇j	[prad'ʒʲoːj]
voor de eerste keer (bw)	pi̇̀rmą kar̃tą	['pʲɪrmaː 'kartaː]
lang voor ... (bw)	daũg lai̇̀ko priẽš ...	['daʊg 'lʲʌɪkɔ 'prʲɛʃ ...]
opnieuw (bw)	i̇š naũjo	[ɪʃ 'naʊjɔ]
voor eeuwig (bw)	visám lai̇̀kui	[vʲɪ'sam 'lʲʌɪkʊi]

nooit (bw)	niekadà̇	[nʲiɛkad'a]
weer (bw)	vė̇l	['vʲeːlʲ]
nu (bw)	dabar̃	[da'bar]
vaak (bw)	dažnai̇̀	[daʒ'nʌɪ]
toen (bw)	tadà̇	[ta'da]
urgent (bw)	skubiai̇̀	[skʊ'bʲɛɪ]
meestal (bw)	į̇prastai̇̀	[iːpras'tʌɪ]

trouwens, ... (tussen haakjes)	bejė̇, ...	[bɛ'jæ, ...]
mogelijk (bw)	į̇mã̇noma	[iː'maːnoma]
waarschijnlijk (bw)	tikė̇tina	[tʲɪ'kʲeːtʲɪna]

misschien (bw)	gãli bũti	['ga:lʲɪ 'bu:tʲɪ]
trouwens (bw)	bė tõ/...	['bʲɛ to:, ...]
daarom ...	todėl ...	[to'dʲe:lʲ ...]
in weerwil van ...	nepaisant ...	[nʲɛ'pʌɪsant ...]
dankzij ...	... dėka	[... dʲe:'ka]

wat (vn)	kas	['kas]
dat (vw)	kas	['kas]
iets (vn)	kažkas	[kaʒ'kas]
iets	kažkas	[kaʒ'kas]
niets (vn)	niẽko	['nʲɛkɔ]

wie (~ is daar?)	kas	['kas]
iemand (een onbekende)	kažkas	[kaʒ'kas]
iemand (een bepaald persoon)	kažkas	[kaʒ'kas]

niemand (vn)	niẽkas	['nʲɛkas]
nergens (bw)	niẽkur	['nʲɛkʊr]
niemands (bn)	niẽkieno	['nʲɛ'kʲiɛnɔ]
iemands (bn)	kažkieno	[kaʒkʲiɛ'no:]

zo (Ik ben ~ blij)	taĩp	['tʌɪp]
ook (evenals)	taĩp pat	['tʌɪp 'pat]
alsook (eveneens)	ir̃gi	['ɪrgʲɪ]

18. Functiewoorden. Bijwoorden. Deel 2

Waarom?	Kodėl?	[kɔ'dʲe:lʲ?]
om een bepaalde reden	kažkodėl	[kaʒko'dʲe:lʲ]
omdat ...	... todėl, kad	[... to'dʲe:lʲ, 'kad]
voor een bepaald doel	kažkodėl	[kaʒko'dʲe:lʲ]

en (vw)	ir̃	[ɪr]
of (vw)	arba	[ar'ba]
maar (vw)	bet	['bʲɛt]

te (~ veel mensen)	pernelyg	[pʲɛrnʲɛ'lʲi:g]
alleen (bw)	tiktaĩ	[tʲɪk'tʌɪ]
precies (bw)	tiksliaĩ	[tʲɪks'lʲɛɪ]
ongeveer (~ 10 kg)	maždaũg	[maʒ'daʊg]

omstreeks (bw)	apytikriai	[a'pʲi:tʲɪkrʲɛɪ]
bij benadering (bn)	apytikriai	[a'pʲi:tʲɪkrʲɛɪ]
bijna (bw)	beveĩk	[bʲɛ'vʲɛɪk]
rest (de)	vìsa kìta (m)	['vʲɪsa 'kʲɪta]

elk (bn)	kiekvíenas	[kʲiɛk'vʲiɛnas]
om het even welk	bet kurìs	['bʲɛt kʊ'rʲɪs]
veel (grote hoeveelheid)	daũg	['daʊg]
veel mensen	daũgelis	['daʊgʲɛlʲɪs]
iedereen (alle personen)	visì	[vʲɪ'sʲɪ]
in ruil voor ...	mainaĩs į̃ ...	[mʌɪ'nʌɪs i: ..]
in ruil (bw)	mainaĩs	[mʌɪ'nʌɪs]

met de hand (bw)	rankiniu būdu	['raŋkʲɪnʲʊ buːˈdʊ]
onwaarschijnlijk (bw)	kažī	[kaˈʒʲɪ]
waarschijnlijk (bw)	tikriáusiai	[tʲɪkˈrʲæʊsʲɛɪ]
met opzet (bw)	týčia	[ˈtʲiːtʂʲæ]
toevallig (bw)	netýčia	[nʲɛˈtʲiːtʂʲæ]
zeer (bw)	labaī	[lʲaˈbʌɪ]
bijvoorbeeld (bw)	pāvyzdžiui	[ˈpaːvʲiːzdʒʲʊi]
tussen (~ twee steden)	tarp	[ˈtarp]
tussen (te midden van)	tarp	[ˈtarp]
zoveel (bw)	tiek	[ˈtʲɛk]
vooral (bw)	ýpač	[ˈɪːpatʂ]

Basisbegrippen Deel 2

19. Dagen van de week

maandag (de)	pirmādienis (v)	[pʲɪrˈmaːdʲiɛnʲɪs]
dinsdag (de)	antrādienis (v)	[anˈtraːdʲiɛnʲɪs]
woensdag (de)	trečiādienis (v)	[trʲɛˈtʂʲædʲiɛnʲɪs]
donderdag (de)	ketvirtādienis (v)	[kʲɛtvʲɪrˈtaːdʲiɛnʲɪs]
vrijdag (de)	penktādienis (v)	[pʲɛŋkˈtaːdʲiɛnʲɪs]
zaterdag (de)	šeštādienis (v)	[ʃɛʃˈtaːdʲiɛnʲɪs]
zondag (de)	sekmādienis (v)	[sʲɛkˈmaːdʲiɛnʲɪs]
vandaag (bw)	šiandien	[ˈʃændʲiɛn]
morgen (bw)	rytoj	[rʲiːˈtoj]
overmorgen (bw)	poryt	[poˈrʲiːt]
gisteren (bw)	vakar	[ˈvaːkar]
eergisteren (bw)	užvakar	[ˈʊʒvakar]
dag (de)	dienà (m)	[dʲiɛˈna]
werkdag (de)	dárbo dienà (m)	[ˈdarbɔ dʲiɛˈna]
feestdag (de)	šventinė dienà (m)	[ˈʃvɛntʲɪnʲeː dʲiɛˈna]
verlofdag (de)	išeiginė dienà (m)	[ɪʃɛɪˈgʲɪnʲeː dʲiɛˈna]
weekend (het)	savaitgalis (v)	[saˈvʌɪtgalʲɪs]
de hele dag (bw)	visą dieną	[ˈvʲɪsaː ˈdʲɛnaː]
de volgende dag (bw)	sėkančią dieną	[ˈsʲækantʂʲæː ˈdʲɛnaː]
twee dagen geleden	prieš dvì dienàs	[ˈprʲɛʃ ˈdvʲɪ dʲiɛˈnas]
aan de vooravond (bw)	išvakarėse	[ˈɪʃvakarʲeːse]
dag-, dagelijks (bn)	kasdiēnis	[kasˈdʲɛnʲɪs]
elke dag (bw)	kasdiēn	[kasˈdʲɛn]
week (de)	savaitė (m)	[saˈvʌɪtʲeː]
vorige week (bw)	praeitą savaitę	[ˈpraɛɪta: saˈvʌɪtʲɛː]
volgende week (bw)	ateinančią savaitę	[aˈtʲɛɪnantʂʲæː saˈvʌɪtʲɛː]
wekelijks (bn)	kassavaitinis	[kassaˈvʌɪtʲɪnʲɪs]
elke week (bw)	kàs savaitę	[ˈkas saˈvʌɪtʲɛː]
twee keer per week	dù kartùs peř savaitę	[ˈdʊ karˈtʊs pʲɛr saˈvʌɪtʲɛː]
elke dinsdag	kiekvíeną antrādienį	[kʲiɛkˈvʲiːɛnaː anˈtraːdʲɪːɛnʲɪː]

20. Uren. Dag en nacht

morgen (de)	rytas (v)	[ˈrʲiːtas]
's morgens (bw)	rytė	[rʲiːˈtʲɛ]
middag (de)	vidurdienis (v)	[vʲɪˈdʊrdʲiɛnʲɪs]
's middags (bw)	popiēt	[poˈpʲɛt]
avond (de)	vakaras (v)	[ˈvaːkaras]
's avonds (bw)	vakarè	[vakaˈrʲɛ]

25

nacht (de)	naktìs (m)	[nakʲtʲɪs]
's nachts (bw)	nãktį	[ˈnaːkti:]
middernacht (de)	vidùrnaktis (v)	[vʲɪˈdʊrnaktʲɪs]

seconde (de)	sekùndė (m)	[sʲɛˈkʊndʲeː]
minuut (de)	minùtė (m)	[mʲɪˈnʊtʲeː]
uur (het)	valandà (m)	[valʲanˈda]
halfuur (het)	pùsvalandis (v)	[ˈpʊsvalʲandʲɪs]
kwartier (het)	ketvìrtis valandõs	[kʲɛtʲvʲɪrtʲɪs valʲanˈdoːs]
vijftien minuten	penkiólika minùčių	[pʲɛŋˈkʲolʲɪka mʲɪˈnʊtʂʲuː]
etmaal (het)	parà (m)	[paˈra]

zonsopgang (de)	sáulės patekėjimas (v)	[ˈsɑʊlʲeːs patʲɛˈkʲɛjɪmas]
dageraad (de)	aušrà (m)	[ɑʊʃˈra]
vroege morgen (de)	ankstývas rýtas (v)	[aŋkˈstʲiːvas ˈrʲiːtas]
zonsondergang (de)	saulėlydis (v)	[sɑʊˈlʲeːlʲiːdʲɪs]

's morgens vroeg (bw)	ankstì rytè	[aŋkˈstʲɪ rʲiːˈtʲɛ]
vanmorgen (bw)	šiañdien rytè	[ˈʃændʲɛn rʲiːˈtʲɛ]
morgenochtend (bw)	rytój rytè	[rʲiːˈtoj rʲiːˈtʲɛ]

vanmiddag (bw)	šiañdien diẽną	[ˈʃændʲɛn ˈdʲɛnaː]
's middags (bw)	popiẽt	[poˈpʲɛt]
morgenmiddag (bw)	rytój popiẽt	[rʲiːˈtoj poˈpʲɛt]

| vanavond (bw) | šiañdien vakarè | [ˈʃændʲɛn vakaˈrʲɛ] |
| morgenavond (bw) | rytój vakarè | [rʲiːˈtoj vakaˈrʲɛ] |

klokslag drie uur	lýgiai trẽčią vãlandą	[ˈlʲiːgʲɛɪ ˈtrʲætʂʲæː ˈvaːlandaː]
ongeveer vier uur	apiẽ ketvìrtą vãlandą	[aˈpʲɛ kʲɛtʲvʲɪrta vaːˈlʲanda:]
tegen twaalf uur	dvýliktai vãlandai	[ˈdvʲiːˈlʲɪktʌɪ ˈvaːlandʌɪ]

over twintig minuten	ùž dvìdešimtiẽs minùčių	[ˈʊʒ dvʲɪdʲɛʃɪmˈtʲɛs mʲɪˈnʊtʂʲuː]
over een uur	ùž valandõs	[ˈʊʒ valʲanˈdoːs]
op tijd (bw)	laikù	[lʲʌɪˈkʊ]

kwart voor ...	bè ketvirčio	[ˈbʲɛ ˈkʲɛtʲvʲɪrtʂʲo]
binnen een uur	valandõs bėgyje	[valʲanˈdoːs ˈbʲeːgʲiːje]
elk kwartier	kàs penkiólika minùčių	[ˈkas pʲɛŋˈkʲolʲɪka mʲɪˈnʊtʂʲuː]
de klok rond	vìsą pãrą (m)	[ˈvʲɪsaː ˈpaːraː]

21. Maanden. Seizoenen

januari (de)	saũsis (v)	[ˈsɑʊsʲɪs]
februari (de)	vasãris (v)	[vaˈsaːrʲɪs]
maart (de)	kovàs (v)	[kɔˈvas]
april (de)	balañdis (v)	[baˈlʲandʲɪs]
mei (de)	gegužė̃ (m)	[gʲɛgʊˈʒʲeː]
juni (de)	biržẽlis (v)	[bʲɪrˈʒʲælʲɪs]

juli (de)	líepa (m)	[ˈlʲiɛpa]
augustus (de)	rugpjũtis (v)	[rʊgˈpjuːtʲɪs]
september (de)	rugsėjis (v)	[rʊgˈsʲeːjɪs]
oktober (de)	spãlis (v)	[ˈspaːlʲɪs]

Nederlands	Litouws	Uitspraak
november (de)	lapkritis (v)	['lʲa:pkrʲɪtʲɪs]
december (de)	gruodis (v)	['gruɑdʲɪs]
lente (de)	pavasaris (v)	[pa'va:sarʲɪs]
in de lente (bw)	pavasarį	[pa'va:sarʲɪ:]
lente- (abn)	pavasarinis	[pavasa'rʲɪnʲɪs]
zomer (de)	vasara (m)	['va:sara]
in de zomer (bw)	vasarą	['va:sara:]
zomer-, zomers (bn)	vasarinis	[vasa'rʲɪnʲɪs]
herfst (de)	ruduõ (v)	[rʊ'dʊɑ]
in de herfst (bw)	rudenį	['rʊdʲɛnʲɪ:]
herfst- (abn)	rudeninis	[rʊdʲɛ'nʲɪnʲɪs]
winter (de)	žiema (m)	[ʒʲiɛ'ma]
in de winter (bw)	žiemą	['ʒʲɛma:]
winter- (abn)	žieminis	[ʒʲiɛ'mʲɪnʲɪs]
maand (de)	mėnuo (v)	['mʲe:nʊɑ]
deze maand (bw)	šį mėnesį	[ʃɪ: 'mʲe:nesʲɪ:]
volgende maand (bw)	kitą mėnesį	['kʲɪ:ta: 'mʲe:nesʲɪ:]
vorige maand (bw)	praeitą mėnesį	['praʲɛɪta: 'mʲe:nesʲɪ:]
een maand geleden (bw)	prieš mėnesį	['prʲɪ:ʃ 'mʲe:nesʲɪ:]
over een maand (bw)	už mėnesio	['ʊʒ 'mʲe:nesʲɔ]
over twee maanden (bw)	už dvejų mėnesių	['ʊʒ dve'ju: 'mʲe:nesʲu:]
de hele maand (bw)	visą mėnesį	['vʲɪsa: 'mʲe:nesʲɪ:]
een volle maand (bw)	visą mėnesį	['vʲɪsa: 'mʲe:nesʲɪ:]
maand-, maandelijks (bn)	kasmėnesinis	[kasmʲe:ne'sʲɪnʲɪs]
maandelijks (bw)	kas mėnesį	['kas 'mʲe:nesʲɪ:]
elke maand (bw)	kiekvieną mėnesį	[kʲiɛk'vʲɪ:ɛna: 'mʲe:nesʲɪ:]
twee keer per maand	du kartus per mėnesį	['dʊ kar'tʊs per 'mʲe:nesʲɪ:]
jaar (het)	metai (v dgs)	['mʲætʌɪ]
dit jaar (bw)	šiais metais	['ʃɛɪs 'mʲætʌɪs]
volgend jaar (bw)	kitais metais	[kʲɪ'tʌɪs 'mʲætʌɪs]
vorig jaar (bw)	praeitais metais	[praʲɛɪ'tʌɪs 'mʲætʌɪs]
een jaar geleden (bw)	prieš metus	['prʲɛʃ mʲɛ'tʊs]
over een jaar	už metų	['ʊʒ 'mʲætu:]
over twee jaar	už dvejų metų	['ʊʒ dvʲe'ju: 'mʲætu:]
het hele jaar	visus metus	[vʲɪ'sʊs mʲɛ'tʊs]
een vol jaar	visus metus	[vʲɪ'sʊs mʲɛ'tʊs]
elk jaar	kas metus	['kas mʲɛ'tʊs]
jaar-, jaarlijks (bn)	kasmetinis	[kasmʲɛ'tʲɪnʲɪs]
jaarlijks (bw)	kas metus	['kas mʲɛ'tʊs]
4 keer per jaar	keturis kartus per metus	['kʲætʊrʲɪs kar'tʊs pʲɛr mʲɛ'tʊs]
datum (de)	diena (m)	[dʲiɛ'na]
datum (de)	data (m)	[da'ta]
kalender (de)	kalendorius (v)	[kalʲɛn'do:rʲʊs]
een half jaar	pusė metų	['pʊsʲe: 'mʲætu:]

zes maanden | pusmetis (v) | ['pʊsmʲɛtʲɪs]
seizoen (bijv. lente, zomer) | sezonas (v) | [sʲɛ'zonas]
eeuw (de) | amžius (v) | ['amʒʲʊs]

22. Meeteenheden

gewicht (het) | svoris (v) | ['svoːrʲɪs]
lengte (de) | ilgis (v) | [ilʲgʲɪs]
breedte (de) | plotis (v) | ['plʲoːtʲɪs]
hoogte (de) | aukštis (v) | ['aʊkʃtʲɪs]
diepte (de) | gylis (v) | ['gʲiːlʲɪs]
volume (het) | turis (v) | ['tuːrʲɪs]
oppervlakte (de) | plotas (v) | ['plʲotas]

gram (het) | gramas (v) | ['graːmas]
milligram (het) | miligramas (v) | [mʲɪlʲɪ'graːmas]
kilogram (het) | kilogramas (v) | [kʲɪlʲo'graːmas]
ton (duizend kilo) | tona (m) | [to'na]
pond (het) | svaras (v) | ['svaːras]
ons (het) | uncija (m) | ['ʊntsʲɪjɛ]

meter (de) | metras (v) | ['mʲɛtras]
millimeter (de) | milimetras (v) | [mʲɪlʲɪ'mʲɛtras]
centimeter (de) | centimetras (v) | [tsʲɛntʲɪ'mʲɛtras]
kilometer (de) | kilometras (v) | [kʲɪlʲo'mʲɛtras]
mijl (de) | mylia (m) | [mʲiːlʲæ]

duim (de) | colis (v) | ['tsolʲɪs]
voet (de) | peda (m) | [pʲeː'da]
yard (de) | jardas (v) | [jardas]

vierkante meter (de) | kvadratinis metras (v) | [kvad'raːtʲɪnʲɪs 'mʲɛtras]
hectare (de) | hektaras (v) | [ɣʲɛk'taːras]

liter (de) | litras (v) | ['lʲɪtras]
graad (de) | laipsnis (v) | ['lʲʌɪpsnʲɪs]
volt (de) | voltas (v) | ['volʲtas]
ampère (de) | amperas (v) | [am'pʲɛras]
paardenkracht (de) | arklio galia (m) | ['arklʲɔ ga'lʲæ]

hoeveelheid (de) | kiekis (v) | ['kʲɛkʲɪs]
een beetje ... | nedaug ... | [nʲɛ'daʊg ...]
helft (de) | pusė (m) | ['pʊsʲeː]
dozijn (het) | tuzinas (v) | ['tʊzʲɪnas]
stuk (het) | vienetas (v) | ['vʲɪɛnʲɛtas]

afmeting (de) | dydis (v), išmatavimai (v dgs) | ['dʲiːdʲɪs], [iʃma'taːvʲɪmʌɪ]
schaal (bijv. ~ van 1 op 50) | mastelis (v) | [mas'tʲælʲɪs]

minimaal (bn) | minimalus | [mʲɪnʲɪma'lʲʊs]
minste (bn) | mažiausias | [ma'ʒʲæʊsʲæs]
medium (bn) | vidutinis | [vʲɪdʊ'tʲɪnʲɪs]
maximaal (bn) | maksimalus | [maksʲɪma'lʲʊs]
grootste (bn) | didžiausias | [dʲɪ'dʒʲæʊsʲæs]

23. Containers

glazen pot (de)	stiklainis (v)	[stʲɪk'lʲʌɪnʲɪs]
blik (conserven~)	skardinė (m)	[skar'dʲɪnʲe:]
emmer (de)	kibiras (v)	['kʲɪbʲɪras]
ton (bijv. regenton)	statinė (m)	[sta'tʲɪnʲe:]
ronde waterbak (de)	dubenėlis (v)	[dʊbe'nʲe:lʲɪs]
tank (bijv. watertank-70-ltr)	bakas (v)	['ba:kas]
heupfles (de)	kolba (m)	['kolʲba]
jerrycan (de)	kanistras (v)	[ka'nʲɪstras]
tank (bijv. ketelwagen)	bakas (v)	['ba:kas]
beker (de)	puodėlis (v)	[pʊɑ'dʲæɫʲɪs]
kopje (het)	puodėlis (v)	[pʊɑ'dʲæɫʲɪs]
schoteltje (het)	lėkštelė (m)	[lʲe:kʃ'tʲæɫʲe:]
glas (het)	stiklas (v)	['stʲɪklʲas]
wijnglas (het)	taurė (m)	[tɑʊ'rʲe:]
steelpan (de)	puodas (v)	['pʊɑdas]
fles (de)	butelis (v)	['bʊtʲɛlʲɪs]
flessenhals (de)	kaklas (v)	['ka:klʲas]
karaf (de)	grafinas (v)	[gra'fʲɪnas]
kruik (de)	ąsotis (v)	[a:'so:tʲɪs]
vat (het)	indas (v)	['ɪndas]
pot (de)	puodas (v)	['pʊɑdas]
vaas (de)	vaza (m)	[va'za]
flacon (de)	butelis (v)	['bʊtʲɛlʲɪs]
flesje (het)	buteliukas (v)	[bʊtʲɛ'lʲʊkas]
tube (bijv. ~ tandpasta)	tūba (m)	[tu:'ba]
zak (bijv. ~ aardappelen)	maišas (v)	['mʌɪʃas]
tasje (het)	paketas (v)	[pa'kʲɛtas]
pakje (~ sigaretten, enz.)	pluoštas (v)	['plʲʊɑʃtas]
doos (de)	dėžė (m)	[dʲe:'ʒʲe:]
kist (de)	dėžė (m)	[dʲe:'ʒʲe:]
mand (de)	krepšys (v)	[krʲɛp'ʃʲɪ:s]

…

MENS

Mens. Het lichaam

24. Hoofd

hoofd (het)	galvà (m)	[galʲ'va]
gezicht (het)	véidas (v)	['vʲɛɪdas]
neus (de)	nósis (m)	['nosʲɪs]
mond (de)	burnà (m)	[bʊr'na]
oog (het)	akìs (m)	[a'kʲɪs]
ogen (mv.)	ãkys (m dgs)	['aːkʲiːs]
pupil (de)	vyzdỹs (v)	[vʲiːz'dʲiːs]
wenkbrauw (de)	añtakis (v)	['antakʲɪs]
wimper (de)	blakstíena (m)	[blʲak'stʲiɛna]
ooglid (het)	vókas (v)	['voːkas]
tong (de)	liežùvis (v)	[lʲiɛ'ʒʊvʲɪs]
tand (de)	dantìs (v)	[dan'tʲɪs]
lippen (mv.)	lū́pos (m dgs)	['lʲuːpos]
jukbeenderen (mv.)	skruostìkauliai (v dgs)	[skrʊɑ'stʲɪkɑʊlʲɛɪ]
tandvlees (het)	dantenõs (m dgs)	[dantʲɛ'noːs]
gehemelte (het)	gomurỹs (v)	[gomʊ'rʲiːs]
neusgaten (mv.)	šnérvės (m dgs)	['ʃnʲærvʲeːs]
kin (de)	smãkras (v)	['smaːkras]
kaak (de)	žandìkaulis (v)	[ʒan'dʲɪkɑʊlʲɪs]
wang (de)	skrúostas (v)	['skrʊɑstas]
voorhoofd (het)	kaktà (m)	[kak'ta]
slaap (de)	smilkinỹs (v)	[smʲɪlʲkʲɪ'nʲiːs]
oor (het)	ausìs (m)	[ɑʊ'sʲɪs]
achterhoofd (het)	pakáušis, sprándas (v)	[pa'kɑʊʃɪs], ['sprandas]
hals (de)	kãklas (v)	['kaːklʲas]
keel (de)	gerklė̃ (m)	[gʲɛrk'lʲeː]
haren (mv.)	plaukaĩ (v dgs)	[plʲɑʊ'kʌɪ]
kapsel (het)	šukúosena (m)	[ʃʊ'kʊɑsʲɛna]
haarsnit (de)	kirpìmas (v)	[kʲɪr'pʲɪmas]
pruik (de)	perùkas (v)	[pʲɛ'rʊkas]
snor (de)	ū̃sai (v dgs)	['uːsʌɪ]
baard (de)	barzdà (m)	[barz'da]
dragen (een baard, enz.)	nešióti	[nʲɛ'ʃʲotʲɪ]
vlecht (de)	kasà (m)	[ka'sa]
bakkebaarden (mv.)	žándenos (m dgs)	['ʒandʲɛnos]
ros (roodachtig, rossig)	rùdis	['rʊdʲɪs]
grijs (~ haar)	žìlas	['ʒɪlʲas]

T&P Books. Thematische woordenschat Nederlands-Litouws - 5000 woorden

kaal (bn)	plìkas	['plʲɪkas]
kale plek (de)	plìkė (m)	['plʲɪkʲeː]
paardenstaart (de)	uodegà (m)	[ʊadʲɛ'ga]
pony (de)	kìrpčiai (v dgs)	['kʲɪrptʂʲɛɪ]

25. Menselijk lichaam

hand (de)	plãštaka (m)	['plʲaːʃtaka]
arm (de)	rankà (m)	[raŋ'ka]
vinger (de)	pìrštas (v)	['pʲɪrʃtas]
duim (de)	nykštỹs (v)	[nʲiːkʃ'tʲiːs]
pink (de)	mažàsis pìrštas (v)	[ma'ʒasʲɪs 'pʲɪrʃtas]
nagel (de)	nãgas (v)	['naːgas]
vuist (de)	kùmštis (v)	['kʊmʃtʲɪs]
handpalm (de)	délnas (v)	['dʲɛlʲnas]
pols (de)	ríešas (v)	['rʲiɛʃas]
voorarm (de)	dìlbis (v)	['dʲɪlʲbʲɪs]
elleboog (de)	alkū́nė (m)	[alʲ'kuːnʲeː]
schouder (de)	petìs (v)	[pʲɛ'tʲɪs]
been (rechter ~)	kója (m)	['koja]
voet (de)	pėdà (m)	[pʲeː'da]
knie (de)	kẽlias (v)	['kʲælʲæs]
kuit (de)	blauzdà (m)	[blʲaʊz'da]
heup (de)	šlaunìs (m)	[ʃlʲaʊ'nʲɪs]
hiel (de)	kùlnas (v)	['kʊlʲnas]
lichaam (het)	kū́nas (v)	['kuːnas]
buik (de)	pìlvas (v)	['pʲɪlʲvas]
borst (de)	krūtìnė (m)	[kruː'tʲɪnʲeː]
borst (de)	krūtìs (m)	[kruː'tʲɪs]
zijde (de)	šónas (v)	['ʃonas]
rug (de)	nùgara (m)	['nʊgara]
lage rug (de)	juosmuõ (v)	[jʊas'mʊa]
taille (de)	liemuõ (v)	[lʲiɛ'mʊa]
navel (de)	bámba (m)	['bamba]
billen (mv.)	sėdmenys (v dgs)	['sʲeːdmenʲiːs]
achterwerk (het)	pastùrgalis, ùžpakalis (v)	[pas'tʊrgalʲɪs], ['ʊʒpakalʲɪs]
huidvlek (de)	ãpgamas (v)	['aːpgamas]
moedervlek (de)	ãpgamas (v)	['aːpgamas]
tatoeage (de)	tatuiruõtė (m)	[tatʊi'rʊatʲeː]
litteken (het)	rándas (v)	['randas]

31

Kleding en accessoires

26. Bovenkleding. Jassen

kleren (mv.), kleding (de)	apranga (m)	[apran'ga]
bovenkleding (de)	viršutiniai drabužiai (v dgs)	[vʲɪrʃʊ'tʲɪnʲɛɪ dra'bʊʒʲɛɪ]
winterkleding (de)	žieminiai drabužiai (v)	[ʒʲiɛ'mʲɪnʲɛɪ dra'bʊʒʲɛɪ]
jas (de)	paltas (v)	['palʲtas]
bontjas (de)	kailiniai (v dgs)	[kʌɪlʲɪ'nʲɛɪ]
bontjasje (het)	puskailiniai (v)	['pʊskʌɪlʲɪnʲɛɪ]
donzen jas (de)	pūkinė (m)	[puː'kʲɪnʲeː]
jasje (bijv. een leren ~)	striukė (m)	['strʲʊkʲeː]
regenjas (de)	apsiaustas (v)	[ap'sʲɛʊstas]
waterdicht (bn)	nepėršlampamas	[nʲɛ'pʲɛrʃlʲampamas]

27. Heren & dames kleding

overhemd (het)	marškiniai (v dgs)	[marʃkʲɪ'rʲnʲɛɪ]
broek (de)	kelnės (m dgs)	['kʲɛlʲnʲeːs]
jeans (de)	džinsai (v dgs)	['dʒʲɪnsʌɪ]
colbert (de)	švarkas (v)	['ʃvarkas]
kostuum (het)	kostiumas (v)	[kɔs'tʲʊmas]
jurk (de)	suknelė (m)	[sʊk'nʲælʲeː]
rok (de)	sijonas (v)	[sʲɪ'jɔːnas]
blouse (de)	palaidinė (m)	[palʲʌɪ'dʲɪnʲeː]
wollen vest (de)	susegamas megztinis (v)	['sʊsʲɛgamas mʲɛgz'tʲɪnʲɪs]
blazer (kort jasje)	žaketas, švarkelis (v)	[ʒa'kʲɛtas], [ʃvar'kʲælʲɪs]
T-shirt (het)	futbolininko marškiniai (v)	['fʊtbolʲɪnʲɪŋkɔ marʃkʲɪ'rʲnʲɛɪ]
shorts (mv.)	šortai (v dgs)	['ʃortʌɪ]
trainingspak (het)	sportinis kostiumas (v)	['sportʲɪnʲɪs kos'tʲʊmas]
badjas (de)	chalatas (v)	[xa'lʲaːtas]
pyjama (de)	pižama (m)	[pʲɪʒa'ma]
sweater (de)	nertinis (v)	[nʲɛr'tʲɪnʲɪs]
pullover (de)	megztinis (v)	[mʲɛgz'tʲɪnʲɪs]
gilet (het)	liemenė (m)	[lʲiɛ'mʲænʲeː]
rokkostuum (het)	frakas (v)	['fraːkas]
smoking (de)	smokingas (v)	['smokʲɪngas]
uniform (het)	uniforma (m)	[ʊnʲɪ'forma]
werkkleding (de)	darbo drabužiai (v)	['darbo dra'bʊʒʲɛɪ]
overall (de)	kombinezonas (v)	[kɔmbʲɪnʲɛ'zonas]
doktersjas (de)	chalatas (v)	[xa'lʲaːtas]

28. Kleding. Ondergoed

ondergoed (het)	baltiniai (v dgs)	[balʲtʲɪrʲnʲɛɪ]
onderhemd (het)	apatiniai marškinėliai (v dgs)	[apa'tʲɪnʲɛɪ marʃkʲɪ'nʲe:lʲɛɪ]
sokken (mv.)	kojinės (m dgs)	['ko:jɪnʲe:s]
nachthemd (het)	naktiniai marškiniai (v dgs)	[nak'tʲɪnʲɛɪ marʃkʲɪ'nʲɛɪ]
beha (de)	liemenėlė (m)	[lʲiɛme'nʲe:lʲe:]
kniekousen (mv.)	golfai (v)	['golʲfʌɪ]
panty (de)	pėdkelnės (m dgs)	['pʲe:dkʲɛlʲnʲe:s]
nylonkousen (mv.)	kojinės (m dgs)	['ko:jɪnʲe:s]
badpak (het)	maudymosi kostiumėlis (v)	['mɑʊdʲi:mosʲɪ kostʲʊ'mʲe:lʲɪs]

29. Hoofddeksels

hoed (de)	kepurė (m)	[kʲɛ'pʊrʲe:]
deukhoed (de)	skrybėlė (m)	[skrʲi:bʲe:'lʲe:]
honkbalpet (de)	beisbolo lazda (m)	['bʲɛɪsbolʲɔ lʲaz'da]
kleppet (de)	kepurė (m)	[kʲɛ'pʊrʲe:]
baret (de)	beretė (m)	[bʲɛ'rʲɛtʲe:]
kap (de)	gobtuvas (v)	[gop'tʊvas]
panamahoed (de)	panama (m)	[pana'ma]
gebreide muts (de)	megzta kepuraitė (m)	[mʲɛgz'ta kepʊ'rʌɪtʲe:]
hoofddoek (de)	skara (m), skarelė (m)	[ska'ra], [ska'rʲælʲe:]
dameshoed (de)	skrybėlaitė (m)	[skrʲi:bʲe:'lʲʌɪtʲe:]
veiligheidshelm (de)	šalmas (v)	['ʃalʲmas]
veldmuts (de)	pilotė (m)	[pʲɪ'lʲotʲe:]
helm, valhelm (de)	šalmas (v)	['ʃalʲmas]
bolhoed (de)	katiliukas (v)	[katʲɪ'lʲʊkas]
hoge hoed (de)	cilindras (v)	[tsʲɪ'lʲɪndras]

30. Schoeisel

schoeisel (het)	avalynė (m)	['a:valʲi:nʲe:]
schoenen (mv.)	batai (v)	['ba:tʌɪ]
vrouwenschoenen (mv.)	bateliai (v)	[ba'tʲælʲɛɪ]
laarzen (mv.)	auliniai batai (v)	[ɑʊ'lʲɪnʲɛɪ 'ba:tʌɪ]
pantoffels (mv.)	šlepetės (m dgs)	[ʃlʲɛ'pʲætʲe:s]
sportschoenen (mv.)	sportbačiai (v dgs)	['sportbatʂʲɛɪ]
sneakers (mv.)	sportbačiai (v dgs)	['sportbatʂʲɛɪ]
sandalen (mv.)	sandalai (v dgs)	[san'da:lʲʌɪ]
schoenlapper (de)	batsiuvys (v)	[batsʲʊ'vʲi:s]
hiel (de)	kulnas (v)	['kʊlʲnas]
paar (een ~ schoenen)	pora (m)	[po'ra]
veter (de)	batraištis (v)	['ba:trʌɪʃtʲɪs]

33

rijgen (schoenen ~)	várstyti	['varstʲiːtʲɪ]
schoenlepel (de)	šáukštas (v)	['ʃɑʊkʃtas]
schoensmeer (de/het)	ãvalynės krèmas (v)	[ˈaːvalʲiːnʲeːs 'krʲɛmas]

31. Persoonlijke accessoires

handschoenen (mv.)	pir̃štinės (m dgs)	[ˈpʲɪrʃtʲɪnʲeːs]
wanten (mv.)	kùmštinės (m dgs)	[ˈkʊmʃtʲɪnʲeːs]
sjaal (fleece ~)	šãlikas (v)	[ˈʃaːlʲɪkas]

bril (de)	akiniaĩ (dgs)	[akʲɪˈnʲɛɪ]
brilmontuur (het)	rėmẽliai (v dgs)	[rʲeːˈmʲælʲɛɪ]
paraplu (de)	skė̃tis (v)	[ˈskʲeːtʲɪs]
wandelstok (de)	lazdẽlė (m)	[lazˈdʲælʲeː]
haarborstel (de)	plaukų̃ šepetỹs (v)	[plʲɑʊˈkuː ʃɛpʲɛˈtʲiːs]
waaier (de)	vėduõklė (m)	[vʲeːˈdʊɑklʲeː]

das (de)	kaklãraištis (v)	[kakˈlʲaːrʌɪʃtʲɪs]
strikje (het)	petelìškė (m)	[pʲɛtʲɛˈlʲɪʃkʲeː]
bretels (mv.)	pẽtnešos (m dgs)	[ˈpʲætnʲɛʃos]
zakdoek (de)	nósinė (m)	[ˈnosʲɪnʲeː]

kam (de)	šùkos (m dgs)	[ˈʃʊkos]
haarspeldje (het)	segtùkas (v)	[sʲɛkˈtʊkas]
schuifspeldje (het)	plaukų̃ segtùkas (v)	[plʲɑʊˈkuː sʲɛkˈtʊkas]
gesp (de)	sagtìs (m)	[sakˈtʲɪs]

| broekriem (de) | dir̃žas (v) | [ˈdʲɪrʒas] |
| draagriem (de) | dir̃žas (v) | [ˈdʲɪrʒas] |

handtas (de)	rankinùkas (v)	[raŋkʲɪˈnʊkas]
damestas (de)	rankinùkas (v)	[raŋkʲɪˈnʊkas]
rugzak (de)	kuprìnė (m)	[kʊˈprʲɪnʲeː]

32. Kleding. Diversen

mode (de)	madà (m)	[maˈda]
de mode (bn)	madìngas	[maˈdʲɪngas]
kledingstilist (de)	modeliúotojas (v)	[modʲɛˈlʲʊatoːjɛs]

kraag (de)	apýkaklė (m)	[aˈpʲiːkaklʲeː]
zak (de)	kišẽnė (m)	[kʲɪˈʃænʲeː]
zak- (abn)	kišenìnis	[kʲɪʃɛˈnʲɪnʲɪs]
mouw (de)	rankóvė (m)	[raŋˈkovʲeː]
lusje (het)	pakabà (m)	[pakaˈba]
gulp (de)	klỹnas (v)	[ˈklʲiːnas]

rits (de)	užtrauktùkas (v)	[ʊʒtrɑʊkˈtʊkas]
sluiting (de)	užsegìmas (v)	[ʊʒsʲɛˈgʲɪmas]
knoop (de)	sagà (m)	[saˈga]
knoopsgat (het)	kìlpa (m)	[ˈkʲɪlʲpa]
losraken (bijv. knopen)	atplýšti	[atˈplʲiːʃtʲɪ]

T&P Books. Thematische woordenschat Nederlands-Litouws - 5000 woorden

naaien (kleren, enz.)	siúti	['sʲu:tʲɪ]
borduren (ww)	siuvinéti	[sʲʊvʲɪ'nʲe:tʲɪ]
borduursel (het)	siuvinéjimas (v)	[sʲʊvʲɪ'nʲɛjɪmas]
naald (de)	ãdata (m)	['a:data]
draad (de)	siúlas (v)	['sʲu:lʲas]
naad (de)	siū́lė (m)	['sʲu:lʲe:]
vies worden (ww)	išsitèpti	[ɪʃsʲɪ'tʲɛptʲɪ]
vlek (de)	dėmė̃ (m)	[dʲe:'mʲe:]
gekreukt raken (ov. kleren)	susiglámžyti	[sʊsʲɪ'glʲa mʒʲi:tʲɪ]
scheuren (ov.ww.)	suplė́šyti	[sʊp'lʲe:ʃɪ:tʲɪ]
mot (de)	kañdis (v)	['kandʲɪs]

33. Persoonlijke verzorging. Schoonheidsmiddelen

tandpasta (de)	dantų̃ pastà (m)	[dan'tu: pas'ta]
tandenborstel (de)	dantų̃ šepetė̃lis (v)	[dan'tu: ʃepe'tʲe:lʲɪs]
tanden poetsen (ww)	valýti dantìs	[va'lʲi:tʲɪ dan'tʲɪs]
scheermes (het)	skustùvas (v)	[skʊ'stʊvas]
scheerschuim (het)	skutìmosi krèmas (v)	[skʊ'tʲɪmosʲɪ 'krʲɛmas]
zich scheren (ww)	skùstis	['skʊstʲɪs]
zeep (de)	muĩlas (v)	['mʊɪlʲas]
shampoo (de)	šampū̃nas (v)	[ʃam'pu:nas]
schaar (de)	žìrklės (m dgs)	['ʒɪrklʲe:s]
nagelvijl (de)	dìldė (m) nagáms	['dʲɪlʲdʲe: na'gams]
nagelknipper (de)	gnybtùkai (v)	[gnʲi:p'tʊkʌɪ]
pincet (het)	pincètas (v)	[pʲɪn'tsʲɛtas]
cosmetica (de)	kosmètika (m)	[kɔs'mʲɛtʲɪka]
masker (het)	kaũkė (m)	['kaʊkʲe:]
manicure (de)	manikiū̃ras (v)	[manʲɪ'kʲu:ras]
manicure doen	darýti manikiū̃rą	[da'rʲi:tʲɪ manʲɪ'kʲu:ra:]
pedicure (de)	pedikiū̃ras (v)	[pʲɛdʲɪ'kʲu:ras]
cosmetica tasje (het)	kosmètinė (m)	[kɔs'mʲɛtʲɪnʲe:]
poeder (de/het)	pudrà (m)	[pʊd'ra]
poederdoos (de)	pùdrinė (m)	['pʊdrʲɪnʲe:]
rouge (de)	skaistalaĩ (v dgs)	[skʌɪsta'lʲaĩ]
parfum (de/het)	kvepalaĩ (v dgs)	[kvʲɛpa'lʲaĩ]
eau de toilet (de)	tualètinis vanduõ (v)	[tʊa'lʲɛtʲɪnʲɪs van'dʊɑ]
lotion (de)	losjònas (v)	[lʲo'sjo nas]
eau de cologne (de)	odekolònas (v)	[odʲɛko'lʲonas]
oogschaduw (de)	vokų̃ šešė́liai (v)	[vo'ku: ʃe'ʃʲe:lʲɛɪ]
oogpotlood (het)	akių̃ pieštùkas (v)	[a'kʲu: pʲiɛʃ'tʊkas]
mascara (de)	tùšas (v)	['tʊʃas]
lippenstift (de)	lū̃pų dažaĩ (v)	['lʲu:pu: da'ʒʌɪ]
nagellak (de)	nagų̃ lãkas (v)	[na'gu: 'lʲa:kas]
haarlak (de)	plaukų̃ lãkas (v)	[plʲaʊ'ku: 'lʲa:kas]

deodorant (de)	dezodorántas (v)	[dʲɛzodoˈrantas]
crème (de)	krėmas (v)	[ˈkrʲɛmas]
gezichtscrème (de)	véido krėmas (v)	[ˈvʲɛɪdɔ ˈkrʲɛmas]
handcrème (de)	rañkų krėmas (v)	[ˈraŋkuː ˈkrʲɛmas]
antirimpelcrème (de)	krėmas (v) nuõ raukšlių̃	[ˈkrʲɛmas nʊɑ rɑʊkʃˈlʲuː]
dagcrème (de)	dieninis krėmas (v)	[dʲiɛˈnʲɪnʲɪs ˈkrʲɛmas]
nachtcrème (de)	naktìnis krėmas (v)	[nakˈtʲɪnʲɪs ˈkrʲɛmas]
dag- (abn)	dieninis	[dʲiɛˈnʲɪnʲɪs]
nacht- (abn)	naktìnis	[nakˈtʲɪnʲɪs]

tampon (de)	tampónas (v)	[tamˈponas]
toiletpapier (het)	tualėtinis põpierius (v)	[tʊaˈlʲɛtʲɪnʲɪs ˈpoːpʲiɛrʲʊs]
föhn (de)	fėnas (v)	[ˈfɛnas]

34. Horloges. Klokken

polshorloge (het)	laĩkrodis (v)	[ˈlʲʌɪkrodʲɪs]
wijzerplaat (de)	ciferblãtas (v)	[tsʲɪfʲɛrˈblʲaːtas]
wijzer (de)	rodỹklė (m)	[roˈdʲiːkʲlʲeː]
metalen horlogeband (de)	apýrankė (m)	[aˈpʲiːraŋkʲeː]
horlogebandje (het)	diržẽlis (v)	[dʲɪrˈʒʲælʲɪs]

batterij (de)	elemeñtas (v)	[ɛlʲɛˈmʲɛntas]
leeg zijn (ww)	išsikráuti	[ɪʃsʲɪˈkrɑʊtʲɪ]
batterij vervangen	pakeĩsti elemeñtą	[paˈkʲɛɪstʲɪ ɛlʲɛˈmʲɛntaː]
voorlopen (ww)	skubéti	[skʊˈbʲeːtʲɪ]
achterlopen (ww)	atsilìkti	[atsʲɪˈlʲɪktʲɪ]

wandklok (de)	síeninis laĩkrodis (v)	[ˈsʲiɛnʲɪnʲɪs ˈlʲʌɪkrodʲɪs]
zandloper (de)	smėlio laĩkrodis (v)	[ˈsmʲeːlʲɔ ˈlʲʌɪkrodʲɪs]
zonnewijzer (de)	sáulės laĩkrodis (v)	[ˈsɑʊlʲeːs ˈlʲʌɪkrodʲɪs]
wekker (de)	žadintùvas (v)	[ʒadʲɪnˈtʊvas]
horlogemaker (de)	laĩkrodininkas (v)	[ˈlʲʌɪkrodʲɪnʲɪŋkas]
repareren (ww)	taisýti	[tʌɪˈsʲiːtʲɪ]

Voedsel. Voeding

35. Voedsel

vlees (het)	mėsa (m)	[mʲeːˈsa]
kip (de)	višta (m)	[vʲɪʃˈta]
kuiken (het)	viščiùkas (v)	[vʲɪʃˈtsʲʊkas]
eend (de)	ántis (m)	[ˈantʲɪs]
gans (de)	žąsinas (v)	[ˈʒaːsʲɪnas]
wild (het)	žvėríena (m)	[ʒvʲeːˈrʲiɛna]
kalkoen (de)	kalakutíena (m)	[kalʲakʊˈtʲiɛna]
varkensvlees (het)	kiaulíena (m)	[kʲɛʊˈlʲiɛna]
kalfsvlees (het)	veršíena (m)	[vʲɛrˈʃiɛna]
schapenvlees (het)	avíena (m)	[aˈvʲiɛna]
rundvlees (het)	jáutiena (m)	[ˈjɑʊtʲiɛna]
konijnenvlees (het)	triùšis (v)	[ˈtrʲʊʃɪs]
worst (de)	dešrà (m)	[dʲɛʃˈra]
saucijs (de)	dešrėlė (m)	[dʲɛʃrʲæˈlʲeː]
spek (het)	bekònas (v)	[bʲɛˈkonas]
ham (de)	kumpis (v)	[ˈkʊmpʲɪs]
gerookte achterham (de)	kumpis (v)	[ˈkʊmpʲɪs]
paté, pastei (de)	paštetas (v)	[paʃˈtʲɛtas]
lever (de)	kepenys (m dgs)	[kʲɛpeˈnʲiːs]
gehakt (het)	faršas (v)	[ˈfarʃas]
tong (de)	liežùvis (v)	[lʲiɛˈʒʊvʲɪs]
ei (het)	kiaušinis (v)	[kʲɛʊˈʃɪnʲɪs]
eieren (mv.)	kiaušiniai (v dgs)	[kʲɛʊˈʃɪnʲɛɪ]
eiwit (het)	baltymas (v)	[ˈbalʲtʲiːmas]
eigeel (het)	trynys (v)	[trʲiːˈnʲiːs]
vis (de)	žuvìs (m)	[ʒʊˈvʲɪs]
zeevruchten (mv.)	jūros gerybės (m dgs)	[ˈjuːros gʲeːˈrʲiːbʲeːs]
schaaldieren (mv.)	vėžiagyviai (v dgs)	[vʲeːˈʒʲæɡʲiːvʲɛɪ]
kaviaar (de)	ikrai (v dgs)	[ˈɪkrʌɪ]
krab (de)	krabas (v)	[ˈkraːbas]
garnaal (de)	krevetė (m)	[krʲɛˈvʲɛtʲeː]
oester (de)	austrė (m)	[ˈɑʊstrʲe]
langoest (de)	langùstas (v)	[lʲanˈɡʊstas]
octopus (de)	aštuonkojis (v)	[aʃtʊɑŋˈkoːjis]
inktvis (de)	kalmaras (v)	[kalʲmaːras]
steur (de)	eršketíena (m)	[ɛrʃkʲɛˈtʲiɛna]
zalm (de)	lašiša (m)	[lʲaʃɪˈʃa]
heilbot (de)	õtas (v)	[ˈoːtas]
kabeljauw (de)	menkė (m)	[ˈmʲɛŋkʲeː]

makreel (de)	skùmbrė (m)	['skumbrʲe:]
tonijn (de)	tùnas (v)	['tunas]
paling (de)	ungurỹs (v)	[ungu'rʲi:s]
forel (de)	upėtakis (v)	[u'pʲe:takʲɪs]
sardine (de)	sardìnė (m)	[sar'dʲɪnʲe:]
snoek (de)	lydekà (m)	[lʲi:dʲɛ'ka]
haring (de)	sìlkė (m)	['sʲɪlʲkʲe:]
brood (het)	dúona (m)	['duɑna]
kaas (de)	sū̃ris (v)	['su:rʲɪs]
suiker (de)	cùkrus (v)	['tsukrus]
zout (het)	druskà (m)	[drus'ka]
rijst (de)	rỹžiai (v)	['rʲi:ʒʲɛɪ]
pasta (de)	makarònai (v dgs)	[maka'ro:nʌɪ]
noedels (mv.)	lãkštiniai (v dgs)	['lʲa:kʃtʲɪnʲɛɪ]
boter (de)	svíestas (v)	['svʲiɛstas]
plantaardige olie (de)	augalìnis aliẽjus (v)	[augalʲɪnʲɪs a'lʲɛjus]
zonnebloemolie (de)	saulégrąžų aliẽjus (v)	[sau'lʲe:graːʒu: a'lʲɛjus]
margarine (de)	margarìnas (v)	[marga'rʲɪnas]
olijven (mv.)	alỹvuogės (m dgs)	[a'lʲi:vuɑgʲe:s]
olijfolie (de)	alỹvuogių aliẽjus (v)	[a'lʲi:vuɑgʲu: a'lʲɛjus]
melk (de)	píenas (v)	['pʲiɛnas]
gecondenseerde melk (de)	sutìrštintas píenas (v)	[su'tʲɪrʃtʲɪntas 'pʲiɛnas]
yoghurt (de)	jogùrtas (v)	[jɔ'gurtas]
zure room (de)	grietìnė (m)	[grʲiɛ'tʲɪnʲe:]
room (de)	grietinėlė̃ (m)	[grʲiɛtʲɪ'nʲe:lʲe:]
mayonaise (de)	majonèzas (v)	[majɔ'nʲɛzas]
crème (de)	krèmas (v)	['krʲɛmas]
graan (het)	kruopos (m dgs)	['kruɑpos]
meel (het), bloem (de)	mìltai (v dgs)	['mʲɪlʲtʌɪ]
conserven (mv.)	konsèrvai (v dgs)	[kɔn'sʲɛrvʌɪ]
maïsvlokken (mv.)	kukurūzų drìbsniai (v dgs)	[kuku'ru:zu: 'drʲɪbsnʲɛɪ]
honing (de)	medùs (v)	[mʲɛ'dus]
jam (de)	džèmas (v)	['dʒʲɛmas]
kauwgom (de)	kramtomoji gumà (m)	[kramto'mojɪ gu'ma]

36. Drankjes

water (het)	vanduõ (v)	[van'duɑ]
drinkwater (het)	gėriamas vanduõ (v)	['gʲærʲæmas van'duɑ]
mineraalwater (het)	minerãlinis vanduõ (v)	[mʲɪnʲɛ'ra:lʲɪnʲɪs van'duɑ]
zonder gas	bè gãzo	['bʲɛ 'ga:zɔ]
koolzuurhoudend (bn)	gazúotas	[ga'zuɑtas]
bruisend (bn)	gazúotas	[ga'zuɑtas]
IJs (het)	lẽdas (v)	['lʲædas]

T&P Books. Thematische woordenschat Nederlands-Litouws - 5000 woorden

met ijs	sù ledaìs	['sʊ lʲɛ'dʌɪs]
alcohol vrij (bn)	nealkohòlonis	[nʲɛalʲko'ɣolonʲɪs]
alcohol vrije drank (de)	nealkohòlonis gérimas (v)	[nʲɛalʲko'ɣolonʲɪs 'gʲeːrʲɪmas]
frisdrank (de)	gaivùsis gérimas (v)	[gʌɪ'vʊsʲɪs 'gʲeːrʲɪmas]
limonade (de)	limonãdas (v)	[lʲɪmo'naːdas]

alcoholische dranken (mv.)	alkohòliniai gérimai (v dgs)	[alʲko'ɣolʲɪnʲɛɪ 'gʲeːrʲɪmʌɪ]
wijn (de)	vỹnas (v)	['vʲiːnas]
witte wijn (de)	báltas vỹnas (v)	['balʲtas 'vʲiːnas]
rode wijn (de)	raudónas vỹnas (v)	[rɑʊ'donas 'vʲiːnas]

likeur (de)	lìkeris (v)	['lʲɪkʲɛrʲɪs]
champagne (de)	šampãnas (v)	[ʃam'paːnas]
vermout (de)	vèrmutas (v)	['vʲɛrmʊtas]

whisky (de)	vìskis (v)	['vʲɪskʲɪs]
wodka (de)	degtìnė (m)	[dʲɛk'tʲɪnʲeː]
gin (de)	džìnas (v)	['dʒʲɪnas]
cognac (de)	konjãkas (v)	[kɔn'jaːkas]
rum (de)	ròmas (v)	['romas]

koffie (de)	kavà (m)	[ka'va]
zwarte koffie (de)	juodà kavà (m)	[jʊɑ'da ka'va]
koffie (de) met melk	kavà sù píenu (m)	[ka'va 'sʊ 'pʲɪɛnʊ]
cappuccino (de)	kapučìno kavà (m)	[kapu'tʂɪnɔ ka'va]
oploskoffie (de)	tirpì kavà (m)	[tʲɪr'pʲɪ ka'va]

melk (de)	píenas (v)	['pʲɪɛnas]
cocktail (de)	koktèilis (v)	[kɔk'tʲɛɪlʲɪs]
milkshake (de)	píeniškas koktèilis (v)	['pʲɪɛnʲɪʃkas kok'tʲɛɪlʲɪs]

sap (het)	sùltys (m dgs)	['sʊlʲtʲiːs]
tomatensap (het)	pomidòrų sùltys (m dgs)	[pomʲɪ'doruː 'sʊlʲtʲiːs]
sinaasappelsap (het)	apelsìnų sùltys (m dgs)	[apʲɛlʲ'sʲɪnuː 'sʊlʲtʲiːs]
vers geperst sap (het)	šviežiaĩ spáustos sùltys (m dgs)	[ʃvʲɪɛ'ʒʲɛɪ 'spɑʊstos 'sʊlʲtʲiːs]

bier (het)	alùs (v)	[a'lʲʊs]
licht bier (het)	šviesùs alùs (v)	[ʃvʲɪɛ'sʊs a'lʲʊs]
donker bier (het)	tamsùs alùs (v)	[tam'sʊs a'lʲʊs]

thee (de)	arbatà (m)	[arba'ta]
zwarte thee (de)	juodà arbatà (m)	[jʊɑ'da arba'ta]
groene thee (de)	žalià arbatà (m)	[ʒa'lʲæ arba'ta]

37. Groenten

| groenten (mv.) | daržóvės (m dgs) | [dar'ʒovʲeːs] |
| verse kruiden (mv.) | žalumýnai (v) | [ʒalʲʊ'mʲiːnʌɪ] |

tomaat (de)	pomidòras (v)	[pomʲɪ'doras]
augurk (de)	agùrkas (v)	[a'gʊrkas]
wortel (de)	morkà (m)	[mor'ka]
aardappel (de)	bùlvė (m)	['bʊlʲvʲeː]

| ui (de) | svogūnas (v) | [svɔ'gu:nas] |
| knoflook (de) | česnākas (v) | [tsʲɛs'na:kas] |

kool (de)	kopūstas (v)	[kɔ'pu:stas]
bloemkool (de)	kalafiòras (v)	[kalʲa'fʲoras]
spruitkool (de)	briùselio kopūstas (v)	['brʲusʲɛlʲɔ ko'pu:stas]
broccoli (de)	bròkolių kopūstas (v)	['brokolʲu: ko'pu:stas]

rode biet (de)	ruñkelis, burõkas (v)	['rʊŋkʲɛlʲɪs], [bʊ'ro:kas]
aubergine (de)	baklažānas (v)	[baklʲa'ʒa:nas]
courgette (de)	agurõtis (v)	[agʊ'ro:tʲɪs]
pompoen (de)	ròpė (m)	['ropʲe:]
raap (de)	moliūgas (v)	[mo'lʲu:gas]

peterselie (de)	petrāžolė (m)	[pʲɛ'tra:ʒolʲe:]
dille (de)	krāpas (v)	['kra:pas]
sla (de)	salòta (m)	[sa'lʲo:ta]
selderij (de)	saliēras (v)	[sa'lʲɛras]
asperge (de)	smìdras (v)	['smʲɪdras]
spinazie (de)	špinātas (v)	[ʃpʲɪ'na:tas]

erwt (de)	žìrniai (v dgs)	['ʒʲɪrnʲɛɪ]
bonen (mv.)	pùpos (m dgs)	['pʊpos]
maïs (de)	kukurūzas (v)	[kʊkʊ'ru:zas]
boon (de)	pupēlės (m dgs)	[pʊ'pʲælʲe:s]

peper (de)	pipìras (v)	[pʲɪ'pʲɪras]
radijs (de)	ridìkas (v)	[rʲɪ'dʲɪkas]
artisjok (de)	artišòkas (v)	[artʲɪ'ʃokas]

38. Vruchten. Noten

vrucht (de)	vaìsius (v)	['vʌɪsʲʊs]
appel (de)	obuolỹs (v)	[obʊɑ'lʲi:s]
peer (de)	kriáušė (m)	['krʲæʊʃʲe:]
citroen (de)	citrinà (m)	[tsʲɪtrʲɪ'na]
sinaasappel (de)	apelsìnas (v)	[apʲɛlʲ'sʲɪnas]
aardbei (de)	brāškė (m)	['bra:ʃkʲe:]

mandarijn (de)	mandarìnas (v)	[manda'rʲɪnas]
pruim (de)	slyvà (m)	[slʲi:'va]
perzik (de)	pérsikas (v)	['pʲɛrsʲɪkas]
abrikoos (de)	abrikòsas (v)	[abrʲɪ'kosas]
framboos (de)	aviētė (m)	[a'vʲɛtʲe:]
ananas (de)	ananāsas (v)	[ana'na:sas]

banaan (de)	banānas (v)	[ba'na:nas]
watermeloen (de)	arbūzas (v)	[ar'bu:zas]
druif (de)	vỹnuogės (m dgs)	['vʲi:nʊɑgʲe:s]
zure kers (de)	vyšnià (m)	[vʲi:ʃ'nʲæ]
zoete kers (de)	trēšnė (m)	['trʲæʃnʲe:]
meloen (de)	meliònas (v)	[mʲɛ'lʲonas]
grapefruit (de)	greìpfrutas (v)	['grʲɛɪpfrʊtas]
avocado (de)	avokàdas (v)	[avo'kadas]

papaja (de)	papaja (m)	[pa'pa ja]
mango (de)	mango (v)	['mangɔ]
granaatappel (de)	granatas (v)	[gra'na:tas]

rode bes (de)	raudoníeji serbentai (v dgs)	[raʊdo'nʲɛji sʲɛr'bʲɛntʌɪ]
zwarte bes (de)	juodíeji serbentai (v dgs)	[jʊɑ'dʲiɛjɪ sʲɛr'bʲɛntʌɪ]
kruisbes (de)	agrastas (v)	[ag'ra:stas]
bosbes (de)	melynes (m dgs)	[mʲe:'lʲi:nʲe:s]
braambes (de)	gervuoges (m dgs)	['gʲɛrvʊɑgʲe:s]

rozijn (de)	razinos (m dgs)	[ra'zʲɪnos]
vijg (de)	figa (m)	[fɪ'ga]
dadel (de)	datule (m)	[da'tʊlʲe:]

pinda (de)	žemes riešutai (v)	['ʒʲæmʲe:s rʲiɛʃʊ'tʌɪ]
amandel (de)	migdolas (v)	[mʲɪg'do:lʲas]
walnoot (de)	graikinis ríešutas (v)	['grʌɪkʲɪnʲɪs 'rʲiɛʃʊtas]
hazelnoot (de)	ríešutas (v)	['rʲiɛʃʊtas]
kokosnoot (de)	kokoso ríešutas (v)	['kokosɔ 'rʲiɛʃʊtas]
pistaches (mv.)	pistacijos (m dgs)	[pʲɪs'ta:tsʲɪjɔs]

39. Brood. Snoep

suikerbakkerij (de)	konditerijos gaminiai (v)	[kɔndʲɪ'tʲɛrʲɪjɔs gamʲɪ'nʲɛɪ]
brood (het)	duona (m)	['dʊɑna]
koekje (het)	sausainiai (v)	[sɑʊ'sʌɪnʲɛɪ]

chocolade (de)	šokoladas (v)	[ʃoko'lʲa:das]
chocolade- (abn)	šokoladinis	[ʃoko'lʲa:dʲɪnʲɪs]
snoepje (het)	saldainis (v)	[salʲ'dʌɪnʲɪs]
cakeje (het)	pyragaitis (v)	[pʲiː'ra:gʌɪtʲɪs]
taart (bijv. verjaardags~)	tortas (v)	['tortas]

| pastei (de) | pyragas (v) | [pʲi:'ra:gas] |
| vulling (de) | įdaras (v) | ['i:daras] |

confituur (de)	uogiene (m)	[ʊɑ'gʲɛnʲe:]
marmelade (de)	marmeladas (v)	[marmʲɛ'lʲa:das]
wafel (de)	vafliai (v dgs)	['va:flʲɛɪ]
IJsje (het)	ledai (v dgs)	[lʲɛ'dʌɪ]
pudding (de)	pudingas (v)	['pʊdʲɪngas]

40. Bereide gerechten

gerecht (het)	patiekalas (v)	['pa:tʲiɛkalʲas]
keuken (bijv. Franse ~)	virtuve (m)	[vʲɪr'tʊvʲe:]
recept (het)	receptas (v)	[rʲɛ'tsʲɛptas]
portie (de)	porcija (m)	['portsʲɪjɛ]

salade (de)	salotos (m)	[sa'lʲo:tos]
soep (de)	sriuba (m)	[srʲʊ'ba]
bouillon (de)	sultinys (v)	[sʊlʲtʲɪr'nʲi:s]

| boterham (de) | sumuštinis (v) | [sʊmʊʃˈtʲɪnʲɪs] |
| spiegelei (het) | kiaušinienė (m) | [kʲɛʊʃɪˈnʲɛnʲeː] |

| hamburger (de) | mėsainis (v) | [mʲeːˈsʌɪnʲɪs] |
| biefstuk (de) | bifšteksas (v) | [bʲɪfʃˈtʲɛksas] |

garnering (de)	garnyras (v)	[garˈnʲiːras]
spaghetti (de)	spagečiai (v dgs)	[spaˈgʲɛtʂʲɛɪ]
aardappelpuree (de)	bulvių košė (m)	[ˈbʊlʲvʲu: ˈkoːʃe:]
pizza (de)	pica (m)	[pʲɪˈtsa]
pap (de)	košė (m)	[ˈkoːʃe:]
omelet (de)	omletas (v)	[omˈlʲɛtas]

gekookt (in water)	virtas	[ˈvʲɪrtas]
gerookt (bn)	rūkytas	[ruːˈkʲiːtas]
gebakken (bn)	keptas	[ˈkʲæptas]
gedroogd (bn)	džiovintas	[dʒʲoˈvʲɪntas]
diepvries (bn)	šaldytas	[ˈʃalʲdʲiːtas]
gemarineerd (bn)	marinuotas	[marʲɪˈnʊɑtas]

zoet (bn)	saldus	[salʲˈdʊs]
gezouten (bn)	sūrus	[suːˈrʊs]
koud (bn)	šaltas	[ˈʃalʲtas]
heet (bn)	karštas	[ˈkarʃtas]
bitter (bn)	kartus	[karˈtʊs]
lekker (bn)	skanus	[skaˈnʊs]

koken (in kokend water)	virti	[ˈvʲɪrtʲɪ]
bereiden (avondmaaltijd ~)	gaminti	[gaˈmʲɪntʲɪ]
bakken (ww)	kepti	[ˈkʲɛptʲɪ]
opwarmen (ww)	pašildyti	[paˈʃɪlʲdʲiːtʲɪ]

zouten (ww)	sūdyti	[ˈsuːdʲiːtʲɪ]
peperen (ww)	įberti pipirų	[iːˈbʲɛrtʲɪ pʲɪˈpʲɪːruː]
raspen (ww)	tarkuoti	[tarˈkʊɑtʲɪ]
schil (de)	luoba (m)	[ˈlʲʊɑba]
schillen (ww)	lupti bulves	[ˈlʊptʲɪ ˈbʊlʲvʲɛs]

41. Kruiden

zout (het)	druska (m)	[drʊsˈka]
gezouten (bn)	sūrus	[suːˈrʊs]
zouten (ww)	sūdyti	[ˈsuːdʲiːtʲɪ]

zwarte peper (de)	juodieji pipirai (v)	[jʊɑˈdʲiɛjɪ pʲɪˈpʲɪrʌɪ]
rode peper (de)	raudonieji pipirai (v)	[rɑʊdoˈnʲiɛjɪ pʲɪˈpʲɪrʌɪ]
mosterd (de)	garstyčios (v)	[garˈstʲiːtʂʲos]
mierikswortel (de)	krienai (v dgs)	[krʲiɛˈnʌɪ]

condiment (het)	prieskonis (v)	[ˈprʲiɛskonʲɪs]
specerij, kruiderij (de)	prieskonis (v)	[ˈprʲiɛskonʲɪs]
saus (de)	padažas (v)	[ˈpaːdaʒas]
azijn (de)	actas (v)	[ˈaːtstas]
anijs (de)	anyžius (v)	[aˈnʲiːʒʲʊs]

T&P Books. Thematische woordenschat Nederlands-Litouws - 5000 woorden

basilicum (de)	bazilikas (v)	[ba'zʲɪlʲɪkas]
kruidnagel (de)	gvazdikas (v)	[gvaz'dʲɪkas]
gember (de)	imbieras (v)	['ɪmbʲiɛras]
koriander (de)	kalendra (m)	[ka'lʲɛndra]
kaneel (de/het)	cinamonas (v)	[tsʲɪna'monas]
sesamzaad (het)	sezamas (v)	[sʲɛ'zaːmas]
laurierblad (het)	lauro lapas (v)	['lʲɑurɔ 'lʲaːpas]
paprika (de)	paprika (m)	['paːprʲɪka]
komijn (de)	kmynai (v)	['kmʲiːnʌɪ]
saffraan (de)	šafranas (v)	[ʃafʲraːnas]

42. Maaltijden

eten (het)	valgis (v)	['valʲgʲɪs]
eten (ww)	valgyti	['valʲgʲiːtʲɪ]

ontbijt (het)	pusryčiai (v dgs)	['pʊsrʲiːtʃʲɛɪ]
ontbijten (ww)	pusryčiauti	['pʊsrʲiːtʃʲɛʊtʲɪ]
lunch (de)	pietūs (v)	['pʲɛ'tuːs]
lunchen (ww)	pietauti	[pʲiɛ'tɑʊtʲɪ]
avondeten (het)	vakarienė (m)	[vaka'rʲɛnʲeː]
souperen (ww)	vakarieniauti	[vakarʲiɛ'nʲæʊtʲɪ]

eetlust (de)	apetitas (v)	[apʲɛ'tʲɪtas]
Eet smakelijk!	Gero apetito!	['gʲærɔ apʲɛ'tʲɪtoː!]

openen (een fles ~)	atidaryti	[atʲɪda'rʲiːtʲɪ]
morsen (koffie, enz.)	išpilti	[ɪʃ'pʲɪlʲtʲɪ]
zijn gemorst	issipilti	[ɪʃsʲɪ'pʲɪlʲtʲɪ]

koken (water kookt bij 100°C)	virti	['vʲɪrtʲɪ]
koken (Hoe om water te ~)	virinti	['vʲɪrʲɪntʲɪ]
gekookt (~ water)	virintas	['vʲɪrʲɪntas]
afkoelen (koeler maken)	atvėsinti	[atvʲeː'sʲɪntʲɪ]
afkoelen (koeler worden)	vėsinti	[vʲeː'sʲɪntʲɪ]

smaak (de)	skonis (v)	['skoːnʲɪs]
nasmaak (de)	prieskonis (v)	['prʲiɛskonʲɪs]

volgen een dieet	laikyti dietos	[lʲʌɪ'kʲiːtʲɪ 'dʲɛtos]
dieet (het)	dieta (m)	[dʲiɛ'ta]
vitamine (de)	vitaminas (v)	[vʲɪta'mʲɪnas]
calorie (de)	kalorija (m)	[ka'lʲorʲɪjɛ]

vegetariër (de)	vegetaras (v)	[vʲɛgʲɛ'taːras]
vegetarisch (bn)	vegetariškas	[vʲɛgʲɛ'taːrʲɪʃkas]

vetten (mv.)	riebalai (v dgs)	[rʲiɛba'lʲʌɪ]
eiwitten (mv.)	baltymai (v dgs)	[balʲtʲiː'mʌɪ]
koolhydraten (mv.)	angliavandeniai (v dgs)	[an'glʲævandʲɛnʲɛɪ]
snede (de)	griežinys (v)	[grʲiɛʒʲɪ'rʲnʲiːs]
stuk (bijv. een ~ taart)	gabalas (v)	['ga:balʲas]
kruimel (de)	trupinys (v)	[trʊpʲɪ'nʲiːs]

T&P Books. Thematische woordenschat Nederlands-Litouws - 5000 woorden

43. Tafelschikking

lepel (de)	šáukštas (v)	['ʃɑʊkʃtas]
mes (het)	peĩlis (v)	['pʲɛɪlʲɪs]
vork (de)	šakùtė (m)	[ʃa'kʊtʲeː]
kopje (het)	puodùkas (v)	[pʊɑ'dʊkas]
bord (het)	lėkštė̃ (m)	[lʲeːkʃ'tʲeː]
schoteltje (het)	lėkštẽlė (m)	[lʲeːkʃ'tʲæːlʲeː]
servet (het)	servetė̃lė (m)	[sʲɛrve'tʲeːlʲeː]
tandenstoker (de)	dantų̃ krapštùkas (v)	[dan'tuː krapʃ'tʊkas]

44. Restaurant

restaurant (het)	restorãnas (v)	[rʲɛsto'raːnas]
koffiehuis (het)	kavìnė (m)	[ka'vʲɪnʲeː]
bar (de)	bãras (v)	['baːras]
tearoom (de)	arbãtos salõnas (v)	[ar'baːtos sa'lʲonas]
kelner, ober (de)	padavė́jas (v)	[pada'vʲeːjas]
serveerster (de)	padavė́ja (m)	[pada'vʲeːja]
barman (de)	bármenas (v)	['barmʲɛnas]
menu (het)	meniù (v)	[mʲɛ'nʲʊ]
wijnkaart (de)	vỹnų žemė́lapis (v)	['vʲiːnu ʒe'mʲeːlʲapʲɪs]
een tafel reserveren	rezervúoti staliùką	[rʲɛzʲɛr'vʊɑtʲɪ sta'lʲʊkaː]
gerecht (het)	pãtiekalas (v)	['paːtʲiɛkalʲas]
bestellen (eten ~)	užsisakýti	[ʊʒsʲɪsakʲiːtʲɪ]
een bestelling maken	padarýti užsãkymą	[pada'rʲiːtʲɪ ʊʒ'saːkʲiːmaː]
aperitief (de/het)	aperityvas (v)	[apʲɛrʲɪ'tʲiːvas]
voorgerecht (het)	ùžkandis (v)	['ʊʒkandʲɪs]
dessert (het)	desèrtas (v)	[dʲɛ'sʲɛrtas]
rekening (de)	sąskaita (m)	['saːskʌɪta]
de rekening betalen	apmokė́ti sąskaitą	[apmo'kʲeːtʲɪ 'saːskʌɪtaː]
wisselgeld teruggeven	dúoti grąžõs	['dʊɑtʲɪ graːʒoːs]
fooi (de)	arbãtpinigiai (v dgs)	[ar'baːtpʲɪnʲɪgʲɛɪ]

Familie, verwanten en vrienden

45. Persoonlijke informatie. Formulieren

naam (de)	var̃das (v)	['vardas]
achternaam (de)	pavardė̃ (m)	[pavar'dʲeː]
geboortedatum (de)	gimìmo datà (m)	[gʲɪ'mʲɪmɔ da'ta]
geboorteplaats (de)	gimìmo vietà (m)	[gʲɪ'mʲɪmɔ vʲiɛ'ta]
nationaliteit (de)	tautýbė (m)	[tɑʊ'tʲiːbʲeː]
woonplaats (de)	gyvẽnamoji vietà (m)	[gʲiːvʲæna'mojɪ vʲiɛ'ta]
land (het)	šalìs (m)	[ʃa'lʲɪs]
beroep (het)	profèsija (m)	[profʲɛsʲɪjɛ]
geslacht (ov. het vrouwelijk ~)	lýtis (m)	['lʲiːtʲɪs]
lengte (de)	ū̃gis (v)	['uːgʲɪs]
gewicht (het)	svõris (v)	['svoːrʲɪs]

46. Familieleden. Verwanten

moeder (de)	mótina (m)	['motʲɪna]
vader (de)	tėvas (v)	['tʲeːvas]
zoon (de)	sūnùs (v)	[suː'nʊs]
dochter (de)	dukrà, duktė̃ (m)	[dʊk'ra], [dʊk'tʲeː]
jongste dochter (de)	jauniáusioji duktė̃ (m)	[jɛʊnes'nʲoːjɪ dʊk'tʲeː]
jongste zoon (de)	jauniáusysis sūnùs (v)	[jɛʊnʲɛs'nʲiːsʲɪs suː'nʊs]
oudste dochter (de)	vyriáusioji duktė̃ (m)	[vʲiːres'nʲoːjɪ dʊk'tʲeː]
oudste zoon (de)	vyriáusysis sūnùs (v)	[vʲiːrʲɛs'nʲiːsʲɪs suː'nʊs]
broer (de)	brólis (v)	['brolʲɪs]
oudere broer (de)	vyriáusysis brólis (v)	[vʲiːrʲɛs'nʲiːsʲɪs 'brolʲɪs]
jongere broer (de)	jauniáusysis brólis (v)	[jɛʊnʲɛs'nʲiːsʲɪs 'brolʲɪs]
zuster (de)	sesuõ (m)	[sʲɛ'sʊɑ]
oudere zuster (de)	vyriáusioji sesuõ (m)	[vʲiːrʲɛs'nʲoːjɪ sʲɛ'sʊɑ]
jongere zuster (de)	jauniáusioji sesuõ (m)	[jɛʊnʲɛs'nʲoːjɪ sʲɛ'sʊɑ]
neef (zoon van oom, tante)	pùsbrolis (v)	['pʊsbrolʲɪs]
nicht (dochter van oom, tante)	pùsseserė (m)	['pʊsseserʲeː]
mama (de)	mamà (m)	[ma'ma]
papa (de)	tė́tis (v)	['tʲeːtʲɪs]
ouders (mv.)	tėvai̇̃ (v)	[tʲeː'vʌɪ]
kind (het)	vai̇̃kas (v)	['vʌɪkas]
kinderen (mv.)	vaikai̇̃ (v)	[vʌɪ'kʌɪ]
oma (de)	senẽlė (m)	[sʲɛ'nʲælʲeː]
opa (de)	senẽlis (v)	[sʲɛ'nʲælʲɪs]

T&P Books. Thematische woordenschat Nederlands-Litouws - 5000 woorden

kleinzoon (de)	anūkas (v)	[a'nu:kas]
kleindochter (de)	anūkė (m)	[a'nu:kʲeː]
kleinkinderen (mv.)	anūkai (v)	[a'nu:kʌɪ]

oom (de)	dėdė (v)	['dʲeːdʲeː]
tante (de)	teta (m)	[tʲɛ'ta]
neef (zoon van broer, zus)	sūnėnas (v)	[suːˈnʲeːnas]
nicht (dochter van broer ,zus)	dukterėčia (m)	[dʊkte'rʲeːtʂʲæ]

schoonmoeder (de)	uošvė (m)	['ʊɑʃvʲeː]
schoonvader (de)	uošvis (v)	['ʊɑʃvʲɪs]
schoonzoon (de)	žentas (v)	['ʒʲɛntas]
stiefmoeder (de)	pamotė (m)	['paːmotʲeː]
stiefvader (de)	patėvis (v)	[paˈtʲeːvʲɪs]

zuigeling (de)	kūdikis (v)	['kuːdʲɪkʲɪs]
wiegenkind (het)	naujagimis (v)	[nɑʊˈjaːgʲɪmʲɪs]
kleuter (de)	vaikas (v)	['vʌɪkas]

vrouw (de)	žmona (m)	[ʒmoˈna]
man (de)	vyras (v)	['vʲiːras]
echtgenoot (de)	sutuoktinis (v)	[sʊtʊɑkˈtʲɪnʲɪs]
echtgenote (de)	sutuoktinė (m)	[sʊtʊɑkˈtʲɪnʲeː]

gehuwd (mann.)	vėdęs	['vʲædʲɛːs]
gehuwd (vrouw.)	ištekėjusi	[ɪʃtʲɛ'kʲeːjʊsʲɪ]
ongehuwd (mann.)	viengungis	[vʲiɛŋˈgʊŋgʲɪs]
vrijgezel (de)	viengungis (v)	[vʲiɛŋˈgʊŋgʲɪs]
gescheiden (bn)	išsiskyręs	[ɪʃsʲɪ'skʲiːrʲɛːs]
weduwe (de)	našlė (m)	[naʃˈlʲeː]
weduwnaar (de)	našlys (v)	[naʃˈlʲiːs]

familielid (het)	giminaitis (v)	[gʲɪmʲɪˈnʌɪtʲɪs]
dichte familielid (het)	artimas giminaitis (v)	['artʲɪmas gʲɪmʲɪˈnʌɪtʲɪs]
verre familielid (het)	tolimas giminaitis (v)	['tolʲɪmas gʲɪmʲɪˈnʌɪtʲɪs]
familieleden (mv.)	giminės (m dgs)	['gʲɪmʲɪnʲeːs]

wees (de), weeskind (het)	našlaitis (v)	[naʃˈlʲʌɪtʲɪs]
voogd (de)	globėjas (v)	[glʲoˈbʲeːjas]
adopteren (een jongen te ~)	įsūnyti	[iːˈsuːnʲɪːtʲɪ]
adopteren (een meisje te ~)	įdukrinti	[iːˈdʊkrʲɪntʲɪ]

Geneeskunde

47. Ziekten

Nederlands	Litouws	Uitspraak
ziekte (de)	ligà (m)	[lʲɪ'ga]
ziek zijn (ww)	sírgti	['sʲɪrktʲɪ]
gezondheid (de)	sveikatà (m)	[svʲɛɪka'ta]
snotneus (de)	slogà (m)	[slʲo'ga]
angina (de)	anginà (m)	[angʲɪ'na]
verkoudheid (de)	péršalimas (v)	['pʲɛrʃalʲɪmas]
verkouden raken (ww)	péršalti	['pʲɛrʃalʲtʲɪ]
bronchitis (de)	bronchìtas (v)	[bron'xʲɪtas]
longontsteking (de)	plaũčių uždegìmas (v)	['plʲautʃʲuː uʒdʲɛ'gʲɪmas]
griep (de)	grìpas (v)	['grʲɪpas]
bijziend (bn)	trumparẽgis	[trʊmpa'rʲæːgʲɪs]
verziend (bn)	toliarẽgis	[tolʲæː'rʲæːgʲɪs]
scheelheid (de)	žvairùmas (v)	[ʒvʌɪ'rʊmas]
scheel (bn)	žvaĩras	['ʒvʌɪras]
grauwe staar (de)	kataraktà (m)	[katarak'ta]
glaucoom (het)	glaukomà (m)	[glʲauko'ma]
beroerte (de)	insùltas (v)	[ɪn'sʊlʲtas]
hartinfarct (het)	infárktas (v)	[ɪn'farktas]
myocardiaal infarct (het)	miokárda infárktas (v)	[mʲɪjo'karda in'farktas]
verlamming (de)	paralỹžius (v)	[para'lʲiːʒʲʊs]
verlammen (ww)	paralìžúoti	[paralʲɪ'ʒʊatʲɪ]
allergie (de)	alèrgija (m)	[a'lʲɛrgʲɪjɛ]
astma (de/het)	astmà (m)	[ast'ma]
diabetes (de)	diabètas (v)	[dʲɪja'bʲɛtas]
tandpijn (de)	dantų̃ skaũsmas (v)	[dan'tu: 'skausmas]
tandbederf (het)	kãriesas (v)	['kaːrʲɛsas]
diarree (de)	diarėja (m)	[dʲɪjarʲeːja]
constipatie (de)	vidurių̃ užkietėjimas (v)	[vʲɪdʊ'rʲuː ʊʒkʲiɛ'tʲɛjɪmas]
maagstoornis (de)	skrañdžio sutrikìmas (v)	['skrandʒʲo sʊtrʲɪ'kʲɪmas]
voedselvergiftiging (de)	apsinuõdijimas (v)	[apsʲɪ'nʊadʲɪjimas]
voedselvergiftiging oplopen	apsinuõdyti	[apsʲɪ'nʊadʲiːtʲɪ]
artritis (de)	artrìtas (v)	[art'rʲɪtas]
rachitis (de)	rachìtas (v)	[ra'xʲɪtas]
reuma (het)	reumatìzmas (v)	[rʲɛuma'tʲɪzmas]
arteriosclerose (de)	aterosklerozė̃ (m)	[aterosklʲɛ'rozʲeː]
gastritis (de)	gastrìtas (v)	[gas'trʲɪtas]
blindedarmontsteking (de)	apendicìtas (v)	[apʲɛndʲɪ'tsʲɪtas]

| galblaasontsteking (de) | cholecistitas (v) | [xolʲɛtsʲɪsˈtʲɪtas] |
| zweer (de) | opà (m) | [ˈoˈpa] |

mazelen (mv.)	tymai (v)	[tʲiːˈmʌɪ]
rodehond (de)	raudoniùkė (m)	[rɑʊdoˈnʲʊkʲeː]
geelzucht (de)	geltà (m)	[gʲɛlʲˈta]
leverontsteking (de)	hepatitas (v)	[ɣʲɛpaˈtʲɪtas]

schizofrenie (de)	šizofrènija (m)	[ʃɪzoˈfrʲɛnʲɪjɛ]
dolheid (de)	pasiùtligė (m)	[paˈsʲʊtlʲɪgʲeː]
neurose (de)	neùrozė (m)	[nʲɛʊˈrozʲeː]
hersenschudding (de)	smegenų sutrenkìmas (v)	[smʲɛgʲɛˈnu: sʊtrʲɛŋˈkʲɪmas]

kanker (de)	vėžỹs (v)	[vʲeːˈʒʲiːs]
sclerose (de)	sklerozė (m)	[sklʲɛˈrozʲeː]
multiple sclerose (de)	išsėtinė sklerozė (m)	[ɪʃsʲeːˈtʲɪnʲe: sklʲɛˈrozʲeː]

alcoholisme (het)	alkoholizmas (v)	[alʲkoɣoˈlʲɪzmas]
alcoholicus (de)	alokoholikas (v)	[alokoˈɣolʲɪkas]
syfilis (de)	sìfilis (v)	[ˈsʲɪfʲɪlʲɪs]
AIDS (de)	ŽIV (v)	[ˈʒʲɪv]

tumor (de)	auglỹs (v)	[ɑʊgˈlʲiːs]
koorts (de)	karštligė (m)	[ˈkarʃtlʲɪgʲeː]
malaria (de)	maliàrija (m)	[maˈlʲæːrʲɪjɛ]
gangreen (het)	gangrenà (m)	[gangrʲɛˈna]
zeeziekte (de)	jūros ligà (m)	[ˈjuːros lʲɪˈga]
epilepsie (de)	epilèpsija (m)	[ɛpʲɪˈlʲɛpsʲɪjɛ]

epidemie (de)	epidèmija (m)	[ɛpʲɪˈdʲɛmʲɪjɛ]
tyfus (de)	šìltinė (m)	[ˈʃɪlʲtʲɪnʲeː]
tuberculose (de)	tuberkuliozė (m)	[tʊbɛrkʊˈlʲɔzʲeː]
cholera (de)	cholera (m)	[ˈxolʲɛra]
pest (de)	màras (v)	[ˈmaːras]

48. Symptomen. Behandelingen. Deel 1

symptoom (het)	simptòmas (v)	[sʲɪmpˈtomas]
temperatuur (de)	temperatūrà (m)	[tʲɛmpʲɛratuːˈra]
verhoogde temperatuur (de)	aukštà temperatūrà (m)	[ɑʊkʃˈta tʲɛmpʲɛratuːˈra]
polsslag (de)	pùlsas (v)	[ˈpʊlʲsas]

duizeling (de)	galvõs svaigìmas (v)	[galʲˈvoːs svʌɪˈgʲɪmas]
heet (erg warm)	kárštas	[ˈkarʃtas]
koude rillingen (mv.)	drebulỹs (v)	[drʲɛbʊˈlʲiːs]
bleek (bn)	išbãlęs	[ɪʃˈbaːlʲɛːs]

hoest (de)	kosulỹs (v)	[kɔsʊˈlʲiːs]
hoesten (ww)	kosėti	[ˈkosʲeːtʲɪ]
niezen (ww)	čiaudėti	[ˈtʂæʊdʲeːtʲɪ]
flauwte (de)	nualpimas (v)	[nʊˈalʲpʲɪmas]
flauwvallen (ww)	nualpti	[nʊˈalʲptʲɪ]
blauwe plek (de)	mėlynė (m)	[mʲeːˈlʲiːnʲeː]
buil (de)	gùzas (v)	[ˈguzas]

T&P Books. Thematische woordenschat Nederlands-Litouws - 5000 woorden

zich stoten (ww)	atsitreñkti	[atsʲɪ'trʲɛŋktʲɪ]
kneuzing (de)	sumušìmas (v)	[sʊmʊ'ʃɪmas]
kneuzen (gekneusd zijn)	susimùšti	[sʊsʲɪ'mʊʃtʲɪ]

hinken (ww)	šlubúoti	[ʃlʊ'bʊatʲɪ]
verstuiking (de)	išnirìmas (v)	[ɪʃnʲɪ'rʲɪmas]
verstuiken (enkel, enz.)	išnarìnti	[ɪʃna'rʲɪntʲɪ]
breuk (de)	lū̃žis (v)	['lʲuːʒʲɪs]
een breuk oplopen	susiláužyti	[sʊsʲɪ'lʲauʒʲiːtʲɪ]

snijwond (de)	įpjovìmas (v)	[iːpjɔ'vʲɪːmas]
zich snijden (ww)	įsipjáuti	[iːsʲɪ'pjautʲɪ]
bloeding (de)	kraujãvimas (v)	[krɑʊ'jaːvʲɪmas]

| brandwond (de) | nudegìmas (v) | [nʊdʲɛ'gʲɪmas] |
| zich branden (ww) | nusidẽginti | [nʊsʲɪ'dʲæɡʲɪntʲɪ] |

prikken (ww)	įdùrti	[iː'dʊrtʲɪ]
zich prikken (ww)	įsidùrti	[iːsʲɪ'dʊrtʲɪ]
blesseren (ww)	susižalóti	[sʊsʲɪʒa'lʲotʲɪ]
blessure (letsel)	sužalójimas (v)	[sʊʒa'lʲoːjɪmas]
wond (de)	žaizdà (m)	[ʒʌɪz'da]
trauma (het)	tráuma (m)	['trɑʊma]

IJlen (ww)	sapalióti	[sapa'lʲotʲɪ]
stotteren (ww)	mikčióti	[mʲɪk'tʂʲotʲɪ]
zonnesteek (de)	sáulės smū̃gis (v)	['sɑʊlʲeːs 'smuːɡʲɪs]

49. Symptomen. Behandelingen. Deel 2

| pijn (de) | skaũsmas (v) | ['skɑʊsmas] |
| splinter (de) | rakštìs (m) | [rakʃ'tʲɪs] |

zweet (het)	prãkaitas (v)	['praːkʌɪtas]
zweten (ww)	prakaitúoti	[prakʌɪ'tʊatʲɪ]
braking (de)	pỹkinimas (v)	['pʲiːkʲɪnʲɪmas]
stuiptrekkingen (mv.)	traukùliai (v)	[trɑʊ'kʊlʲɛɪ]

zwanger (bn)	nėščià	[nʲeːʃtʂʲæ]
geboren worden (ww)	gìmti	['ɡʲɪmtʲɪ]
geboorte (de)	gimdymas (v)	['ɡʲɪmdʲiːmas]
baren (ww)	gimdýti	[ɡʲɪm'dʲiːtʲɪ]
abortus (de)	abòrtas (v)	[a'bortas]

ademhaling (de)	kvėpãvimas (v)	[kvʲeː'paːvʲɪmas]
inademing (de)	įkvė́pis (v)	['iːkvʲeːpʲɪs]
uitademing (de)	iškvėpìmas (v)	[ɪʃkvʲeː'pʲɪmas]
uitademen (ww)	iškvė́pti	[ɪʃ'kvʲeːptʲɪ]
inademen (ww)	įkvė́pti	[iːk'vʲeːptʲɪ]

invalide (de)	invalìdas (v)	[ɪnva'lʲɪdas]
gehandicapte (de)	luošỹs (v)	[lʲʊa'ʃɪːs]
drugsverslaafde (de)	narkomãnas (v)	[narko'maːnas]
doof (bn)	kurčias	['kʊrtʂʲæs]

T&P Books. Thematische woordenschat Nederlands-Litouws - 5000 woorden

| stom (bn) | nebylỹs | [nʲɛbʲi:'lʲi:s] |
| doofstom (bn) | kurčnebylis | ['kʊrtsnʲɛbʲi:lʲɪs] |

krankzinnig (bn)	pamìšęs	[pa'mʲɪʃɛ:s]
krankzinnige (man)	pamìšęs (v)	[pa'mʲɪʃɛ:s]
krankzinnige (vrouw)	pamìšusi (m)	[pa'mʲɪʃʊsʲɪ]
krankzinnig worden	išprotéti	[ɪʃpro'tʲe:tʲɪ]

gen (het)	gẽnas (v)	['gʲɛnas]
immuniteit (de)	imunitètas (v)	[ɪmʊnʲɪ'tʲɛtas]
erfelijk (bn)	pavéldimas	[pa'vʲɛlʲdʲɪmas]
aangeboren (bn)	įgimtas	['i:gʲɪmtas]

virus (het)	vìrusas (v)	['vʲɪrʊsas]
microbe (de)	mikròbas (v)	[mʲɪk'robas]
bacterie (de)	baktèrija (m)	[bak'tʲɛrʲɪjɛ]
infectie (de)	infèkcija (m)	[ɪn'fʲɛktsʲɪjɛ]

50. Symptomen. Behandelingen. Deel 3

| ziekenhuis (het) | ligóninė (m) | [lʲɪ'gonʲɪnʲe:] |
| patiënt (de) | pacieñtas (v) | [pa'tsʲiɛntas] |

diagnose (de)	diagnòzė (m)	[dʲɪjag'nozʲe:]
genezing (de)	gýdymas (v)	['gʲi:dʲi:mas]
medische behandeling (de)	gýdymas (v)	['gʲi:dʲi:mas]
onder behandeling zijn	gýdytis	['gʲi:dʲi:tʲɪs]
behandelen (ww)	gýdyti	['gʲi:dʲi:tʲɪ]
zorgen (zieken ~)	slaugýti	[slʲɑʊ'gʲi:tʲɪ]
ziekenzorg (de)	slaugà (m)	[slʲɑʊ'ga]

operatie (de)	operãcija (m)	[opʲɛ'ra:tsʲɪjɛ]
verbinden (een arm ~)	pérrišti	['pʲɛrrʲɪʃtʲɪ]
verband (het)	pérrišimas (v)	['pʲɛrrʲɪʃɪmas]

vaccin (het)	skiẽpas (v)	['skʲɛpas]
inenten (vaccineren)	skiẽpyti	['skʲɛpʲi:tʲɪ]
injectie (de)	įdūrìmas (v)	[i:du:'rʲɪ:mas]
een injectie geven	suléisti vaistus	[sʊ'lʲɛɪstʲɪ 'vʌɪstʊs]

aanval (de)	príepuolis (v)	['prʲiɛpʊalʲɪs]
amputatie (de)	amputãcija (m)	[ampʊ'ta:tsʲɪjɛ]
amputeren (ww)	amputúoti	[ampʊ'tʊɑtʲɪ]
coma (het)	komà (m)	[ko'ma]
in coma liggen	bū́ti kõmoje	['bu:tʲɪ 'kõmojɛ]
intensieve zorg, ICU (de)	reanimãcija (m)	[rʲɛanʲɪ'ma:tsʲɪjɛ]

zich herstellen (ww)	svei̇̃kti ...	['svʲɛɪktʲɪ ...]
toestand (de)	bū́klė (m)	['bu:klʲe:]
bewustzijn (het)	sąmonė̃ (m)	['sɑmonʲe:]
geheugen (het)	atmintìs (m)	[atmʲɪn'tʲɪs]

| trekken (een kies ~) | šãlinti | ['ʃa:lʲɪntʲɪ] |
| vulling (de) | plomba (m) | ['plʲomba] |

50

vullen (ww)	plombúoti	[pļom'buatʲɪ]
hypnose (de)	hipnòzė (m)	[ɣʲɪp'nozʲeː]
hypnotiseren (ww)	hipnotizúoti	[ɣʲɪpnotʲɪ'zuatʲɪ]

51. Artsen

dokter, arts (de)	gýdytojas (v)	['gʲiːdʲiːtoːjɛs]
ziekenzuster (de)	medicìnos sesẽlė (m)	[mʲɛdʲɪ'tsʲɪnos se'sʲælʲeː]
lijfarts (de)	asmenìnis gýdytojas (v)	[asmʲɛ'nʲɪnʲɪs 'gʲiːdʲiːtoːjɛs]

tandarts (de)	dantìstas (v)	[dan'tʲɪstas]
oogarts (de)	okulìstas (v)	[oku'lʲɪstas]
therapeut (de)	terapèutas (v)	[tʲɛra'pʲɛutas]
chirurg (de)	chirùrgas (v)	[xʲɪ'rurgas]

psychiater (de)	psichiãtras (v)	[psʲɪxʲɪ'jatras]
pediater (de)	pediãtras (v)	[pʲɛ'dʲɪ'jatras]
psycholoog (de)	psichològas (v)	[psʲɪxo'lʲogas]
gynaecoloog (de)	ginekològas (v)	[gʲɪnʲɛko'lʲogas]
cardioloog (de)	kardiològas (v)	[kardʲɪjo'lʲogas]

52. Geneeskunde. Medicijnen. Accessoires

geneesmiddel (het)	vaìstas (v)	['vʌɪstas]
middel (het)	príemonė (m)	['prʲiɛmonʲeː]
voorschrijven (ww)	išrašýti	[ɪʃra'ʃɪːtʲɪ]
recept (het)	recèptas (v)	[rʲɛ'tsʲɛptas]

tablet (de/het)	tablètė (m)	[tab'lʲɛtʲeː]
zalf (de)	tẽpalas (v)	['tʲæpalʲas]
ampul (de)	ámpulė (m)	['ampulʲeː]
drank (de)	mikstūrà (m)	[mʲɪkstuː'ra]
siroop (de)	sìrupas (v)	['sʲɪrupas]
pil (de)	piliùlė (m)	[pʲɪ'lʲulʲeː]
poeder (de/het)	miltẽliai (v dgs)	[mʲɪlʲ'tʲælʲɛɪ]

verband (het)	bìntas (v)	['bʲɪntas]
watten (mv.)	vatà (m)	[va'ta]
jodium (het)	jòdas (v)	[jɔ das]

pleister (de)	pleĩstras (v)	['plʲɛɪstras]
pipet (de)	pipètė (m)	[pʲɪ'pʲɛtʲeː]
thermometer (de)	termomètras (v)	[tʲɛrmo'mʲɛtras]
spuit (de)	švìrkštas (v)	['ʃvʲɪrkʃtas]

| rolstoel (de) | neįgaliójo vežimẽlis (v) | [nʲɛɪːga'lʲojo vʲɛ'ʒʲɪmʲeːlʲɪs] |
| krukken (mv.) | rameñtai (v dgs) | [ra'mʲɛntʌɪ] |

pijnstiller (de)	skaũsmą malšìnantys vaĩstai (v dgs)	['skausma: malʲ'ʃɪnantʲiːs 'vʌɪstʌɪ]
laxeermiddel (het)	laĩsvinantys vaĩstai (v dgs)	['lʲʌɪsvʲɪnantʲiːs 'vʌɪstʌɪ]
spiritus (de)	spìritas (v)	['spʲɪrʲɪtas]

medicinale kruiden (mv.)	žolė (m)	[ʒoˈlʲeː]
kruiden- (abn)	žolinis	[ʒoˈlʲɪnʲɪs]

HET MENSELIJKE LEEFGEBIED

Stad

53. Stad. Het leven in de stad

Nederlands	Litouws	Uitspraak
stad (de)	miestas (v)	['mʲɛstas]
hoofdstad (de)	sostinė (m)	['sostʲɪnʲeː]
dorp (het)	kaimas (v)	['kʌɪmas]
plattegrond (de)	miesto planas (v)	['mʲɛstɔ 'plʲaːnas]
centrum (ov. een stad)	miesto centras (v)	['mʲɛstɔ 'tsʲɛntras]
voorstad (de)	priemiestis (v)	['prʲiɛmʲɛstʲɪs]
voorstads- (abn)	priemiesčio	['prʲiɛmʲiɛstɕɔ]
randgemeente (de)	pakraštys (v)	[pakraʃˈtʲiːs]
omgeving (de)	apylinkės (m dgs)	[aˈpʲiːlʲɪŋkʲeːs]
blok (huizenblok)	kvartalas (v)	[kvarˈtaːlʲas]
woonwijk (de)	gyvenamas kvartalas (v)	[gʲiːˈvʲænamas kvarˈtaːlʲas]
verkeer (het)	judėjimas (v)	[juˈdʲɛjɪmas]
verkeerslicht (het)	šviesoforas (v)	[ʃvʲiɛsoˈforas]
openbaar vervoer (het)	miesto transportas (v)	['mʲɛstɔ transˈportas]
kruispunt (het)	sankryža (m)	['saŋkrʲiːʒa]
zebrapad (oversteekplaats)	perėja (m)	['pʲɛrʲeːja]
onderdoorgang (de)	požeminė perėja (m)	[poʒeˈmʲɪnʲeː 'pʲærʲeːja]
oversteken (de straat ~)	pereiti	['pʲɛrʲɛɪtʲɪ]
voetganger (de)	pėstysis (v)	['pʲeːstʲiːsʲɪs]
trottoir (het)	šaligatvis (v)	[ʃaˈlʲɪgatvʲɪs]
brug (de)	tiltas (v)	['tʲɪlʲtas]
dijk (de)	krantinė (m)	[kranˈtʲɪnʲeː]
allee (de)	alėja (m)	[aˈlʲeːja]
park (het)	parkas (v)	['parkas]
boulevard (de)	bulvaras (v)	[buˈlʲvaːras]
plein (het)	aikštė (m)	[ʌɪkʃˈtʲeː]
laan (de)	prospektas (v)	[prosˈpʲɛktas]
straat (de)	gatvė (m)	['gaːtvʲeː]
zijstraat (de)	skersgatvis (v)	['skʲɛrsgatvʲɪs]
doodlopende straat (de)	tupikas (v)	[tʊˈpʲɪkas]
huis (het)	namas (v)	['naːmas]
gebouw (het)	pastatas (v)	['paːstatas]
wolkenkrabber (de)	dangoraižis (v)	[danˈgorʌɪʒʲɪs]
gevel (de)	fasadas (v)	[faˈsaːdas]
dak (het)	stogas (v)	['stogas]

T&P Books. Thematische woordenschat Nederlands-Litouws - 5000 woorden

venster (het)	langas (v)	['lʲangas]
boog (de)	arka (m)	['arka]
pilaar (de)	kolona (m)	[kɔlʲoˈna]
hoek (ov. een gebouw)	kampas (v)	['kampas]

vitrine (de)	vitrina (m)	[vʲɪtrʲɪˈna]
gevelreclame (de)	iškaba (m)	['ɪʃkaba]
affiche (de/het)	afiša (m)	[afʲɪˈʃa]
reclameposter (de)	reklaminis plakatas (v)	[rʲɛkˈlʲaːmʲɪnʲɪs plʲaˈkaːtas]
aanplakbord (het)	reklaminis skydas (v)	[rʲɛkˈlʲaːmʲɪnʲɪs ˈskʲiːdas]

vuilnis (de/het)	šiukšlės (m dgs)	[ˈʃʊkʃlʲeːs]
vuilnisbak (de)	urna (m)	['ʊrna]
afval weggooien (ww)	šiukšlinti	[ˈʃʊkʃlʲɪntʲɪ]
stortplaats (de)	sąvartynas (v)	[saːvarˈtʲiːnas]

telefooncel (de)	telefono budelė (m)	[tʲɛlʲɛˈfonɔ ˈbʊdɛlʲeː]
straatlicht (het)	žibinto stulpas (v)	[ʒʲɪˈbʲɪntɔ ˈstʊlʲpas]
bank (de)	suolas (v)	[ˈsʊɑlʲas]

politieagent (de)	policininkas (v)	[poˈlʲɪtsʲɪnʲɪŋkas]
politie (de)	policija (m)	[poˈlʲɪtsʲɪjɛ]
zwerver (de)	skurdžius (v)	[ˈskʊrdʒʲʊs]
dakloze (de)	benamis (v)	[bʲɛˈnaːmʲɪs]

54. Stedelijke instellingen

winkel (de)	parduotuvė (m)	[pardʊɑˈtʊvʲeː]
apotheek (de)	vaistinė (m)	[ˈvʌɪstʲɪnʲeː]
optiek (de)	optika (m)	[ˈoptʲɪka]
winkelcentrum (het)	prekybos centras (v)	[prʲɛˈkʲiːbos ˈtsʲɛntras]
supermarkt (de)	supermarketas (v)	[sʊpʲɛrˈmarkʲɛtas]

bakkerij (de)	bandelių krautuvė (m)	[banˈdʲælʲuː ˈkrɑʊtʊvʲeː]
bakker (de)	kepėjas (v)	[kʲɛˈpʲeːjas]
banketbakkerij (de)	konditerija (m)	[kondʲɪˈtʲɛrʲɪjɛ]
kruidenier (de)	bakalėja (m)	[bakaˈlʲeːja]
slagerij (de)	mėsos krautuvė (m)	[mʲeːˈsoːs ˈkrɑʊtʊvʲeː]

groentewinkel (de)	daržovių krautuvė (m)	[darˈʒovʲuː ˈkrɑʊtʊvʲeː]
markt (de)	prekyvietė (m)	[prʲɛˈkʲiːvʲɪɛtʲeː]

koffiehuis (het)	kavinė (m)	[kaˈvʲɪnʲeː]
restaurant (het)	restoranas (v)	[rʲɛstoˈraːnas]
bar (de)	aludė (m)	[aˈlʲʊdʲeː]
pizzeria (de)	picerija (m)	[pʲɪˈtsʲɛrʲɪjɛ]

kapperssalon (de/het)	kirpykla (m)	[kʲɪrpʲiːkˈlʲa]
postkantoor (het)	paštas (v)	[ˈpaːʃtas]
stomerij (de)	valykla (v)	[valʲiːkˈla]
fotostudio (de)	fotoatelję (v)	[fotoateˈlʲjeː]

schoenwinkel (de)	avalynės parduotuvė (m)	[ˈaːvalʲiːnʲeːs pardʊɑˈtʊvʲeː]
boekhandel (de)	knygynas (v)	[knʲiːˈgʲiːnas]

sportwinkel (de) sportinių prekių ['sportʲɪnʲu: 'prʲækʲu:
 parduotuvė (m) parduɑ'tʊvʲe:]
kledingreparatie (de) drabužių taisykla (m) [dra'bʊʒʲu: tʌɪsʲi:k'lʲa]
kledingverhuur (de) drabužių nuoma (m) [dra'bʊʒʲu: 'nʊɑma]
videotheek (de) filmų nuoma (m) ['fɪlʲmu: 'nʊɑma]

circus (de/het) cirkas (v) ['tsʲɪrkas]
dierentuin (de) zoologijos sodas (v) [zoo'lʲogʲɪjɔs 'so:das]
bioscoop (de) kino teatras (v) ['kʲɪnɔ tʲɛ'a:tras]
museum (het) muziejus (v) [mʊ'zʲɛjʊs]
bibliotheek (de) biblioteka (m) [bʲɪblʲɪjotʲɛ'ka]

theater (het) teatras (v) [tʲɛ'a:tras]
opera (de) opera (m) ['opʲɛra]
nachtclub (de) naktinis klubas (v) [nak'tʲɪnʲɪs 'klʲʊbas]
casino (het) kazino (v) [kazʲɪ'no]

moskee (de) mečetė (m) [mʲɛ'tʂʲɛtʲe:]
synagoge (de) sinagoga (m) [sʲɪnago'ga]
kathedraal (de) katedra (m) ['ka:tʲɛdra]
tempel (de) šventykla (m) [ʃvʲɛntʲi:k'lʲa]
kerk (de) bažnyčia (m) [baʒ'nʲi:tʂʲæ]

instituut (het) institutas (v) [ɪnstʲɪ'tʊtas]
universiteit (de) universitetas (v) [ʊnʲɪvʲɛrsʲɪ'tʲɛtas]
school (de) mokykla (m) [mokʲi:k'lʲa]

gemeentehuis (het) prefektūra (m) [prʲɛfʲɛk'tu:'ra]
stadhuis (het) savivaldybė (m) [savʲɪvalʲ'dʲi:bʲe:]
hotel (het) viešbutis (v) ['vʲɛʃbʊtʲɪs]
bank (de) bankas (v) ['baŋkas]

ambassade (de) ambasada (m) [ambasa'da]
reisbureau (het) turizmo agentūra (m) [tʊ'rʲɪzmɔ agʲɛntu:'ra]
informatieloket (het) informacijos biuras (v) [ɪnfor'ma:tsʲɪjɔs 'bʲʊras]
wisselkantoor (het) keitykla (m) [kʲɛɪtʲi:k'lʲa]

metro (de) metro [mʲɛ'tro]
ziekenhuis (het) ligoninė (m) [lʲɪ'gonʲɪnʲe:]

benzinestation (het) degalinė (m) [dʲɛga'lʲɪnʲe:]
parking (de) stovėjimo aikštelė (m) [sto'vʲɛjɪmɔ ʌɪkʃ'tʲælʲe:]

55. Borden

gevelreclame (de) iškaba (m) ['ɪʃkaba]
opschrift (het) užrašas (v) ['ʊʒraʃas]
poster (de) plakatas (v) [plʲa'ka:tas]
wegwijzer (de) nuoroda (m) ['nʊɑroda]
pijl (de) rodyklė (m) [ro'dʲi:klʲe:]

waarschuwing (verwittiging) perspėjimas (v) ['pʲɛrspʲe:jimas]
waarschuwingsbord (het) įspėjimas (v) [i:spʲe:'jɪmas]
waarschuwen (ww) įspėti [i:s'pʲe:tʲɪ]

Dutch	Lithuanian	Pronunciation
vrije dag (de)	išeiginė diena (m)	[ɪʃɛɪˈgʲɪnʲe: dʲiɛˈna]
dienstregeling (de)	tvarkaraštis (v)	[tvarˈkaːraʃtʲɪs]
openingsuren (mv.)	darbo valandos (m dgs)	[ˈdarbɔ valʲanˈdoːs]

WELKOM!	SVEIKÌ ATVYKĘ!	[svʲɛɪˈkʲɪ atˈvʲiːkʲɛːl]
INGANG	ĮĖJÌMAS	[iːʲɛːˈjɪmas]
UITGANG	IŠĖJÌMAS	[ɪʃʲeːˈjɪmas]
DUWEN	STÙMTI	[ˈstʊmtʲɪ]
TREKKEN	TRÁUKTI	[ˈtrɑʊktʲɪ]
OPEN	ATIDARÝTA	[atʲɪdaˈrʲiːta]
GESLOTEN	UŽDARÝTA	[ʊʒdaˈrʲiːta]
DAMES	MÓTERIMS	[ˈmotʲɛrʲɪms]
HEREN	VÝRAMS	[ˈvʲiːrams]
KORTING	NÚOLAIDOS	[ˈnʊalʲʌɪdos]
UITVERKOOP	IŠPARDAVÌMAS	[ɪʃpardaˈvʲɪmas]
NIEUW!	NAUJÍENA!	[nɑʊˈjiɛna!]
GRATIS	NEMÓKAMAI	[nʲɛˈmokamʌɪ]
PAS OP!	DĖMESIO!	[ˈdʲeːmesʲɔl]
VOLGEBOEKT	VIÉTŲ NĖRA	[ˈvʲɛtu: ˈnʲeːra]
GERESERVEERD	REZERVÚOTA	[rʲɛzʲɛrˈvʊɑta]
ADMINISTRATIE	ADMINISTRĀCIJA	[admʲɪnʲɪsˈtratsʲɪja]
ALLEEN VOOR PERSONEEL	TÌK PERSONÁLUI	[ˈtʲɪk pʲɛrsoˈnalʲʊi]
GEVAARLIJKE HOND	PIKTAS ŠUO	[ˈpʲɪktas ˈʃʊɑ]
VERBODEN TE ROKEN!	RŪKÝTI DRAŨDŽIAMA	[ruːˈkʲiːtʲɪ ˈdrɑʊdʒʲæma]
NIET AANRAKEN!	NELIÉSTI!	[nʲɛˈlʲɛstʲɪ!]
GEVAARLIJK	PAVOJÌNGA	[pavoˈjɪnga]
GEVAAR	PAVÕJUS	[paˈvoːjʊs]
HOOGSPANNING	AUKŠTĀ ĮTAMPA	[ɑʊkʃˈta ˈiːtampa]
VERBODEN TE ZWEMMEN	MÁUDYTIS DRAŨDŽIAMA	[ˈmɑʊdʲiːtʲɪs ˈdrɑʊdʒʲæma]
BUITEN GEBRUIK	NEVEĨKIA	[nʲɛˈvʲɛɪkʲɛ]
ONTVLAMBAAR	DEGÙ	[dʲɛˈgʊ]
VERBODEN	DRAŨDŽIAMA	[ˈdrɑʊdʒʲæma]
DOORGANG VERBODEN	PRAĖJÌMAS DRAŨDŽIAMAS	[praeːˈjɪmas ˈdrɑʊdʒʲæmas]
OPGELET PAS GEVERFD	NUDAŽYTA	[nʊdaˈʒʲiːta]

56. Stedelijk vervoer

bus, autobus (de)	autobùsas (v)	[ɑʊtoˈbʊsas]
tram (de)	tramvājus (v)	[tramˈvaːjʊs]
trolleybus (de)	troleibùsas (v)	[trolʲɛɪˈbʊsas]
route (de)	maršrùtas (v)	[marʃˈrʊtas]
nummer (busnummer, enz.)	nùmeris (v)	[ˈnʊmʲɛrʲɪs]
rijden met ...	važiúoti ...	[vaˈʒʲʊɑtʲɪ ...]
stappen (in de bus ~)	įlìpti į̃ ...	[iːˈlʲɪːptʲɪ i: ...]

T&P Books. Thematische woordenschat Nederlands-Litouws - 5000 woorden

afstappen (ww)	išlipti iš ...	[ɪʃˈlʲɪptʲɪ ɪʃ ...]
halte (de)	stotelė (m)	[stoˈtʲælʲeː]
volgende halte (de)	kita stotelė (m)	[kʲɪˈta stoˈtʲælʲeː]
eindpunt (het)	galutinė stotelė (m)	[galuˈtʲɪnʲeː stoˈtʲælʲeː]
dienstregeling (de)	tvarkaraštis (v)	[tvarˈkaːraʃtʲɪs]
wachten (ww)	laukti	[ˈlʲɑʊktʲɪ]

kaartje (het)	bilietas (v)	[ˈbʲɪlʲiɛtas]
reiskosten (de)	bilieto kaina (m)	[ˈbʲɪlʲiɛtɔ ˈkʌɪna]

kassier (de)	kasininkas (v)	[ˈkaːsʲɪnʲɪŋkas]
kaartcontrole (de)	kontrolė (m)	[kɔnˈtrolʲeː]
controleur (de)	kontrolierius (v)	[kɔntroˈlʲɛrʲʊs]

te laat zijn (ww)	vėluoti	[vʲeːˈlʲʊɑtʲɪ]
missen (de bus ~)	pavėluoti	[pavʲeːˈlʲʊɑtʲɪ]
zich haasten (ww)	skubėti	[skʊˈbʲeːtʲɪ]

taxi (de)	taksi (v)	[takˈsʲɪ]
taxichauffeur (de)	taksistas (v)	[takˈsʲɪstas]
met de taxi (bw)	su taksi	[ˈsʊ takˈsʲɪ]
taxistandplaats (de)	taksi stovėjimo aikštelė (m)	[takˈsʲɪ stoˈvʲɛjɪmɔ ʌɪkʃˈtʲælʲeː]
een taxi bestellen	iškviesti taksi	[ɪʃkˈvʲɛstʲɪ takˈsʲɪ]
een taxi nemen	įsėsti į taksi	[iːˈsʲesˈtʲiː iː takˈsʲɪː]

verkeer (het)	gatvės judėjimas (v)	[ˈgaːtvʲeːs jʊˈdʲɛjɪmas]
file (de)	kamštis (v)	[ˈkamʃtʲɪs]
spitsuur (het)	piko valandos (m dgs)	[ˈpʲɪkɔ ˈvaːlʲandos]
parkeren (on.ww.)	parkuotis	[parˈkʊɑtʲɪs]
parkeren (ov.ww.)	parkuoti	[parˈkʊɑtʲɪ]
parking (de)	stovėjimo aikštelė (m)	[stoˈvʲɛjɪmɔ ʌɪkʃˈtʲælʲeː]

metro (de)	metro	[mʲɛˈtro]
halte (bijv. kleine treinhalte)	stotis (m)	[stoˈtʲɪs]
de metro nemen	važiuoti metro	[vaˈʒʲʊɑtʲɪ mʲɛˈtrɔ]
trein (de)	traukinys (v)	[trɑʊkʲɪˈnʲiːs]
station (treinstation)	stotis (m)	[stoˈtʲɪs]

57. Bezienswaardigheden

monument (het)	paminklas (v)	[paˈmʲɪŋklʲas]
vesting (de)	tvirtovė (m)	[tvʲɪrˈtovʲeː]
paleis (het)	rūmai (v)	[ˈruːmʌɪ]
kasteel (het)	pilis (m)	[pʲɪˈlʲɪs]
toren (de)	bokštas (v)	[ˈbokʃtas]
mausoleum (het)	mauzoliejus (v)	[mɑʊzoˈlʲɛjʊs]

architectuur (de)	architektūra (m)	[arxʲɪtʲɛktuːˈra]
middeleeuws (bn)	viduramžių	[vʲɪˈdʊramʒʲuː]
oud (bn)	senovinis	[sʲɛˈnovʲɪnʲɪs]
nationaal (bn)	nacionalinis	[natsʲɪjoˈnaːlʲɪnʲɪs]
bekend (bn)	žymus	[ʒʲiːˈmʊs]
toerist (de)	turistas (v)	[tʊˈrʲɪstas]
gids (de)	gidas (v)	[ˈgʲɪdas]

57

T&P Books. Thematische woordenschat Nederlands-Litouws - 5000 woorden

rondleiding (de)	ekskùrsija (m)	[ɛks'kʊrsʲɪjɛ]
tonen (ww)	ródyti	['rodʲiːtʲɪ]
vertellen (ww)	pãsakoti	['paːsakotʲɪ]

vinden (ww)	rãsti	['rastʲɪ]
verdwalen (de weg kwijt zijn)	pasiklýsti	[pasʲɪ'kʲlʲiːstʲɪ]
plattegrond (~ van de metro)	schemà (m)	[sxʲɛ'ma]
plattegrond (~ van de stad)	plãnas (v)	['pʲlʲaːnas]

souvenir (het)	suvenỹras (v)	[sʊvʲɛ'nʲiːras]
souvenirwinkel (de)	suvenỹrų parduotùvė (m)	[sʊvɛ'nʲiːruː pardʊɑ'tʊvʲeː]
een foto maken (ww)	fotografúoti	[fotograˈfʊɑtʲɪ]
zich laten fotograferen	fotografúotis	[fotograˈfʊɑtʲɪs]

58. Winkelen

kopen (ww)	pìrkti	['pʲɪrktʲɪ]
aankoop (de)	pirkinỹs (v)	[pʲɪrkʲɪ'nʲiːs]
winkelen (ww)	apsipìrkti	[apsʲɪ'pʲɪrktʲɪ]
winkelen (het)	apsipirkìmas (v)	[apsʲɪpʲɪr'kʲɪmas]

open zijn	veĩkti	['vʲɛɪktʲɪ]
(ov. een winkel, enz.)		
gesloten zijn (ww)	užsidarýti	[ʊʒsʲɪda'rʲiːtʲɪ]

schoeisel (het)	ãvalynė (m)	['aːvalʲiːnʲeː]
kleren (mv.)	drabùžiai (v)	[dra'bʊʒʲɛɪ]
cosmetica (de)	kosmètika (m)	[kɔsˈmʲɛtʲɪka]
voedingswaren (mv.)	prodùktai (v)	[pro'dʊktʌɪ]
geschenk (het)	dovanà (m)	[dova'na]

| verkoper (de) | pardavéjas (v) | [parda'vʲeːjas] |
| verkoopster (de) | pardavéja (m) | [parda'vʲeːja] |

kassa (de)	kasà (m)	[ka'sa]
spiegel (de)	veĩdrodis (v)	['vʲɛɪdrodʲɪs]
toonbank (de)	prekýstalis (v)	[prʲɛ'kʲiːstalʲɪs]
paskamer (de)	matãvimosi kabinà (m)	[ma'taːvʲɪmosʲɪ kabʲɪ'na]

aanpassen (ww)	matúoti	[ma'tʊɑtʲɪ]
passen (ov. kleren)	tìkti	['tʲɪktʲɪ]
bevallen (prettig vinden)	patìkti	[pa'tʲɪktʲɪ]

prijs (de)	kaina (m)	['kʌɪna]
prijskaartje (het)	kainỹnas (v)	[kʌɪ'nʲiːnas]
kosten (ww)	kainúoti	[kʌɪ'nʊɑtʲɪ]
Hoeveel?	Kíek?	['kʲiɛk?]
korting (de)	núolaida (m)	['nʊɑlʲʌɪda]

niet duur (bn)	nebrangùs	[nʲɛbran'gʊs]
goedkoop (bn)	pigùs	[pʲɪ'gʊs]
duur (bn)	brangùs	[bran'gʊs]
Dat is duur.	Taĩ brangù.	['tʌɪ bran'gʊ]
verhuur (de)	núoma (m)	['nʊɑma]

huren (smoking, enz.)	išsinúomoti	[ɪʃsʲɪˈnuɑmotʲɪ]
krediet (het)	kredìtas (v)	[krʲɛˈdʲɪtas]
op krediet (bw)	kredìtu	[krʲɛdʲɪˈtu]

59. Geld

geld (het)	pinigaĩ (v)	[pʲɪnʲɪˈɡʌɪ]
ruil (de)	keitìmas (v)	[kʲɛɪˈtʲɪmas]
koers (de)	kùrsas (v)	[ˈkursas]
geldautomaat (de)	bankomãtas (v)	[baŋkoˈmaːtas]
muntstuk (de)	monetà (m)	[monʲɛˈta]

| dollar (de) | dòleris (v) | [ˈdolʲɛrʲɪs] |
| euro (de) | eũras (v) | [ˈɛŭras] |

lire (de)	lirà (m)	[lʲɪˈra]
Duitse mark (de)	márkė (m)	[ˈmarkʲeː]
frank (de)	fránkas (v)	[ˈfraŋkas]
pond sterling (het)	svãras (v)	[ˈsvaːras]
yen (de)	jenà (m)	[jɛˈna]

schuld (geldbedrag)	skolà (m)	[skoˈlʲa]
schuldenaar (de)	skõlininkas (v)	[ˈskoːlʲɪnʲɪŋkas]
uitlenen (ww)	dúoti į̃ skõlą	[ˈduɑtʲɪ iː ˈskoːlʲa:]
lenen (geld ~)	im̃ti į̃ skõlą	[ˈɪmtʲɪ iː ˈskoːlʲa:]

bank (de)	bánkas (v)	[ˈbaŋkas]
bankrekening (de)	sąskaità (m)	[ˈsaːskʌɪta]
op rekening storten	dė́ti į̃ sąskaitą̃	[ˈdʲeːtʲɪ iː ˈsaːskʌɪtaː]
opnemen (ww)	im̃ti iš sąskaitos	[ˈɪmtʲɪ ɪʃ ˈsaːskʌɪtos]

kredietkaart (de)	kredìtinė kortẽlė (m)	[krʲɛˈdʲɪtʲɪnʲeː korˈtʲælʲeː]
baar geld (het)	grynìeji pinigaĩ (v)	[ɡrʲɪːˈnʲiɛjɪ pʲɪnʲɪˈɡʌɪ]
cheque (de)	čẽkis (v)	[ˈtʂɛkʲɪs]
een cheque uitschrijven	išrašýti čẽkį	[ɪʃraˈʃɪːtʲɪ ˈtʂɛkʲɪː]
chequeboekje (het)	čẽkių knygẽlė (m)	[ˈtʂɛkʲuː knʲiːˈɡʲælʲeː]

portefeuille (de)	piniginė̃ (m)	[pʲɪnʲɪˈɡʲɪnʲeː]
geldbeugel (de)	piniginė̃ (m)	[pʲɪnʲɪˈɡʲɪnʲeː]
safe (de)	seĩfas (v)	[ˈsʲɛɪfas]

erfgenaam (de)	paveldė́tojas (v)	[pavelʲˈdʲeːtoːjɛs]
erfenis (de)	palikìmas (v)	[palʲɪˈkʲɪmas]
fortuin (het)	tùrtas (v)	[ˈturtas]

huur (de)	núoma (m)	[ˈnuɑma]
huurprijs (de)	bùto mókestis (v)	[ˈbuto ˈmokʲɛstʲɪs]
huren (huis, kamer)	núomotis	[ˈnuɑmotʲɪs]

prijs (de)	káina (m)	[ˈkʌɪna]
kostprijs (de)	káina (m)	[ˈkʌɪna]
som (de)	sumà (m)	[suˈma]
uitgeven (geld besteden)	léisti	[ˈlʲɛɪstʲɪ]
kosten (mv.)	są́naudos (m dgs)	[ˈsaːnɑudos]

| bezuinigen (ww) | taupýti | [tɑʊˈpʲiːtʲɪ] |
| zuinig (bn) | taupùs | [tɑʊˈpʊs] |

betalen (ww)	mokéti	[moˈkʲeːtʲɪ]
betaling (de)	apmokéjimas (v)	[apmoˈkʲɛjɪmas]
wisselgeld (het)	grąžà (m)	[graːˈʒa]

belasting (de)	mókestis (v)	[ˈmokʲɛstʲɪs]
boete (de)	baudà (m)	[bɑʊˈda]
beboeten (bekeuren)	baũsti	[ˈbɑʊstʲɪ]

60. Post. Postkantoor

postkantoor (het)	pãštas (v)	[ˈpaːʃtas]
post (de)	pãštas (v)	[ˈpaːʃtas]
postbode (de)	pãštininkas (v)	[ˈpaːʃtʲɪnʲɪŋkas]
openingsuren (mv.)	dárbo valandõs (m dgs)	[ˈdarbɔ valʲanˈdoːs]

brief (de)	laĩškas (v)	[ˈlʲʌɪʃkas]
aangetekende brief (de)	užsakýtas laĩškas (v)	[ʊʒsaˈkʲiːtas ˈlʲʌɪʃkas]
briefkaart (de)	atvirùtė (m)	[atvʲɪˈrʊtʲeː]
telegram (het)	telegramà (m)	[tʲɛlʲɛgraˈma]
postpakket (het)	siuntinỹs (v)	[sʲʊntʲɪˈnʲiːs]
overschrijving (de)	piniginis pavedimas (v)	[pʲɪnʲɪˈgʲɪnʲɪs pavʲɛˈdʲɪmas]

ontvangen (ww)	gáuti	[ˈgɑʊtʲɪ]
sturen (zenden)	išsiũsti	[ɪʃˈsʲuːstʲɪ]
verzending (de)	išsiuntìmas (v)	[ɪʃsʲʊnˈtʲɪmas]

adres (het)	ãdresas (v)	[ˈaːdrʲɛsas]
postcode (de)	iñdeksas (v)	[ˈɪndʲɛksas]
verzender (de)	siuntéjas (v)	[sʲʊnˈtʲeːjas]
ontvanger (de)	gavéjas (v)	[gaˈvʲeːjas]

| naam (de) | var̃das (v) | [ˈvardas] |
| achternaam (de) | pavardẽ (m) | [pavarˈdʲeː] |

tarief (het)	tarìfas (v)	[taˈrʲɪfas]
standaard (bn)	ĩprastas	[ˈiːprastas]
zuinig (bn)	taupùs	[tɑʊˈpʊs]

gewicht (het)	svõris (v)	[ˈsvoːrʲɪs]
afwegen (op de weegschaal)	svẽrti	[ˈsvʲɛrtʲɪ]
envelop (de)	võkas (v)	[ˈvoːkas]
postzegel (de)	markùtė (m)	[marˈkʊtʲeː]

Woning. Huis. Thuis

61. Huis. Elektriciteit

elektriciteit (de)	elektra (m)	[ɛlʲɛkt'ra]
lamp (de)	lemputė (m)	[lʲɛm'pʊtʲe:]
schakelaar (de)	jungiklis (v)	[jʊn'gʲɪklʲɪs]
zekering (de)	kamštis (v)	['kamʃtʲɪs]
draad (de)	laidas (v)	['lʲʌɪdas]
bedrading (de)	instaliacija (m)	[ɪnsta'lʲætsʲɪjɛ]
elektriciteitsmeter (de)	skaitliukas (v)	[skʌɪt'lʲʊkas]
gegevens (mv.)	parodymas (v)	[pa'rodʲi:mas]

62. Villa. Herenhuis

landhuisje (het)	užmiesčio namas (v)	['ʊʒmʲiɛstʂʲɔ 'na:mas]
villa (de)	vila (m)	[vʲɪ'lʲa]
vleugel (de)	sparnas (v)	['sparnas]
tuin (de)	sodas (v)	['so:das]
park (het)	parkas (v)	['parkas]
oranjerie (de)	oranžerija (m)	[oran'ʒʲɛrʲɪjɛ]
onderhouden (tuin, enz.)	prižiūrėti	[prʲɪʒʲu:'rʲe:tʲɪ]
zwembad (het)	baseinas (v)	[ba'sʲɛɪnas]
gym (het)	sporto salė (m)	['sportɔ sa:'lʲe:]
tennisveld (het)	teniso kortas (v)	['tʲɛnʲɪsɔ 'kortas]
bioscoopkamer (de)	kino teatras (v)	['kʲɪnɔ tʲɛ'a:tras]
garage (de)	garažas (v)	[ga'ra:ʒas]
privé-eigendom (het)	asmeninė nuosavybė (m)	[asme'nʲɪnʲe: nʊɑsa'vʲi:bʲe:]
eigen terrein (het)	asmeninės valdos (m)	[asme'nʲɪnʲe:s 'valʲdo:s]
waarschuwing (de)	perspėjimas (v)	['pʲɛrspʲe:jimas]
waarschuwingsbord (het)	įspėjantis užrašas (v)	[i:s'pʲe:jantʲɪs 'ʊʒraʃas]
bewaking (de)	apsauga (m)	[apsɑʊ'ga]
bewaker (de)	apsauginis (v)	[apsɑʊ'gʲɪnʲɪs]
inbraakalarm (het)	signalizacija (m)	[sʲɪgnalʲɪ'za:tsʲɪjɛ]

63. Appartement

appartement (het)	butas (v)	['bʊtas]
kamer (de)	kambarys (v)	[kamba'rʲi:s]
slaapkamer (de)	miegamasis (v)	[mʲiɛga'masʲɪs]

T&P Books. Thematische woordenschat Nederlands-Litouws - 5000 woorden

eetkamer (de)	valgomàsis (v)	[valʲgoˈmasʲɪs]
salon (de)	svečių̃ kambarỹs (v)	[svʲɛˈtsʲuː kambaˈrʲiːs]
studeerkamer (de)	kabinètas (v)	[kabʲɪˈnʲɛtas]
gang (de)	príeškambaris (v)	[ˈprʲiɛʃkambarʲɪs]
badkamer (de)	voniõs kambarỹs (v)	[voˈnʲoːs kambaˈrʲiːs]
toilet (het)	tualètas (v)	[tʊaˈlʲɛtas]
plafond (het)	lùbos (m dgs)	[ˈlʲʊbos]
vloer (de)	griñdys (m dgs)	[ˈɡrʲɪndʲiːs]
hoek (de)	kam̃pas (v)	[ˈkampas]

64. Meubels. Interieur

meubels (mv.)	baldai (v)	[ˈbalʲdʌɪ]
tafel (de)	stãlas (v)	[ˈstaːlʲas]
stoel (de)	kėdė̃ (m)	[kʲeːˈdʲeː]
bed (het)	lóva (m)	[ˈlʲova]
bankstel (het)	sofà (m)	[soˈfa]
fauteuil (de)	fotèlis (v)	[ˈfotʲɛlʲɪs]
boekenkast (de)	spìnta (m)	[ˈspʲɪnta]
boekenrek (het)	lentýna (m)	[lʲɛnˈtʲiːna]
kledingkast (de)	drabùžių spìnta (m)	[draˈbʊʒʲuː ˈspʲɪnta]
kapstok (de)	pakabà (m)	[pakaˈba]
staande kapstok (de)	kabyklà (m)	[kabʲɪkˈlʲa]
commode (de)	komodà (m)	[kɔmoˈda]
salontafeltje (het)	žurnãlinis staliùkas (v)	[ʒʊrˈnaːlʲɪnʲɪs staˈlʲʊkas]
spiegel (de)	véidrodis (v)	[ˈvʲɛɪdrodʲɪs]
tapijt (het)	kìlimas (v)	[ˈkʲɪlʲɪmas]
tapijtje (het)	kilimė̃lis (v)	[kʲɪlʲɪˈmʲeːlʲɪs]
haard (de)	židinỹs (v)	[ʒʲɪdʲɪˈnʲiːs]
kaars (de)	žvãkė (m)	[ˈʒvaːkʲeː]
kandelaar (de)	žvakìdė (m)	[ʒvaˈkʲɪdʲeː]
gordijnen (mv.)	užúolaidos (m dgs)	[ʊˈʒʊalʲʌɪdos]
behang (het)	tapètai (v)	[taˈpʲɛtʌɪ]
jaloezie (de)	žãliuzės (m dgs)	[ˈʒaːlʲʊzʲeːs]
bureaulamp (de)	stalìnė lémpa (m)	[staˈlʲɪnʲeː ˈlʲɛmpa]
wandlamp (de)	šviestùvas (v)	[ʃvʲiɛˈstʊvas]
staande lamp (de)	toršèras (v)	[torˈʃɛras]
luchter (de)	sietýnas (v)	[sʲiɛˈtʲiːnas]
poot (ov. een tafel, enz.)	kojýtė (m)	[kɔˈjiːtʲeː]
armleuning (de)	ranktū̃ris (v)	[ˈranktuːrʲɪs]
rugleuning (de)	ãtlošas (v)	[ˈaːtlʲoʃas]
la (de)	stãlčius (v)	[ˈstalʲtsʲʊs]

65. Beddengoed

beddengoed (het)	pãtalynė (m)	['paːtalʲiːnʲeː]
kussen (het)	pagálvė (m)	[paˈgalʲvʲeː]
kussenovertrek (de)	užvalkalas (v)	[ˈʊʒvalʲkalas]
deken (de)	užklótas (v)	[ʊʒˈklʲotas]
laken (het)	paklõdė (m)	[pakˈlʲoːdʲeː]
sprei (de)	lovãtiesė (m)	[lʲoˈvaːtʲiɛsʲeː]

66. Keuken

keuken (de)	virtùvė (m)	[vʲɪrˈtʊvʲeː]
gas (het)	dùjos (m dgs)	[ˈdujos]
gasfornuis (het)	dujinė (m)	[ˈdujinʲeː]
elektrisch fornuis (het)	elektrìnė (m)	[ɛlʲɛkˈtrʲɪnʲeː]
oven (de)	órkaitė (m)	[ˈorkʌɪtʲeː]
magnetronoven (de)	mikrobangų̃ krosnẽlė (m)	[mʲɪkrobanˈguː krosˈnʲælʲeː]
koelkast (de)	šaldytùvas (v)	[ʃalʲdʲiːˈtʊvas]
diepvriezer (de)	šáldymo kãmera (m)	[ˈʃalʲdʲiːmɔ ˈkaːmʲɛra]
vaatwasmachine (de)	iñdų plovìmo mašinà (m)	[ˈɪndu: plʲoˈvʲɪmɔ maʃɪˈna]
vleesmolen (de)	mėsmalė (m)	[ˈmʲeːsmalʲeː]
vruchtenpers (de)	sulčiãspaudė (m)	[sʊlʲˈtʂʲæspɑʊdʲeː]
toaster (de)	tòsteris (v)	[ˈtostʲɛrʲɪs]
mixer (de)	mìkseris (v)	[ˈmʲɪksʲɛrʲɪs]
koffiemachine (de)	kavõs aparãtas (v)	[kaˈvoːs apaˈraːtas]
koffiepot (de)	kavinùkas (v)	[kavʲɪˈnukas]
koffiemolen (de)	kavãmalė (m)	[kaˈvaːmalʲeː]
fluitketel (de)	arbatinùkas (v)	[arbatʲɪˈnʊkas]
theepot (de)	arbãtinis (v)	[arbaːˈtʲɪnʲɪs]
deksel (de/het)	dangtẽlis (v)	[daŋkˈtʲælʲɪs]
theezeefje (het)	sietẽlis (v)	[sʲiɛˈtʲælʲɪs]
lepel (de)	šáukštas (v)	[ˈʃɑʊkʃtas]
theelepeltje (het)	arbãtinis šaukštẽlis (v)	[arˈbaːtʲɪnʲɪs ʃɑʊkʃˈtʲælʲɪs]
eetlepel (de)	válgomasis šáukštas (v)	[ˈvalʲgomasʲɪs ˈʃɑʊkʃtas]
vork (de)	šakutė (m)	[ʃaˈkʊtʲeː]
mes (het)	peĩlis (v)	[ˈpʲɛɪlʲɪs]
vaatwerk (het)	iñdai (v)	[ˈɪndʌɪ]
bord (het)	lėkštė̃ (m)	[lʲeːkʃˈtʲeː]
schoteltje (het)	lėkštẽlė (m)	[lʲeːkʃˈtʲælʲeː]
likeurglas (het)	taurẽlė (m)	[tɑʊˈrʲælʲeː]
glas (het)	stiklìnė (m)	[stʲɪkˈlʲɪnʲeː]
kopje (het)	puodùkas (v)	[pʊɑˈdʊkas]
suikerpot (de)	cukrìnė (m)	[ˈtsʊkrʲɪnʲeː]
zoutvat (het)	drùskinė (m)	[ˈdrʊskʲɪnʲeː]
pepervat (het)	pipìrinė (m)	[pʲɪˈpʲɪrʲɪnʲeː]

boterschaaltje (het)	svíestinė (m)	['svʲiɛstʲɪnʲe:]
steelpan (de)	púodas (v)	['pʊɑdas]
bakpan (de)	keptùvė (m)	[kʲɛp'tʊvʲe:]
pollepel (de)	sámtis (v)	['samtʲɪs]
vergiet (de/het)	kiaurãsamtis (v)	[kʲɛʊ'ra:samtʲɪs]
dienblad (het)	padėklas (v)	[pa'dʲe:kʲlas]
fles (de)	bùtelis (v)	['bʊtʲɛlʲɪs]
glazen pot (de)	stiklaĩnis (v)	[stʲɪk'lʲʌʲɪnʲɪs]
blik (conserven~)	skardìnė (m)	[skar'dʲɪnʲe:]
flesopener (de)	atidarytùvas (v)	[atʲɪdarʲi:'tʊvas]
blikopener (de)	konsèrvų atidarytùvas (v)	[kɔn'sʲɛrvu: atʲɪdarʲi:'tʊvas]
kurkentrekker (de)	kamščiãtraukis (v)	[kamʃ'tɕʲætraʊkʲɪs]
filter (de/het)	fìltras (v)	['fʲɪlʲtras]
filteren (ww)	filtrúoti	[fʲɪlʲ'trʊɑtʲɪ]
huisvuil (het)	šiùkšlės (m dgs)	['ʃʊkʃʲle:s]
vuilnisemmer (de)	šiùkšlių kìbiras (v)	['ʃʊkʃʲʊ: 'kʲɪbʲɪras]

67. Badkamer

badkamer (de)	voniõs kambarỹs (v)	[vo'nʲo:s kamba'rʲi:s]
water (het)	vanduõ (v)	[van'dʊɑ]
kraan (de)	čiáupas (v)	['tɕʲæupɐs]
warm water (het)	kárštas vanduõ (v)	['karʃtas van'dʊɑ]
koud water (het)	šáltas vanduõ (v)	['ʃalʲtas van'dʊɑ]
tandpasta (de)	dantų̃ pastà (m)	[dan'tu: pas'ta]
tanden poetsen (ww)	valýti dantìs	[va'lʲi:tʲɪ dan'tʲɪs]
tandenborstel (de)	dantų̃ šepetėlis (v)	[dan'tu: ʃepe'tʲe:lʲɪs]
zich scheren (ww)	skùstis	['skʊstʲɪs]
scheercrème (de)	skutìmosi pùtos (m dgs)	[skʊ'tʲɪmosʲɪ 'pʊtos]
scheermes (het)	skutìmosi peiliùkas (v)	[skʊ'tʲɪmosʲɪ pʲɛɪ'lʲʊkas]
wassen (ww)	pláuti	['pʲlʲɑʊtʲɪ]
een bad nemen	máudytis, praũstis	['mɑʊdʲi:tʲɪs], ['prɑʊstʲɪs]
douche (de)	dùšas (v)	['dʊʃas]
een douche nemen	praũstis dušè	['prɑʊstʲɪs dʊ'ʃʲɛ]
bad (het)	vonià (m)	[vo'nʲæ]
toiletpot (de)	unitãzas (v)	[ʊnʲɪ'ta:zas]
wastafel (de)	kriauklė̃ (m)	[krʲɛʊk'lʲʲe:]
zeep (de)	muĩlas (v)	['mʊɪlʲas]
zeepbakje (het)	muĩlinė (m)	['mʊɪlʲɪnʲe:]
spons (de)	kempìnė (m)	[kʲɛm'pʲɪnʲe:]
shampoo (de)	šampū̃nas (v)	[ʃam'pu:nas]
handdoek (de)	rañkšluostis (v)	['raŋkʃʲlʲʊɑstʲɪs]
badjas (de)	chalãtas (v)	[xa'lʲa:tas]
was (bijv. handwas)	skalbìmas (v)	[skalʲ'bʲɪmas]
wasmachine (de)	skalbìmo mašinà (m)	[skalʲ'bʲɪmɔ maʃʲɪ'na]

T&P Books. Thematische woordenschat Nederlands-Litouws - 5000 woorden

| de was doen | skalbti baltinius | ['skɐlʲˈpʲtʲɪ 'ba lʲtʲɪnʲʊs] |
| waspoeder (de) | skalbimo milteliai (v dgs) | [skalʲˈbʲɪmɔ mʲɪlʲˈtʲælʲɛɪ] |

68. Huishoudelijke apparaten

televisie (de)	televizorius (v)	[tʲɛlʲɛˈvʲɪzorʲʊs]
cassettespeler (de)	magnetofonas (v)	[magnʲɛtoˈfonas]
videorecorder (de)	video magnetofonas (v)	[vʲɪdʲɛɔ magnʲɛtoˈfonas]
radio (de)	imtuvas (v)	[ɪmˈtʊvas]
speler (de)	grotuvas (v)	[groˈtʊvas]

videoprojector (de)	video projektorius (v)	[ˈvʲɪdʲɛɔ proˈjæktorʲʊs]
home theater systeem (het)	namų kino teatras (v)	[naˈmu: ˈkʲɪnɔ tʲɛˈaːtras]
DVD-speler (de)	DVD grotuvas (v)	[dʲɪvʲɪˈdʲɪ groˈtʊvas]
versterker (de)	stiprintuvas (v)	[stʲɪprʲɪnˈtʊvas]
spelconsole (de)	žaidimų priedėlis (v)	[ʒʌɪˈdʲɪmu: ˈprʲɪɛdʲeːlʲɪs]

videocamera (de)	videokamera (m)	[vʲɪdʲɛoˈkaːmʲɛra]
fotocamera (de)	fotoaparatas (v)	[fotoapaˈraːtas]
digitale camera (de)	skaitmeninis fotoaparatas (v)	[skʌɪtmʲɛˈnʲɪnʲɪs fotoapaˈraːtas]

stofzuiger (de)	dulkių siurblys (v)	[ˈdʊlʲkʲu: sʲʊrˈblʲiːs]
strijkijzer (het)	lygintuvas (v)	[lʲiːgʲɪnˈtʊvas]
strijkplank (de)	lyginimo lenta (m)	[ˈlʲiːgʲɪnʲɪmɔ lʲɛnˈta]

telefoon (de)	telefonas (v)	[tʲɛlʲɛˈfonas]
mobieltje (het)	mobilusis telefonas (v)	[mobʲɪˈlʊsʲɪs tʲɛlʲɛˈfonas]
schrijfmachine (de)	rašymo mašinėlė (m)	[ˈraːʃɪːmɔ maʃɪˈnʲeːlʲeː]
naaimachine (de)	siuvimo mašina (m)	[sʲʊˈvʲɪmɔ maʃɪˈna]

microfoon (de)	mikrofonas (v)	[mʲɪkroˈfonas]
koptelefoon (de)	ausinės (m dgs)	[ɑʊˈsʲɪnʲeːs]
afstandsbediening (de)	pultas (v)	[ˈpʊlʲtas]

CD (de)	kompaktinis diskas (v)	[kɔmˈpaːktʲɪnʲɪs ˈdʲɪskas]
cassette (de)	kasetė (m)	[kaˈsʲɛtʲeː]
vinylplaat (de)	plokštelė (m)	[plokʃˈtʲælʲeː]

MENSELIJKE ACTIVITEITEN

Baan. Business. Deel 1

69. Kantoor. Op kantoor werken

kantoor (het)	ofisas (v)	['ofʲɪsas]
kamer (de)	kabinetas (v)	[kabʲɪ'nʲɛtas]
receptie (de)	registratūrà (m)	[rʲɛgʲɪstratu:'ra]
secretaris (de)	sekretōrius (v)	[sʲɛkrʲɛ'to:rʲʊs]
directeur (de)	direktorius (v)	[dʲɪ'rʲɛktorʲʊs]
manager (de)	vadýbininkas (v)	[va'dʲi:bʲɪnʲɪŋkas]
boekhouder (de)	buhalteris (v)	[bʊ'γalʲtʲɛrʲɪs]
werknemer (de)	bendradarbis (v)	[bʲɛndra'darbʲɪs]
meubilair (het)	baldai (v)	['balʲdʌɪ]
tafel (de)	stalas (v)	['sta:lʲas]
bureaustoel (de)	fotelis (v)	['fotʲɛlʲɪs]
ladeblok (het)	spintelė (m)	[spʲɪn'tʲælʲe:]
kapstok (de)	kabyklà (m)	[kabʲi:k'lʲa]
computer (de)	kompiuteris (v)	[kɔm'pʲʊtʲɛrʲɪs]
printer (de)	spausdintùvas (v)	[spaʊsdʲɪn'tʊvas]
fax (de)	faksas (v)	['fa:ksas]
kopieerapparaat (het)	kopijāvimo aparãtas (v)	[kɔpʲɪ'ja:vʲɪmɔ apa'ra:tas]
papier (het)	popierius (v)	['po:pʲɪɛrʲʊs]
kantoorartikelen (mv.)	kanceliāriniai reikmenys (v dgs)	[kantsʲɛ'lʲæɾʲɪnʲɛɪ 'rʲɛɪkmʲɛnʲi:s]
muismat (de)	kilimelis (v)	[kʲɪlʲɪ'mʲe:lʲɪs]
blad (het)	lapas (v)	['lʲa:pas]
ordner (de)	pàpkė (m)	['pa:pkʲe:]
catalogus (de)	katalogas (v)	[kata'lʲogas]
telefoongids (de)	žinynas (v)	[ʒɪ'nʲi:nas]
documentatie (de)	dokumentãcija (m)	[dokʊmʲɛn'ta:tsʲɪjɛ]
brochure (de)	brošiūrà (m)	[broʃu:'ra]
flyer (de)	skrajutė (m)	[skra'jʊtʲe:]
monster (het), staal (de)	pavyzdys (v)	[pavʲi:z'dʲi:s]
training (de)	treningas (v)	['trʲɛnʲɪngas]
vergadering (de)	pasitarìmas (v)	[pasʲɪta'rʲɪmas]
lunchpauze (de)	pietų pértrauka (m)	[pʲɪɛ'tu: 'pʲɛrtraʊka]
een kopie maken	darýti kopiją	[da'rʲi:tʲɪ 'kopʲɪja:]
de kopieën maken	dauginti	['daʊgʲɪntʲɪ]
een fax ontvangen	gauti faksą	['gaʊtʲɪ 'fa:ksa:]
een fax versturen	siųsti faksą	['sʲʊ:stʲɪ 'fa:ksa:]

opbellen (ww)	skambìnti	['skambʲɪntʲɪ]
antwoorden (ww)	atsiliẽpti	[atsʲɪ'lʲʲɛptʲɪ]
doorverbinden (ww)	sujùngti	[sʊ'jʊŋktʲɪ]

afspreken (ww)	skìrti	['skʲɪrtʲɪ]
demonstreren (ww)	demonstrúoti	[dʲɛmons'truatʲɪ]
absent zijn (ww)	nebū́ti	[nʲɛ'buːtʲɪ]
afwezigheid (de)	praleidìmas (v)	[pralʲɛɪ'dʲɪmas]

70. Bedrijfsprocessen. Deel 1

bedrijf (business)	ver̃slas (v)	['vʲɛrsʲlʲas]
zaak (de), beroep (het)	veiklà (m)	[vʲɛɪk'lʲʲa]
firma (de)	fìrma (m)	['fʲɪrma]
bedrijf (maatschap)	kompãnija (m)	[kɔm'paːnʲɪjɛ]
corporatie (de)	korporãcija (m)	[kɔrpo'raːtsʲɪjɛ]
onderneming (de)	į̇monė̃ (m)	['iːmonʲeː]
agentschap (het)	agentūrà (m)	[agʲɛntuː'ra]

overeenkomst (de)	sutartìs (m)	[sʊtar'tʲɪs]
contract (het)	kontrãktas (v)	[kɔn'traːktas]
transactie (de)	sándėris (v)	['sandʲeːrʲɪs]
bestelling (de)	užsãkymas (v)	[ʊʒ'saːkʲiːmas]
voorwaarde (de)	są́lyga (m)	['saːlʲiːga]

in het groot (bw)	didmenomìs	[dʲɪdmʲɛno'mʲɪs]
groothandels- (abn)	didmenìnis	[dʲɪdmʲɛ'nʲɪnʲɪs]
groothandel (de)	didmeninė̃ prekýba (m)	[dʲɪdmeˈnʲɪnʲeː preˈkʲiːba]
kleinhandels- (abn)	mažmenìnis	[maʒmʲɛ'nʲɪnʲɪs]
kleinhandel (de)	mažmeninė̃ prekýba (m)	[maʒmeˈnʲɪnʲeː preˈkʲiːba]

concurrent (de)	konkureñtas (v)	[kɔŋkʊ'rʲɛntas]
concurrentie (de)	konkureñcija (m)	[kɔŋkʊ'rʲɛntsʲɪjɛ]
concurreren (ww)	konkurúoti	[kɔŋkʊ'rʊatʲɪ]

| partner (de) | pártneris (v) | ['partnʲɛrʲɪs] |
| partnerschap (het) | partnerỹstė (m) | [partnʲɛ'rʲiːstʲeː] |

crisis (de)	krìzė (m)	['krʲɪzʲeː]
bankroet (het)	bankròtas (v)	[baŋk'rotas]
bankroet gaan (ww)	bankrutúoti	[baŋkrʊ'tʊatʲɪ]
moeilijkheid (de)	sunkùmas (v)	[sʊŋ'kʊmas]
probleem (het)	problemà (m)	[problʲɛ'ma]
catastrofe (de)	katastrofà (m)	[katastro'fa]

economie (de)	ekonòmika (m)	[ɛko'nomʲɪka]
economisch (bn)	ekonòminis	[ɛko'nomʲɪnʲɪs]
economische recessie (de)	ekonòminis nuosmùkis (v)	[ɛko'nomʲɪnʲɪs 'nʊasmʊkʲɪs]

| doel (het) | tìkslas (v) | ['tʲɪksʲlʲas] |
| taak (de) | užduotìs (m) | [ʊʒdʊa'tʲɪs] |

| handelen (handel drijven) | prekiáuti | [prʲɛ'kʲæʊtʲɪ] |
| netwerk (het) | tiñklas (v) | ['tʲɪŋklʲas] |

T&P Books. Thematische woordenschat Nederlands-Litouws - 5000 woorden

| voorraad (de) | sándėlis (v) | ['sandʲeːlʲɪs] |
| assortiment (het) | asortiméntas (v) | [asortʲɪ'mʲɛntas] |

leider (de)	lýderis (v)	['lʲiːdʲɛrʲɪs]
groot (bn)	dìdelė	['dʲɪdʲɛlʲeː]
monopolie (het)	monopòlija (m)	[mono'polʲɪjɛ]

theorie (de)	teòrija (m)	[tʲɛ'orʲɪjɛ]
praktijk (de)	pràktika (m)	['praːktʲɪka]
ervaring (de)	patirtìs (m)	[patʲɪr'tʲɪs]
tendentie (de)	tendeñcija (m)	[tʲɛn'dʲɛntsʲɪjɛ]
ontwikkeling (de)	výstymasis (v)	['vʲiːstʲiːmasʲɪs]

71. Bedrijfsprocessen. Deel 2

| voordeel (het) | naudà (m) | [nɑʊ'da] |
| voordelig (bn) | naudìngas | [nɑʊ'dʲɪngas] |

delegatie (de)	delegãcija (m)	[dʲɛlʲɛ'gaːtsʲɪjɛ]
salaris (het)	dárbo užmokestis (v)	['darbɔ 'ʊʒmokʲɛstʲɪs]
corrigeren (fouten ~)	taisýti	[tʌɪ'sʲiːtʲɪ]
zakenreis (de)	komandiruõtė (m)	[kɔmandʲɪ'rʊatʲeː]
commissie (de)	komìsija (m)	[kɔ'mʲɪsʲɪjɛ]

controleren (ww)	kontroliúoti	[kɔntro'lʲʊatʲɪ]
conferentie (de)	konfereñcija (m)	[kɔnfʲɛ'rʲɛntsʲɪjɛ]
licentie (de)	liceñzija (m)	[lʲɪ'tsʲɛnzʲɪjɛ]
betrouwbaar (partner, enz.)	pàtikimas	['patʲɪkʲɪmas]

aanzet (de)	pradžià (m)	[prad'ʒʲæ]
norm (bijv. ~ stellen)	nòrma (m)	['norma]
omstandigheid (de)	aplinkýbė (m)	[aplʲɪŋ'kʲiːbʲeː]
taak, plicht (de)	pareigà (m)	[parʲɛɪ'ga]

organisatie (bedrijf, zaak)	organizãcija (m)	[organʲɪ'zaːtsʲɪjɛ]
organisatie (proces)	organizãvimas (v)	[organʲɪ'zaːvʲɪmas]
georganiseerd (bn)	organizúotas	[organʲɪ'zʊɑtas]
afzegging (de)	atšaukìmas (v)	[atʃɑʊ'kʲɪmas]
afzeggen (ww)	atšaũkti	[at'ʃɑʊktʲɪ]
verslag (het)	atãskaita (m)	[a'taːskʌɪta]

patent (het)	pãtentas (v)	['paːtʲɛntas]
patenteren (ww)	patentúoti	[patʲɛn'tʊatʲɪ]
plannen (ww)	planúoti	[plʲa'nʊatʲɪ]

premie (de)	prèmija (m)	['prʲɛmʲɪjɛ]
professioneel (bn)	profesionalùs	[profʲɛsʲɪjona'lʲʊs]
procedure (de)	procedūrà (m)	[protsʲɛduːˈra]

onderzoeken (contract, enz.)	išnagrinėti	[ɪʃnagrʲɪ'nʲeːtʲɪ]
berekening (de)	apskaità (m)	[apskʌɪ'ta]
reputatie (de)	reputãcija (m)	[rʲɛpʊ'taːtsʲɪjɛ]
risico (het)	rìzika (m)	['rʲɪzʲɪka]
beheren (managen)	vadováuti	[vado'vɑʊtʲɪ]

informatie (de)	duomenys (v dgs)	['dʊɑmʲɛnʲiːs]
eigendom (bezit)	nuosavybė (m)	[nʊɑsɑ'vʲiːbʲeː]
unie (de)	sąjunga (m)	['saːjʊnga]
levensverzekering (de)	gyvybės draudìmas (v)	[gʲiː'vʲiːbʲeːs drɑʊ'dʲɪmas]
verzekeren (ww)	draũsti	['drɑʊstʲɪ]
verzekering (de)	draudìmas (v)	[drɑʊ'dʲɪmas]
veiling (de)	varžýtinės (m dgs)	[var'ʒʲiːtʲɪnʲeːs]
verwittigen (ww)	pranèšti	[pra'nʲɛʃtʲɪ]
beheer (het)	valdymas (v)	['valʲdʲiːmas]
dienst (de)	paslaugà (m)	[pasʲlʲɑʊ'ga]
forum (het)	fòrumas (v)	['forʊmas]
functioneren (ww)	funkcionúoti	[fʊŋktsʲɪjo'nʊatʲɪ]
stap, etappe (de)	etãpas (v)	[ɛ'taːpas]
juridisch (bn)	juridinis	[jʊ'rʲɪdʲɪnʲɪs]
jurist (de)	teisininkas (v)	['tʲɛɪsʲɪnʲɪŋkas]

72. Productie. Werken

industriële installatie (fabriek)	gamyklà (m)	[gamʲiːk'lʲa]
fabriek (de)	fàbrikas (v)	['faːbrʲɪkas]
werkplaatsruimte (de)	cèchas (v)	['tsʲɛxas]
productielocatie (de)	gamýba (m)	[ga'mʲiːba]
industrie (de)	pràmonė (m)	['praːmonʲeː]
industrieel (bn)	pramoninis	[pramo'nʲɪnʲɪs]
zware industrie (de)	sunkióji prãmonė (m)	[sʊŋ'kʲoːjɪ 'praːmonʲeː]
lichte industrie (de)	lengvóji prãmonė (m)	[lʲɛng'voːjɪ 'praːmonʲeː]
productie (de)	prodùkcija (m)	[pro'dʊktsʲɪjɛ]
produceren (ww)	gamìnti	[ga'mʲɪntʲɪ]
grondstof (de)	žaliava (m)	['ʒaːlʲæva]
voorman, ploegbaas (de)	brigãdininkas (v)	[brʲɪ'gaːdʲɪnʲɪŋkas]
ploeg (de)	brigadà (m)	[brʲɪga'da]
arbeider (de)	darbinìnkas (v)	[darbʲɪ'nʲɪŋkas]
werkdag (de)	darbo dienà (m)	['darbɔ dʲiɛ'na]
pauze (de)	pertrauka (m)	['pʲɛrtrɑʊka]
samenkomst (de)	susirinkìmas (v)	[sʊsʲɪrʲɪŋ'kʲɪmas]
bespreken (spreken over)	svarstýti	[svar'stʲiːtʲɪ]
plan (het)	plãnas (v)	['plʲaːnas]
het plan uitvoeren	įvýkdyti plãną	[iː'vʲɪːkdʲɪːtʲɪ 'plʲaːnaː]
productienorm (de)	nòrma (m)	['norma]
kwaliteit (de)	kokýbė (m)	[kɔ'kʲiːbʲeː]
controle (de)	kontròlė (m)	[kɔn'trolʲeː]
kwaliteitscontrole (de)	kokýbės kontròlė (m)	[kɔ'kʲiːbʲeːs kɔn'trolʲeː]
arbeidsveiligheid (de)	darbo saugà (m)	['darbɔ sɑʊ'ga]
discipline (de)	drausmẽ (m)	['drɑʊsmʲeː]
overtreding (de)	pažeidìmas (v)	[paʒɛɪ'dʲɪmas]

T&P Books. Thematische woordenschat Nederlands-Litouws - 5000 woorden

overtreden (ww)	pažeisti	[pa'ʒʲɛɪstʲɪ]
staking (de)	streikas (v)	['strʲɛɪkas]
staker (de)	streikininkas (v)	['strʲɛˈɪkʲɪnʲɪŋkas]
staken (ww)	streikuoti	[strʲɛɪˈkʊɑtʲɪ]
vakbond (de)	profsąjunga (m)	[prɔfˈsaːjʊnga]

uitvinden (machine, enz.)	išradinėti	[ɪʃradʲɪˈnʲeːtʲɪ]
uitvinding (de)	išradimas (v)	[ɪʃraˈdʲɪmas]
onderzoek (het)	tyrinėjimas (v)	[tʲiːrʲɪˈnʲɛjɪmas]
verbeteren (beter maken)	gerinti	[ˈgʲæerʲɪntʲɪ]
technologie (de)	technologija (m)	[tʲɛxnoˈlʲogʲɪjɛ]
technische tekening (de)	brėžinys (v)	[brʲeːʒʲɪˈnʲiːs]

vracht (de)	krovinys (v)	[krovʲɪˈnʲiːs]
lader (de)	krovėjas (v)	[kroˈvʲeːjas]
laden (vrachtwagen)	krauti	[ˈkrɑʊtʲɪ]
laden (het)	krovimas (v)	[kroˈvʲɪmas]
lossen (ww)	iškrauti	[ɪʃˈkrɑʊtʲɪ]
lossen (het)	iškrovimas (v)	[ɪʃkroˈvʲɪmas]

transport (het)	transportas (v)	[transˈpɔrtas]
transportbedrijf (de)	transporto kompanija (m)	[transˈpɔrtɔ kɔmˈpaːnʲɪjɛ]
transporteren (ww)	transportuoti	[transpɔrˈtʊɑtʲɪ]

goederenwagon (de)	vagonas (v)	[vaˈgonas]
tank (bijv. ketelwagen)	cisterna (m)	[tsʲɪsˈtʲɛrna]
vrachtwagen (de)	sunkvežimis (v)	[ˈsʊŋkvʲɛʒʲɪmʲɪs]

machine (de)	staklės (m dgs)	[ˈstaːklʲeːs]
mechanisme (het)	mechanizmas (v)	[mʲɛxaˈnʲɪzmas]

industrieel afval (het)	atliekos (m dgs)	[atˈlʲiɛkoːs]
verpakking (de)	pakavimas (v)	[paˈkaːvʲɪmas]
verpakken (ww)	supakuoti	[sʊpaˈkʊɑtʲɪ]

73. Contract. Overeenstemming

contract (het)	kontraktas (v)	[kɔnˈtraːktas]
overeenkomst (de)	susitarimas (v)	[sʊsʲɪtaˈrʲɪmas]
bijlage (de)	priedas (v)	[ˈprʲɛdas]

een contract sluiten	sudaryti sutartį	[sʊdaˈrʲiːtʲɪ ˈsʊtartʲɪː]
handtekening (de)	parašas (v)	[ˈpaːraʃas]
ondertekenen (ww)	pasirašyti	[pasʲɪraˈʃʲɪːtʲɪ]
stempel (de)	antspaudas (v)	[ˈantspɑʊdas]

voorwerp (het) van de overeenkomst	sutarties dalykas (v)	[sʊtarˈtʲɛs daˈlʲiːkas]
clausule (de)	punktas (v)	[ˈpʊŋktas]
partijen (mv.)	šalys (m dgs)	[ˈʃaːlʲiːs]

vestigingsadres (het)	juridinis adresas (v)	[jʊˈrʲɪdʲɪnʲɪs ˈaːdrʲɛsas]
het contract verbreken (overtreden)	pažeisti sutartį	[paˈʒʲɛɪstʲɪ ˈsʊtartʲɪː]

verplichting (de)	įsipareigójimas (v)	[iːsʲɪparʲɛrˈgoːjɪmas]
verantwoordelijkheid (de)	atsakomýbė (m)	[atsakoˈmʲiːbʲeː]
overmacht (de)	nenugalimóji jėgà (m)	[nʲɛnʊgalʲɪˈmoːjɪ jeːˈga]
geschil (het)	giñčas (v)	[ˈgʲɪntʂas]
sancties (mv.)	baudìnės sánkcijos (m dgs)	[bɑʊˈdʲɪnʲeːs ˈsaŋktsʲɪjɔs]

74. Import & Export

import (de)	impòrtas (v)	[ɪmˈportas]
importeur (de)	importúotojas (v)	[ɪmporˈtʊɑtoːjɛs]
importeren (ww)	importúoti	[ɪmporˈtʊɑtʲɪ]
import- (abn)	impòrtinis	[ɪmˈportʲɪnʲɪs]

| exporteur (de) | eksportúotojas (v) | [ɛksporˈtʊɑtoːjɛs] |
| exporteren (ww) | eksportúoti | [ɛksporˈtʊɑtʲɪ] |

| goederen (mv.) | prēkė (m) | [ˈprʲækʲeː] |
| partij (de) | pàrtija (m) | [ˈpartʲɪjɛ] |

gewicht (het)	svõris (v)	[ˈsvoːrʲɪs]
volume (het)	tūris (v)	[ˈtuːrʲɪs]
kubieke meter (de)	kùbinis mètras (v)	[ˈkʊbʲɪnʲɪs ˈmʲɛtras]

producent (de)	gamìntojas (v)	[gaˈmʲɪntoːjɛs]
transportbedrijf (de)	transpòrto kompãnija (m)	[transˈportɔ komˈpaːnʲɪjɛ]
container (de)	konteìneris (v)	[kɔnˈtʲɛɪnʲɛrʲɪs]

grens (de)	síena (m)	[ˈsʲiɛna]
douane (de)	muĩtinė (m)	[ˈmʊɪtʲɪnʲeː]
douanerecht (het)	muĩtinės riñkliava (m)	[ˈmʊɪtʲɪnʲeːs ˈrʲɪŋklʲæva]
douanier (de)	muĩtininkas (v)	[ˈmʊɪtʲɪnʲɪŋkas]
smokkelen (het)	kontrabánda (m)	[kɔntraˈbanda]
smokkelwaar (de)	kontrabánda (m)	[kɔntraˈbanda]

75. Financiën

aandeel (het)	ãkcija (m)	[ˈaːktsʲɪjɛ]
obligatie (de)	obligãcija (m)	[oblʲɪˈgaːtsʲɪjɛ]
wissel (de)	vèkselis (v)	[ˈvʲɛksʲɛlʲɪs]

| beurs (de) | bìrža (m) | [ˈbʲɪrʒa] |
| aandelenkoers (de) | ãkcijų kùrsas (v) | [ˈaːktsʲɪjuː ˈkʊrsas] |

| dalen (ww) | atpìgti | [atˈpʲɪktʲɪ] |
| stijgen (ww) | pabrángti | [paˈbraŋktʲɪ] |

deel (het)	ãkcija (m)	[ˈaːktsʲɪjɛ]
meerderheidsbelang (het)	kontrõlinis pakètas (v)	[kɔnˈtrolʲɪnʲɪs paˈkʲɛtas]
investeringen (mv.)	investìcijos (m dgs)	[ɪnvʲɛsˈtʲɪtsʲɪjɔs]
investeren (ww)	investúoti	[ɪnvʲɛsˈtʊɑtʲɪ]
procent (het)	pròcentas (v)	[ˈprotsʲɛntas]
rente (de)	pròcentai (v dgs)	[ˈprotsʲɛntʌɪ]

winst (de)	pelnas (v)	['pʲɛlʲnas]
winstgevend (bn)	pelningas	[pʲɛlʲ'nʲɪngas]
belasting (de)	mokestis (v)	['mokʲɛstʲɪs]

valuta (vreemde ~)	valiuta (m)	[valʲʊ'ta]
nationaal (bn)	nacionalinis	[natsʲɪjo'na:lʲɪnʲɪs]
ruil (de)	keitimas (v)	[kʲɛɪ'tʲɪmas]

| boekhouder (de) | buhalteris (v) | [bʊ'yalʲtʲɛrʲɪs] |
| boekhouding (de) | buhalterija (m) | [bʊyalʲ'tʲɛrʲɪjɛ] |

bankroet (het)	bankrotas (v)	[baŋk'rotas]
ondergang (de)	subankrutavimas (v)	[sʊbaŋkrʊ'ta:vʲɪmas]
faillissement (het)	nuskurdimas (v)	[nʊskʊr'dʲɪmas]
geruïneerd zijn (ww)	nuskursti	[nʊ'skʊrstʲɪ]
inflatie (de)	infliacija (m)	[ɪn'flʲæts'ɪjɛ]
devaluatie (de)	devalvacija (m)	[dʲɛvalʲ'va:tsʲɪjɛ]

kapitaal (het)	kapitalas (v)	[kapʲɪ'ta:lʲas]
inkomen (het)	pajamos (m dgs)	['pa:jamos]
omzet (de)	apyvarta (m)	[a'pʲi:varta]
middelen (mv.)	ištekliai (v dgs)	[ɪʃtʲɛ'klʲɛɪ]
financiële middelen (mv.)	pininginės lėšos (m dgs)	[pʲɪnʲɪ'gʲɪnʲe:s 'lʲe:ʃos]

| operationele kosten (mv.) | pridėtinės išlaidos (m dgs) | [prʲɪdʲe:'tʲɪnʲe:s 'ɪʃlʲʌɪdos] |
| reduceren (kosten ~) | sumažinti | [sʊ'ma:ʒʲɪntʲɪ] |

76. Marketing

marketing (de)	rinkodara (m)	[rʲɪŋ'kodara]
markt (de)	rinka (m)	[rʲɪŋ'ka]
marktsegment (het)	rinkos segmentas (v)	['rʲɪŋkos sʲɛg'mʲɛntas]
product (het)	produktas (v)	[pro'dʊktas]
goederen (mv.)	prekė (m)	['prʲækʲe:]

merk (het)	brendas (v)	[brʲɛndas]
handelsmerk (het)	prekės ženklas (v)	[prʲækʲe:s 'ʒʲæŋklʲas]
beeldmerk (het)	firmos ženklas (v)	['fʲɪrmos 'ʒʲɛŋklʲas]
logo (het)	logotipas (v)	[lʲogo'tʲɪpas]

vraag (de)	paklausa (m)	[paklʲɑʊ'sa]
aanbod (het)	pasiūla (m)	[pasʲu:'lʲa]
behoefte (de)	poreikis (v)	['porʲɛɪkʲɪs]
consument (de)	vartotojas (v)	[var'toto:jɛs]

| analyse (de) | analizė (m) | [a'na:lʲɪzʲe:] |
| analyseren (ww) | analizuoti | [analʲɪ'zʊɑtʲɪ] |

| positionering (de) | pozicionavimas (v) | [pozʲɪtsʲɪjo'na:vʲɪmas] |
| positioneren (ww) | pozicionuoti | [pozʲɪtsʲɪjo'nʊɑtʲɪ] |

prijs (de)	kaina (m)	['kʌɪna]
prijspolitiek (de)	kainų politika (m)	['kʌɪnu: po'lʲɪtʲɪka]
prijsvorming (de)	kainų formavimas (v)	['kʌɪnu: for'ma:vʲɪmas]

77. Reclame

reclame (de)	reklamà (m)	[rʲɛklʲa'ma]
adverteren (ww)	reklamúoti	[rʲɛklʲa'muɔtʲɪ]
budget (het)	biudžètas (v)	[bʲu'dʒʲɛtas]

advertentie, reclame (de)	reklamà (m)	[rʲɛklʲa'ma]
TV-reclame (de)	telereklamà (m)	[tʲɛlʲɛrʲɛkla'ma]
radioreclame (de)	rãdijo reklamà (m)	['ra:dʲɪjɔ rʲɛklʲa'ma]
buitenreclame (de)	išorìnė reklamà (m)	[ɪʃɔ'rʲɪnʲe: reklʲa'ma]

massamedia (de)	žiniãsklaida (m)	[ʒʲɪ'nʲæsklʲʌɪda]
periodiek (de)	periòdinis leidinỹs (v)	[pʲɛrʲɪ'jɔdʲɪnʲɪs lʲɛɪdʲɪ'nʲi:s]
imago (het)	į́vaizdis (v)	['i:vʌɪzdʲɪs]

slagzin (de)	šū́kis (v)	['ʃu:kʲɪs]
motto (het)	devìzas (v)	[dʲɛ'vʲɪzas]

campagne (de)	kampãnija (m)	[kam'pa:nʲɪjɛ]
reclamecampagne (de)	reklãmos kampãnija (m)	[rʲɛklʲa:mos kam'pa:nʲɪjɛ]
doelpubliek (het)	tikslìnė auditòrija (m)	[tʲɪks'lʲɪnʲe: audʲɪ'torʲɪjɛ]

visitekaartje (het)	vizìtinė kortẽlė (m)	[vʲɪ'zʲɪtʲɪnʲe: kor'tʲælʲe:]
flyer (de)	lapẽlis (v)	[la'pʲælʲɪs]
brochure (de)	brošiūrà (m)	[broʃu:'ra]
folder (de)	lankstinùkas (v)	[lʲaŋkstʲɪ'nukas]
nieuwsbrief (de)	biuletẽnis (v)	[bʲulʲɛ'tʲɛnʲɪs]

gevelreclame (de)	ìškaba (m)	['ɪʃkaba]
poster (de)	plakãtas (v)	[plʲa'ka:tas]
aanplakbord (het)	skỹdas (v)	['skʲi:das]

78. Bankieren

bank (de)	bánkas (v)	['baŋkas]
bankfiliaal (het)	skỹrius (v)	['skʲi:rʲus]

bankbediende (de)	konsultántas (v)	[kɔnsulʲ'tantas]
manager (de)	valdýtojas (v)	[valʲ"dʲi:to:jɛs]

bankrekening (de)	sąskaità (m)	['sa:skʌɪta]
rekeningnummer (het)	sąskaitos nùmeris (v)	['sa:skʌɪtos 'numʲɛrʲɪs]
lopende rekening (de)	einamóji sąskaità (m)	[ɛɪna'mo:jɪ 'sa:skʌɪta]
spaarrekening (de)	kaupiamóji sąskaità (m)	[kaupʲæ'mo:jɪ 'sa:skʌɪta]

een rekening openen	atidarýti są́skaitą	[atʲɪda'rʲi:tʲɪ 'sa:skʌɪta:]
de rekening sluiten	uždarýti są́skaitą	[uʒda'rʲi:tʲɪ 'sa:skʌɪta:]
op rekening storten	padė́ti į̃ są́skaitą	[pa'dʲe:tʲɪ i: 'sa:skʌɪta:]
opnemen (ww)	paim̃ti ìš sąskaitos	['pʌɪmtʲɪ ɪʃ 'sa:skʌɪtos]

storting (de)	indė̃lis (v)	['ɪndʲe:lʲɪs]
een storting maken	inèšti indė̃lį	[i:'nʲɛʃtʲɪ 'ɪndʲe:lʲɪ:]
overschrijving (de)	pavedìmas (v)	[pavʲɛ'dʲɪmas]

73

een overschrijving maken | atlìkti pavedìmą | [atʲlʲɪktʲɪ pavʲɛ'dʲɪma:]
som (de) | sumà (m) | [sʊ'ma]
Hoeveel? | Kíek? | ['kʲiɛk?]

handtekening (de) | pãrašas (v) | ['pa:raʃas]
ondertekenen (ww) | pasirašýti | [pasʲɪra'ʃʲɪ:tʲɪ]

kredietkaart (de) | kredìtinė kortẽlė (m) | [krʲɛ'dʲɪtʲɪnʲe: kor'tʲælʲe:]
code (de) | kòdas (v) | ['kodas]
kredietkaartnummer (het) | kredìtinės kortẽlės numeris (v) | [krʲɛ'dʲɪtʲɪnʲe:s kor'tʲælʲe:s 'nʊmerʲɪs]
geldautomaat (de) | bankomãtas (v) | [baŋko'ma:tas]

cheque (de) | kvìtas (v) | ['kvʲɪtas]
een cheque uitschrijven | išrašýti kvìtą | [ɪʃra'ʃʲɪ:tʲɪ 'kvʲɪta:]
chequeboekje (het) | čẽkių knygẽlė (m) | ['tʂʲɛkʲu: knʲi:'gʲælʲe:]

lening, krediet (de) | kredìtas (v) | [krʲɛ'dʲɪtas]
een lening aanvragen | kreìptis dėl kredìto | ['krʲɛɪptʲɪs dʲe:lʲ krʲɛ'dʲɪtɔ]
een lening nemen | imti kredìtą | ['ɪmtʲɪ krʲɛ'dʲɪta:]
een lening verlenen | suteìkti kredìtą | [sʊ'tʲɛɪktʲɪ krʲɛ'dʲɪta:]
garantie (de) | garántija (m) | [ga'rantʲɪjɛ]

79. Telefoon. Telefoongesprek

telefoon (de) | telefònas (v) | [tʲɛlʲɛ'fonas]
mobieltje (het) | mobilùsis telefònas (v) | [mobʲɪ'lʊsʲɪs tʲɛlʲɛ'fonas]
antwoordapparaat (het) | autoatsakìklis (v) | [ɑʊtoatsa'kʲɪklʲɪs]

bellen (ww) | skam̃binti | ['skambʲɪntʲɪ]
belletje (telefoontje) | skambùtis (v) | [skam'bʊtʲɪs]

een nummer draaien | suriñkti nùmerį | [sʊ'rʲɪŋktʲɪ 'nʊmʲɛrʲɪ:]
Hallo! | Alió! | [a'lʲo!]
vragen (ww) | paklaũsti | [pak'lʲɑʊstʲɪ]
antwoorden (ww) | atsakýti | [atsa'kʲi:tʲɪ]

horen (ww) | girdéti | [gʲɪr'dʲe:tʲɪ]
goed (bw) | geraĩ | [gʲɛ'rʌɪ]

slecht (bw) | prastaĩ | [pras'tʌɪ]
storingen (mv.) | trukdžiaĩ (v dgs) | [trʊk'dʒʲɛɪ]

hoorn (de) | ragẽlis (v) | [ra'gʲælʲɪs]
opnemen (ww) | pakélti ragẽlį | [pa'kʲɛlʲtʲɪ ra'gʲælʲɪ:]
ophangen (ww) | padéti ragẽlį | [pa'dʲe:tʲɪ ra'gʲælʲɪ:]

bezet (bn) | ùžimtas | ['ʊʒʲɪmtas]
overgaan (ww) | skambéti | [skam'bʲe:tʲɪ]
telefoonboek (het) | telefònų knygà (m) | [tʲɛlʲɛ'fonu: knʲi:'ga]

lokaal (bn) | viẽtinis | ['vʲiɛtʲɪnʲɪs]
interlokaal (bn) | tarpmiestìnis | [tarpmʲiɛs'tʲɪnʲɪs]
buitenlands (bn) | tarptautìnis | [tarptɑʊ'tʲɪnʲɪs]

80. Mobiele telefoon

mobieltje (het)	mobilùsis telefónas (v)	[mobʲɪ'lʊsʲɪs tʲɛlʲɛ'fonas]
scherm (het)	ekránas (v)	[ɛk'ra:nas]
toets, knop (de)	mygtùkas (v)	[mʲi:k'tʊkas]
simkaart (de)	SIM-kortẽlė (m)	[sʲɪm-kor'tʲælʲe:]

batterij (de)	akumuliãtorius (v)	[akʊmʊ'lʲætorʲʊs]
leeg zijn (ww)	išsikráuti	[ɪʃsʲɪ'krɑʊtʲɪ]
acculader (de)	įkrovìklis (v)	[i:kro'vʲɪ:klʲɪs]

menu (het)	valgiãraštis (v)	[valʲʲ'gʲæraʃtʲɪs]
instellingen (mv.)	nustãtymai (v dgs)	[nʊ'sta:tʲi:mʌɪ]
melodie (beltoon)	melòdija (m)	[mʲɛ'lʲodʲɪjɛ]
selecteren (ww)	pasirinkti	[pasʲɪ'rʲɪŋktʲɪ]

rekenmachine (de)	skaičiuotùvas (v)	[skʌɪtʂʊo'tʊvas]
voicemail (de)	bálso pãstas (v)	['balʲsɔ 'pa:ʃtas]
wekker (de)	žadintùvas (v)	[ʒadʲɪn'tʊvas]
contacten (mv.)	telefònų knygà (m)	[tʲɛlʲɛ'fonʊ: knʲi:'ga]

SMS-bericht (het)	SMS žinùtė (m)	[ɛsɛ'mɛs ʒʲɪnʊtʲe:]
abonnee (de)	abonentas (v)	[abo'nʲɛntas]

81. Schrijfbehoeften

balpen (de)	automãtinis šratinùkas (v)	[ɑʊto'ma:tʲɪnʲɪs ʃratʲɪ'nʊkas]
vulpen (de)	plunksnãkotis (v)	[plʲʊŋk'sna:kotʲɪs]
potlood (het)	pieštùkas (v)	[pʲiɛʃ'tʊkas]
marker (de)	žymẽklis (v)	[ʒʲi:'mʲæklʲɪs]
viltstift (de)	flomãsteris (v)	[flʲo'ma:stʲɛrʲɪs]

notitieboekje (het)	bloknòtas (v)	[blʲok'notas]
agenda (boekje)	dienóraštis (v)	[dʲiɛ'noraʃtʲɪs]

liniaal (de/het)	liniuõtė (m)	[lʲɪ'nʲʊo:tʲe:]
rekenmachine (de)	skaičiuotùvas (v)	[skʌɪtʂʊo'tʊvas]
gom (de)	trintùkas (v)	[trʲɪn'tʊkas]
punaise (de)	smeigtùkas (v)	[smʲɛɪk'tʊkas]
paperclip (de)	sąvarželė (m)	[sa:var'ʒʲe:lʲe:]

lijm (de)	klijaĩ (v dgs)	[klʲɪ'jʌɪ]
nietmachine (de)	segìklis (v)	[sʲɛ'gʲɪklʲɪs]
perforator (de)	skylãmušis (v)	[skʲi:'lʲa:mʊʃɪs]
potloodslijper (de)	drožtùkas (v)	[droʒ'tʊkas]

82. Soorten bedrijven

boekhouddiensten (mv.)	buhalterinės paslaugos (m dgs)	[bʊɣalʲʲ'tʲɛrʲɪnʲe:s 'pa:slɑʊgos]
reclame (de)	reklamà (m)	[rʲɛklʲa'ma]

75

T&P Books. Thematische woordenschat Nederlands-Litouws - 5000 woorden

reclamebureau (het)	reklãmos agentūrà (m)	[rʲɛk'lʲa:mos agʲɛntu:'ra]
airconditioning (de)	kondicioniẽriai (v dgs)	[kɔndʲɪtsʲɪjɔ'nʲɛrʲɛɪ]
luchtvaartmaatschappij (de)	aviakompãnija (m)	[avʲækom'pa:nʲɪjɛ]
alcoholische dranken (mv.)	alkohòliniai gė́rimai (v dgs)	[alʲko'ɣolʲɪnʲɛɪ 'gʲe:rʲɪmʌɪ]
antiek (het)	antikvariãtas (v)	[antʲɪkvarʲɪ'jatas]
kunstgalerie (de)	galèrija (m)	[ga'lʲɛrʲɪjɛ]
audit diensten (mv.)	auditorių pãslaugos (m dgs)	[au'dʲɪtorʲu: 'pa:slʲaugos]
banken (mv.)	bánkinis veŕslas (v)	['baŋkʲɪnʲɪs 'vʲɛrslʲas]
bar (de)	bãras (v)	['ba:ras]
schoonheidssalon (de/het)	gróžio salònas (v)	['gro:ʒʲɔ sa'lʲonas]
boekhandel (de)	knygýnas (v)	[knʲi:'gʲi:nas]
bierbrouwerij (de)	alaũs dyryklà (m)	[a'lʲaus darʲi:k'lʲa]
zakencentrum (het)	veŕslo ceñtras (v)	['vʲɛrslʲɔ 'tsʲɛntras]
business school (de)	veŕslo mokyklà (m)	['vʲɛrslʲɔ mokʲi:k'lʲa]
casino (het)	kazinò (v)	[kazʲɪ'no]
bouwbedrijven (mv.)	statýba (m)	[sta'tʲi:ba]
adviesbureau (het)	konsultãvimas (v)	[kɔnsʊlʲ'ta:vʲɪmas]
tandheelkunde (de)	stomatològija (m)	[stomato'lʲogʲɪjɛ]
design (het)	dizáinas (v)	[dʲɪ'zʌɪnas]
apotheek (de)	vaistinė̃ (m)	['vʌɪstʲɪnʲe:]
stomerij (de)	cheminė̃ valyklà (m)	['xʲɛmʲɪnʲe: valʲi:k'la]
uitzendbureau (het)	darbúotojų paieškõs agentūrà (m)	[dar'buato:ju: paʲɪɛʃ'ko:s agʲɛntu:'ra]
financiële diensten (mv.)	finánsinės pãslaugos (m dgs)	[fʲɪ'nansʲɪnʲe:s 'pa:slʲaugos]
voedingswaren (mv.)	maı̃sto produktaı̃ (v dgs)	['mʌɪstɔ pro'duktʌɪ]
uitvaartcentrum (het)	laı́dojimo biùras (v)	['lʲʌɪdojɪmɔ 'bʲuras]
meubilair (het)	baldaı̃ (v)	['balʲdʌɪ]
kleding (de)	drabùžiai (v dgs), rū̃bai (v dgs)	[dra'buʒʲɛɪ], ['ru:bʌɪ]
hotel (het)	viẽšbutis (v)	['vʲeʃbutʲɪs]
IJsje (het)	ledaı̃ (v dgs)	[lʲɛ'dʌɪ]
industrie (de)	pramonė̃ (m)	['pra:monʲe:]
verzekering (de)	draudı̃mas (v)	[drau'dʲɪmas]
Internet (het)	internètas (v)	[ɪntʲɛr'nʲɛtas]
investeringen (mv.)	investı̀cijos (m dgs)	[ɪnvʲɛs'tʲɪtsʲɪjɔs]
juwelier (de)	juvelýras (v)	[juvʲɛ'lʲi:ras]
juwelen (mv.)	juvelýriniai dirbiniaı̃ (v dgs)	[juvʲɛ'lʲi:rʲɪnʲɛɪ dʲɪrbʲɪ'nʲɛɪ]
wasserette (de)	skalbyklà (m)	[skalʲbʲi:k'la]
juridische diensten (mv.)	juridinė̃s paslaugõs (m dgs)	[ju'rʲɪdʲɪnʲe:s paslʲau'go:s]
lichte industrie (de)	lengvóji prãmonė (m)	[lʲeŋg'vo:jɪ 'pra:monʲe:]
tijdschrift (het)	žurnãlas (v)	[ʒur'na:lʲas]
postorderbedrijven (mv.)	prekýba pagal̃ katalògą (m)	[prʲɛ'kʲi:ba pa'galʲ kata'lʲoga:]
medicijnen (mv.)	medicinà (m)	[mʲɛdʲɪtsʲɪ'na]
bioscoop (de)	kı̀no teãtras (v)	['kʲɪno tʲɛ'a:tras]
museum (het)	muziẽjus (v)	[mʊ'zʲejus]
persbureau (het)	informãcijos agentūrà (m)	[ɪnfor'ma:tsʲɪjos agʲɛntu:'ra]
krant (de)	laı̃kraštis (v)	['lʲʌɪkraʃtʲɪs]
nachtclub (de)	naktı̀nis klùbas (v)	[nak'tʲɪnʲɪs 'klʲubas]

olie (aardolie)	nafta (m)	[naf'ta]
koerierdienst (de)	kùrjerių tarnýba (m)	['kʊrjɛrʲu: tar'nʲi:ba]
geneesmiddelen (mv.)	farmācija (m)	[far'ma:tsʲɪjɛ]
drukkerij (de)	poligrāfija (m)	[polʲɪ'gra:fʲɪjɛ]
uitgeverij (de)	leidyklà (m)	[lʲɛɪdʲi:k'la]
radio (de)	rādijas (v)	['ra:dʲɪjas]
vastgoed (het)	nekilnójamasis turtas (v)	[nʲɛkʲɪlʲ'nojamasʲɪs 'tʊrtas]
restaurant (het)	restorānas (v)	[rʲɛsto'ra:nas]
bewakingsfirma (de)	saugõs tarnýba (m)	[sɑʊ'go:s tar'nʲi:ba]
sport (de)	spòrtas (v)	['sportas]
handelsbeurs (de)	bìrža (m)	['bʲɪrʒa]
winkel (de)	parduotùvė (m)	[pardʊɑ'tʊvʲe:]
supermarkt (de)	prekýbos ceñtras (v)	[prʲɛ'kʲi:bos 'tsʲɛntras]
zwembad (het)	baseĩnas (v)	[ba'sʲɛɪnas]
naaiatelier (het)	atelj̃ (m)	[ate'lʲje:]
televisie (de)	televìzija (m)	[tʲɛlʲɛ'vʲɪzʲɪjɛ]
theater (het)	teātras (v)	[tʲɛ'a:tras]
handel (de)	prekýba (m)	[prʲɛ'kʲi:ba]
transport (het)	pérvežimai (v dgs)	['pʲɛrvʲɛʒʲɪmʌɪ]
toerisme (het)	turìzmas (v)	[tʊ'rʲɪzmas]
dierenarts (de)	veterināras (v)	[vʲɛtʲɛrʲɪ'na:ras]
magazijn (het)	sándėlis (v)	['sandʲe:lʲɪs]
afvalinzameling (de)	šiùkšlių išvežìmas (v)	['ʃʲʊkʃlʲu: iʃvʲɛ'ʒʲɪmas]

T&P Books. Thematische woordenschat Nederlands-Litouws - 5000 woorden

Baan. Business. Deel 2

83. Show. Tentoonstelling

beurs (de)	paroda (m)	[paro'da]
vakbeurs, handelsbeurs (de)	prekybos paroda (m)	[prʲɛ'kʲiːbos paro'da]
deelneming (de)	dalyvavimas (v)	[dalʲiːˈvaːvʲɪmas]
deelnemen (ww)	dalyvauti	[dalʲiːˈvautʲɪ]
deelnemer (de)	dalyvis (v)	[daˈlʲiːvʲɪs]
directeur (de)	direktorius (v)	[dʲɪˈrʲɛktorʲʊs]
organisator (de)	organizatorius (v)	[organʲɪˈzaːtorʲʊs]
organiseren (ww)	organizuoti	[organʲɪˈzuatʲɪ]
deelnemingsaanvraag (de)	paraiška dalyvavimui (m)	[parʌɪʃka dalʲiːˈvaːvʲɪmuɪ]
invullen (een formulier ~)	užpildyti	[ʊʒˈpʲɪlʲdʲiːtʲɪ]
details (mv.)	smulkmenos (m dgs)	[ˈsmʊlʲkmʲɛnos]
informatie (de)	informacija (m)	[ɪnforˈmaːtsʲɪjɛ]
prijs (de)	kaina (m)	[ˈkʌɪna]
inclusief (bijv. ~ BTW)	įskaitant	[iːsˈkʌɪtant]
inbegrepen (alles ~)	įskaičiuoti	[iːskʌɪˈtsʲuatʲɪ]
betalen (ww)	mokėti	[moˈkʲeːtʲɪ]
registratietarief (het)	registracijos mokestis (v)	[rʲɛgʲɪsˈtraːtsʲɪjos ˈmokʲɛstʲɪs]
ingang (de)	įėjimas (v)	[iːˈɛːˈjɪmas]
paviljoen (het), hal (de)	paviljonas (v)	[pavʲɪˈlʲjo nas]
registreren (ww)	registruoti	[rʲɛgʲɪsˈtruatʲɪ]
badge, kaart (de)	kortelė (m)	[korˈtʲælʲeː]
beursstand (de)	stendas (v)	[ˈstʲɛndas]
reserveren (een stand ~)	rezervuoti	[rʲɛzʲɛrˈvuatʲɪ]
vitrine (de)	vitrina (m)	[vʲɪtrʲɪˈna]
licht (het)	šviestuvas (v)	[ʃvʲiɛˈstuvas]
design (het)	dizainas (v)	[dʲɪˈzʌɪnas]
plaatsen (ww)	apgyvendinti, išdėstyti	[apgʲiːˈvʲɛndʲɪntʲɪ], [ɪʃˈdʲeːstʲiːtʲɪ]
geplaatst zijn (ww)	įsikurti	[iːsʲɪˈkurtʲɪ]
distributeur (de)	platintojas (v)	[ˈplʲaːtʲɪntoːjɛs]
leverancier (de)	tiekėjas (v)	[tʲiɛˈkʲeːjas]
leveren (ww)	tiekti	[ˈtʲɛktʲɪ]
land (het)	šalis (m)	[ʃaˈlʲɪs]
buitenlands (bn)	užsienio	[ˈʊʒsʲiɛnʲɔ]
product (het)	produktas (v)	[proˈduktas]
associatie (de)	asociacija (m)	[asotsʲɪˈjatsʲɪjɛ]
conferentiezaal (de)	konferencijų salė (m)	[konfɛˈrɛntsʲɪjuː ˈsaːlʲeː]
congres (het)	kongresas (v)	[konˈgrʲɛsas]

wedstrijd (de)	konkùrsas (v)	[kɔŋ'kʊrsas]
bezoeker (de)	lankýtojas (v)	[lʲaŋ'kʲiːtoːjɛs]
bezoeken (ww)	lankýti	[lʲaŋ'kʲiːtʲɪ]
afnemer (de)	užsakóvas (v)	[ʊʒsa'koːvas]

84. Wetenschap. Onderzoek. Wetenschappers

wetenschap (de)	mókslas (v)	['mokslʲas]
wetenschappelijk (bn)	mókslinis	['mokslʲɪnʲɪs]
wetenschapper (de)	mókslininkas (v)	['mokslʲɪnʲɪŋkas]
theorie (de)	teòrija (m)	[tʲɛ'orʲɪjɛ]

axioma (het)	aksiomà (m)	[aksʲɪjo'ma]
analyse (de)	anãlizė (m)	[a'naːlʲɪzʲeː]
analyseren (ww)	analizúoti	[analʲɪ'zʊɑtʲɪ]
argument (het)	argumeñtas (v)	[argʊ'mʲɛntas]
substantie (de)	mẽdžiaga (m)	['mʲædʒʲæga]

hypothese (de)	hipotèzė (m)	[ɣʲɪpo'tʲɛzʲeː]
dilemma (het)	dilemà (m)	[dʲɪlʲɛ'ma]
dissertatie (de)	disertãcija (m)	[dʲɪsʲɛr'taːtsʲɪjɛ]
dogma (het)	dogmà (m)	[dog'ma]

doctrine (de)	doktrinà (m)	[doktrʲɪ'na]
onderzoek (het)	tyrinėjimas (v)	[tʲiːrʲɪ'nʲɛjɪmas]
onderzoeken (ww)	tyrinėti	[tʲiːrʲɪ'nʲeːtʲɪ]
toetsing (de)	kontròlė (m)	[kɔn'trolʲeː]
laboratorium (het)	laboratòrija (m)	[lʲabora'torʲɪjɛ]

methode (de)	metòdas (v)	[mʲɛ'todas]
molecule (de/het)	molèkulė (m)	[mo'lʲɛkʊlʲeː]
monitoring (de)	monitòringas (v)	[monʲɪ'torʲɪngas]
ontdekking (de)	atradìmas (v)	[atra'dʲɪmas]

postulaat (het)	postulãtas (v)	[postʊ'lʲaːtas]
principe (het)	prìncipas (v)	['prʲɪntsʲɪpas]
voorspelling (de)	prognòzė (m)	[prog'nozʲeː]
een prognose maken	prognozúoti	[progno'zʊɑtʲɪ]

synthese (de)	siñtezė (m)	['sʲɪntezʲeː]
tendentie (de)	tendeñcija (m)	[tʲɛn'dʲɛntsʲɪjɛ]
theorema (het)	teoremà (m)	[tʲɛorʲɛ'ma]

leerstellingen (mv.)	mókslas (v)	['mokslʲas]
feit (het)	fàktas (v)	['faːktas]
expeditie (de)	ekspedìcija (m)	[ɛkspʲɛ'dʲɪtsʲɪjɛ]
experiment (het)	eksperimeñtas (v)	[ɛkspʲɛrʲɪ'mʲɛntas]

academicus (de)	akadèmikas (v)	[aka'dʲɛmʲɪkas]
bachelor (bijv. BA, LLB)	bakaláuras (v)	[baka'lʲaʊras]
doctor (de)	dãktaras (v)	['daːktaras]
universitair docent (de)	doceñtas (v)	[do'tsʲɛntas]
master, magister (de)	magìstras (v)	[ma'gʲɪstras]
professor (de)	profèsorius (v)	[pro'fʲɛsorʲʊs]

Beroepen en ambachten

85. Zoeken naar werk. Ontslag

baan (de)	darbas (v)	['darbas]
werknemers (mv.)	etatai (dgs)	[ɛ'taːtʌɪ]
personeel (het)	personalas (v)	[pʲɛrso'naːlas]
carrière (de)	karjera (m)	[karjɛ'ra]
vooruitzichten (mv.)	perspektyva (m)	[pʲɛrspʲɛktʲiː'va]
meesterschap (het)	meistriškumas (v)	[mʲɛɪstrʲɪʃ'kʊmas]
keuze (de)	atranka (m)	[atraŋ'ka]
uitzendbureau (het)	darbuotojų paieškos agentūra (m)	[dar'bʊɑtoːju: paʲiɛʃ'koːs agʲɛntuː'ra]
CV, curriculum vitae (het)	gyvenimo aprašymas (v)	[gʲiː'vʲænʲɪmɔ ap'raːʃɪːmas]
sollicitatiegesprek (het)	pokalbis (v)	['pokalʲbʲɪs]
vacature (de)	laisva darbo vieta (m)	[lʲʌɪs'va 'darbɔ vʲiɛ'ta]
salaris (het)	darbo užmokestis (v)	['darbɔ 'ʊʒmokʲɛstʲɪs]
vaste salaris (het)	alga (m)	[alʲ'ga]
loon (het)	atlyginimas (v)	[at'lʲiːgʲɪnʲɪmas]
betrekking (de)	pareigos (m dgs)	['parʲɛɪgos]
taak, plicht (de)	pareiga (m)	[parʲɛɪ'ga]
takenpakket (het)	sritis (m)	[srʲɪ'tʲɪs]
bezig (~ zijn)	užimtas	['ʊʒɪmtas]
ontslagen (ww)	atleisti	[at'lʲɛɪstʲɪ]
ontslag (het)	atleidimas (v)	[atlʲɛɪ'dʲɪmas]
werkloosheid (de)	bedarbystė (m)	[bʲɛdar'bʲiːstʲeː]
werkloze (de)	bedarbis (v)	[bʲɛ'darbʲɪs]
pensioen (het)	pensija (m)	['pʲɛnsʲɪjɛ]
met pensioen gaan	išeiti į pensiją	[ɪ'ʃɛɪtʲɪ iː 'pʲɛnsʲɪjaː]

86. Zakenmensen

directeur (de)	direktorius (v)	[dʲɪ'rʲɛktorʲʊs]
beheerder (de)	valdytojas (v)	[valʲ'dʲiːtoːjɛs]
hoofd (het)	vadovas (v)	[va'doːvas]
baas (de)	viršininkas (v)	['vʲɪrʃɪnʲɪŋkas]
superieuren (mv.)	vadovybė (m)	[vadoˈvʲiːbʲeː]
president (de)	prezidentas (v)	[prʲɛzʲɪ'dʲɛntas]
voorzitter (de)	pirmininkas (v)	['pʲɪrmʲɪnʲɪŋkas]
adjunct (de)	pavaduotojas (v)	[pava'dʊɑtoːjɛs]
assistent (de)	padėjėjas (v)	[padʲeː'jeːjas]

T&P Books. Thematische woordenschat Nederlands-Litouws - 5000 woorden

Nederlands	Litouws	Uitspraak
secretaris (de)	sekretõrius (v)	[sʲɛkrʲɛ'toːrʲʊs]
persoonlijke assistent (de)	asmeninis sekretõrius (v)	[asmʲɛ'nʲɪnʲɪs sʲɛkrʲɛ'toːrʲʊs]
zakenman (de)	komersántas (v)	[kɔmʲɛr'santas]
ondernemer (de)	veřslininkas (v)	['vʲɛrslʲɪnʲɪŋkas]
oprichter (de)	steigėjas (v)	[stʲɛɪ'gʲeːjas]
oprichten (een nieuw bedrijf ~)	įsteigti	[iː'stʲɛɪktʲɪ]
stichter (de)	steigėjas (v)	[stʲɛɪ'gʲeːjas]
partner (de)	pártneris (v)	['partnʲɛrʲɪs]
aandeelhouder (de)	ãkcininkas (v)	['aːkt͡sʲɪnʲɪŋkas]
miljonair (de)	milijoniẽrius (v)	[mʲɪlʲɪjoˈnʲɛrʲʊs]
miljardair (de)	milijardiẽrius (v)	[mʲɪlʲɪjarˈdʲɛrʲʊs]
eigenaar (de)	valdýtojas (v)	[valʲˈdʲiːtoːjɛs]
landeigenaar (de)	žẽmės savininkas (v)	['ʒʲæmʲeːs savʲɪ'nʲɪŋkas]
klant (de)	kliẽntas (v)	['klʲiɛntas]
vaste klant (de)	pastovùs kliẽntas (v)	[pasto'vʊs klʲi'ɛntas]
koper (de)	pirkėjas (v)	[pʲɪr'kʲeːjas]
bezoeker (de)	lankýtojas (v)	[lʲaŋ'kʲiːtoːjɛs]
professioneel (de)	profesionãlas (v)	[profʲɛsʲɪjoˈnaːlʲas]
expert (de)	ekspèrtas (v)	[ɛks'pʲɛrtas]
specialist (de)	specialìstas (v)	[spʲɛtsʲɪja'lʲɪstas]
bankier (de)	bánkininkas (v)	['baŋkʲɪnʲɪŋkas]
makelaar (de)	brõkeris (v)	['brokʲɛrʲɪs]
kassier (de)	kãsininkas (v)	['kaːsʲɪnʲɪŋkas]
boekhouder (de)	buhálteris (v)	[bʊ'ɣalʲtʲɛrʲɪs]
bewaker (de)	apsauginiñkas (v)	[apsɑʊgʲɪ'nʲɪŋkas]
investeerder (de)	investúotojas (v)	[ɪnvʲɛs'tʊɑtoːjɛs]
schuldenaar (de)	skõlininkas (v)	['skoːlʲɪnʲɪŋkas]
crediteur (de)	kreditõrius (v)	[krʲɛ'dʲɪtorʲʊs]
lener (de)	paskolõs gavėjas (v)	[paskoˈlʲoːs ga'vʲeːjas]
importeur (de)	importúotojas (v)	[ɪmpor'tʊɑtoːjɛs]
exporteur (de)	eksportúotojas (v)	[ɛkspor'tʊɑtoːjɛs]
producent (de)	gamìntojas (v)	[ga'mʲɪntoːjɛs]
distributeur (de)	plãtintojas (v)	['plʲaːtʲɪntoːjɛs]
bemiddelaar (de)	tárpininkas (v)	['tarpʲɪnʲɪŋkas]
adviseur, consulent (de)	konsultántas (v)	[kɔnsʊlʲ'tantas]
vertegenwoordiger (de)	atstõvas (v)	[at'stoːvas]
agent (de)	ageñtas (v)	[a'gʲɛntas]
verzekeringsagent (de)	draudìmo ageñtas (v)	[drɑʊ'dʲɪmɔ a'gʲɛntas]

87. Dienstverlenende beroepen

Nederlands	Litouws	Uitspraak
kok (de)	virėjas (v)	[vʲɪ'rʲeːjas]
chef-kok (de)	vyriáusiasis virėjas (v)	[vʲiː'rʲæʊsʲæsʲɪs vʲɪ'rʲeːjas]

T&P Books. Thematische woordenschat Nederlands-Litouws - 5000 woorden

bakker (de)	kepėjas (v)	[kʲɛ'pʲe:jas]
barman (de)	barmenas (v)	['barmʲɛnas]
kelner, ober (de)	padavėjas (v)	[pada'vʲe:jas]
serveerster (de)	padavėja (m)	[pada'vʲe:ja]

advocaat (de)	advokatas (v)	[advo'ka:tas]
jurist (de)	juristas (v)	[juˈrʲɪstas]
notaris (de)	notaras (v)	[no'ta:ras]

elektricien (de)	monteris (v)	['montʲɛrʲɪs]
loodgieter (de)	santechnikas (v)	[san'tʲɛxnʲɪkas]
timmerman (de)	dailidė (v)	[dʌɪ'lʲɪdʲe:]

masseur (de)	masažistas (v)	[masa'ʒʲɪstas]
masseuse (de)	masažistė (m)	[masa'ʒʲɪstʲe:]
dokter, arts (de)	gydytojas (v)	['gʲi:dʲi:to:jɛs]

taxichauffeur (de)	taksistas (v)	[tak'sʲɪstas]
chauffeur (de)	vairuotojas (v)	[vʌɪ'ruɑto:jɛs]
koerier (de)	kurjeris (v)	['kʊrjɛrʲɪs]

kamermeisje (het)	kambarinė (m)	[kamba'rʲɪnʲe:]
bewaker (de)	apsaugininkas (v)	[apsɑʊgʲɪ'nʲɪŋkas]
stewardess (de)	stiuardesė (m)	[stʲʊar'dʲɛsʲe:]

meester (de)	mokytojas (v)	['mokʲi:to:jɛs]
bibliothecaris (de)	bibliotekininkas (v)	[bʲɪbliʲɪjoˈtʲɛkʲɪnʲɪŋkas]
vertaler (de)	vertėjas (v)	[vʲɛr'tʲe:jas]
tolk (de)	vertėjas (v)	[vʲɛr'tʲe:jas]
gids (de)	gidas (v)	['gʲɪdas]

kapper (de)	kirpėjas (v)	[kʲɪr'pʲe:jas]
postbode (de)	paštininkas (v)	['pa:ʃtʲɪnʲɪŋkas]
verkoper (de)	pardavėjas (v)	[parda'vʲe:jas]

tuinman (de)	sodininkas (v)	['so:dʲɪnʲɪŋkas]
huisbediende (de)	tarnas (v)	['tarnas]
dienstmeisje (het)	tarnaitė (m)	[tar'nʌɪtʲe:]
schoonmaakster (de)	valytoja (m)	[va'lʲi:to:jɛ]

88. Militaire beroepen en rangen

soldaat (rang)	eilinis (v)	[ɛɪ'lʲɪnʲɪs]
sergeant (de)	seržantas (v)	[sʲɛr'ʒantas]
luitenant (de)	leitenantas (v)	[lʲɛɪtʲɛ'nantas]
kapitein (de)	kapitonas (v)	[kapʲɪ'to:nas]

majoor (de)	majoras (v)	[ma'jɔ:ras]
kolonel (de)	pulkininkas (v)	['pʊlʲkʲɪnʲɪŋkas]
generaal (de)	generolas (v)	[gʲɛnʲɛ'ro:lʲas]
maarschalk (de)	maršalas (v)	['marʃalʲas]
admiraal (de)	admirolas (v)	[admʲɪ'ro:lʲas]
militair (de)	kariškis (v)	[ka'rʲɪʃkʲɪs]
soldaat (de)	kareivis (v)	[ka'rʲɛɪvʲɪs]

officier (de)	karininkas (v)	[karʲɪ'nʲɪŋkas]
commandant (de)	vãdas (v)	['vaːdas]
grenswachter (de)	pasieniẽtis (v)	[pasʲiɛ'nʲɛtʲɪs]
marconist (de)	radìstas (v)	[ra'dʲɪstas]
verkenner (de)	žvalgas (v)	['ʒvalʲgas]
sappeur (de)	pioniẽrius (v)	[pʲɪjo'nʲɛrʲʊs]
schutter (de)	šaulỹs (v)	[ʃɑʊˈlʲiːs]
stuurman (de)	štùrmanas (v)	[ˈʃtʊrmanas]

89. Ambtenaren. Priesters

koning (de)	karãlius (v)	[ka'raːlʲʊs]
koningin (de)	karaliẽnė (m)	[karaˈlʲiɛnʲeː]
prins (de)	prìncas (v)	['prʲɪntsas]
prinses (de)	princẽsė (m)	[prʲɪn'tsʲɛsʲeː]
tsaar (de)	cãras (v)	['tsaːras]
tsarina (de)	cariẽnė (m)	[tsa'rʲiɛnʲeː]
president (de)	prezideñtas (v)	[prʲɛzʲɪ'dʲɛntas]
minister (de)	minìstras (v)	[mʲɪ'nʲɪstras]
eerste minister (de)	minìstras pìrmininkas (v)	[mʲɪ'nʲɪstras 'pʲɪrmʲɪnʲɪŋkas]
senator (de)	senãtorius (v)	[sʲɛ'naːtorʲʊs]
diplomaat (de)	diplomãtas (v)	[dʲɪplʲo'maːtas]
consul (de)	kònsulas (v)	['konsʊlʲas]
ambassadeur (de)	ambasãdorius (v)	[amba'saːdorʲʊs]
adviseur (de)	patarė́jas (v)	[pata'rʲeːjas]
ambtenaar (de)	valdininkas (v)	[valʲdʲɪ'nʲɪŋkas]
prefect (de)	prefèktas (v)	[prʲɛ'fʲɛktas]
burgemeester (de)	mèras (v)	['mʲɛras]
rechter (de)	teisė́jas (v)	[tʲɛɪ'sʲeːjas]
aanklager (de)	prokurõras (v)	[prokʊ'roras]
missionaris (de)	misioniẽrius (v)	[mʲɪsʲɪjo'nʲɛrʲʊs]
monnik (de)	vienuõlis (v)	[vʲiɛ'nʊɑlʲɪs]
abt (de)	abãtas (v)	[a'baːtas]
rabbi, rabbijn (de)	rãbinas (v)	['raːbʲɪnas]
vizier (de)	vizìris (v)	[vʲɪ'zʲɪrʲɪs]
sjah (de)	šãchas (v)	['ʃaːxas]
sjeik (de)	šeĩchas (v)	['ʃɛɪxas]

90. Agrarische beroepen

imker (de)	bitininkas (v)	['bʲɪtʲɪnʲɪŋkas]
herder (de)	piemuõ (v)	[pʲiɛ'mʊɑ]
landbouwkundige (de)	agronòmas (v)	[agro'nomas]

veehouder (de)	gývulininkas (v)	['gʲi:vʊlʲɪnʲɪŋkas]
dierenarts (de)	veterinãras (v)	[vʲɛtʲɛrʲɪ'na:ras]
landbouwer (de)	fèrmeris (v)	['fʲɛrmʲɛrʲɪs]
wijnmaker (de)	vyndarỹs (v)	[vʲɪ:nda'rʲi:s]
zoöloog (de)	zoológas (v)	[zoo'lʲogas]
cowboy (de)	kaubòjus (v)	[kɑʊ'bojʊs]

91. Kunst beroepen

acteur (de)	ãktorius (v)	['a:ktorʲʊs]
actrice (de)	ãktorė (m)	['a:ktorʲe:]
zanger (de)	dainininkas (v)	[dʌɪnʲɪ'nʲɪŋkas]
zangeres (de)	dainininkė (m)	[dʌɪnʲɪ'nʲɪŋkʲe:]
danser (de)	šokėjas (v)	[ʃo'kʲe:jas]
danseres (de)	šokėja (m)	[ʃo'kʲe:ja]
artiest (mann.)	artìstas (v)	[ar'tʲɪstas]
artiest (vrouw.)	artìstė (m)	[ar'tʲɪstʲe:]
muzikant (de)	muzikántas (v)	[mʊzʲɪ'kantas]
pianist (de)	pianìstas (v)	[pʲɪja'nʲɪstas]
gitarist (de)	gitarìstas (v)	[gʲɪta'rʲɪstas]
orkestdirigent (de)	dirigeñtas (v)	[dʲɪrʲɪ'gʲɛntas]
componist (de)	kompozìtorius (v)	[kompo'zʲɪtorʲʊs]
impresario (de)	impresãrijas (v)	[ɪmprʲɛ'sa:rʲɪjas]
filmregisseur (de)	režisiẽrius (v)	[rʲɛʒʲɪ'sʲɛrʲʊs]
filmproducent (de)	prodiùseris (v)	[pro'dʲʊsʲɛrʲɪs]
scenarioschrijver (de)	scenarìstas (v)	[stsʲɛna'rʲɪstas]
criticus (de)	krìtikas (v)	['krʲɪtʲɪkas]
schrijver (de)	rašýtojas (v)	[ra'ʃɪ:to:jɛs]
dichter (de)	poètas (v)	[po'ɛtas]
beeldhouwer (de)	skùlptorius (v)	['skʊlʲptorʲʊs]
kunstenaar (de)	mẽnininkas (v)	['mʲænʲɪnʲɪŋkas]
jongleur (de)	žonglieṙius (v)	[ʒon'glʲɛrʲʊs]
clown (de)	klòunas (v)	['klʲoʊnas]
acrobaat (de)	akrobãtas (v)	[akro'ba:tas]
goochelaar (de)	fòkusininkas (v)	['fokʊsʲɪnʲɪŋkas]

92. Verschillende beroepen

dokter, arts (de)	gýdytojas (v)	['gʲi:dʲi:to:jɛs]
ziekenzuster (de)	medicìnos sesẽlė (m)	[mʲɛdʲɪ'tsʲɪnos se'sʲælʲe:]
psychiater (de)	psichiãtras (v)	[psʲɪxʲɪ'jatras]
tandarts (de)	stomatológas (v)	[stomato'lʲogas]
chirurg (de)	chirùrgas (v)	[xʲɪ'rʊrgas]

Nederlands	Litouws	Uitspraak
astronaut (de)	astronáutas (v)	[astro'nɑutas]
astronoom (de)	astronòmas (v)	[astro'nomas]
piloot (de)	pilòtas (v)	[pʲɪ'lʲotas]
chauffeur (de)	vairúotojas (v)	[vʌɪ'rʊɑto:jɛs]
machinist (de)	mašinìstas (v)	[maʃɪ'nʲɪstas]
mecanicien (de)	mechãnikas (v)	[mʲɛ'xa:nʲɪkas]
mijnwerker (de)	šãchtininkas (v)	['ʃa:xtʲɪnʲɪŋkas]
arbeider (de)	darbiniñkas (v)	[darbʲɪ'nʲɪŋkas]
bankwerker (de)	šáltkalvis (v)	['ʃalʲtkalʲvʲɪs]
houtbewerker (de)	stãlius (v)	['sta:lʲʊs]
draaier (de)	tẽkintojas (v)	['tʲækʲɪnto:jɛs]
bouwvakker (de)	statýbininkas (v)	[sta'tʲi:bʲɪnʲɪŋkas]
lasser (de)	suvìrintojas (v)	[sʊ'vʲɪrʲɪnto:jɛs]
professor (de)	profèsorius (v)	[pro'fʲɛsorʲʊs]
architect (de)	architèktas (v)	[arxʲɪ'tʲɛktas]
historicus (de)	istòrikas (v)	[ɪs'torʲɪkas]
wetenschapper (de)	mókslininkas (v)	['mokslʲɪnʲɪŋkas]
fysicus (de)	fìzikas (v)	['fʲɪzʲɪkas]
scheikundige (de)	chèmikas (v)	['xʲɛmʲɪkas]
archeoloog (de)	archeològas (v)	[arxʲɛo'lʲogas]
geoloog (de)	geològas (v)	[gʲɛo'lʲogas]
onderzoeker (de)	tyrinėtojas (v)	[tʲi:rʲɪ'nʲe:to:jɛs]
babysitter (de)	áuklė (m)	['ɑʊklʲe:]
leraar, pedagoog (de)	pedagògas (v)	[pʲɛda'gogas]
redacteur (de)	redãktorius (v)	[rʲɛ'da:ktorʲʊs]
chef-redacteur (de)	vyriáusiasis redãktorius (v)	[vʲi:'rʲæʊsʲæsʲɪs rʲɛ'da:ktorʲʊs]
correspondent (de)	korespondeñtas (v)	[korʲɛspon'dʲɛntas]
typiste (de)	mašìnininkė (m)	[ma'ʃɪnʲɪnʲɪŋkʲe:]
designer (de)	dizáineris (v)	[dʲɪ'zʌɪnʲɛrʲɪs]
computerexpert (de)	kompiùterių specialìstas (v)	[kom'pʲʊtʲɛrʲu: spʲɛtsʲɪja'lʲɪstas]
programmeur (de)	programúotojas (v)	[progra'mʊɑto:jɛs]
ingenieur (de)	inžinièrius (v)	[ɪnʒɪ'nʲɛrʲʊs]
matroos (de)	jūrininkas (v)	['ju:rʲɪnʲɪŋkas]
zeeman (de)	jūreìvis (v)	[ju:'rʲɛɪvʲɪs]
redder (de)	gélbėtojas (v)	['gʲælʲbʲe:to:jɛs]
brandweerman (de)	gaĩsrininkas (v)	['gʌɪsrʲɪnʲɪŋkas]
politieagent (de)	polìcininkas (v)	[po'lʲɪtsʲɪnʲɪŋkas]
nachtwaker (de)	sárgas (v)	['sargas]
detective (de)	seklỹs (v)	[sʲɛk'lʲi:s]
douanier (de)	muĩtininkas (v)	['mʊɪtʲɪnʲɪŋkas]
lijfwacht (de)	asmeñs sargýbinis (v)	[as'mʲɛns sar'gʲi:bʲɪnʲɪs]
gevangenisbewaker (de)	prižiūrétojas (v)	[prʲɪʒʲu:'rʲe:to:jɛs]
inspecteur (de)	inspèktorius (v)	[ɪn'spʲɛktorʲʊs]
sportman (de)	spòrtininkas (v)	['sportʲɪnʲɪŋkas]
trainer (de)	trèneris (v)	['trʲɛnʲɛrʲɪs]

slager, beenhouwer (de)	mėsininkas (v)	['mʲe:sʲɪnʲɪŋkas]
schoenlapper (de)	batsiuvỹs (v)	[batsʲʊ'vʲi:s]
handelaar (de)	komersántas (v)	[komʲɛr'santas]
lader (de)	krovėjas (v)	[kro'vʲe:jas]
kledingstilist (de)	modeliúotojas (v)	[modʲɛ'lʲʊɑto:jɛs]
model (het)	módelis (v)	['modʲɛlʲɪs]

93. Beroepen. Sociale status

scholier (de)	moksléivis (v)	[moks'lʲɛɪvʲɪs]
student (de)	studeñtas (v)	[stʊ'dʲɛntas]
filosoof (de)	filosófas (v)	[fʲɪlʲo'sofas]
econoom (de)	ekonomìstas (v)	[ɛkono'mʲɪstas]
uitvinder (de)	išradėjas (v)	[ɪʃra'dʲe:jas]
werkloze (de)	bedárbis (v)	[bʲɛ'darbʲɪs]
gepensioneerde (de)	peñsininkas (v)	['pʲɛnsʲɪnʲɪŋkas]
spion (de)	šnìpas (v)	['ʃnʲɪpas]
gedetineerde (de)	kalinỹs (v)	[kalʲɪ'nʲi:s]
staker (de)	streĩkininkas (v)	['strʲɛʲɪkʲɪnʲɪŋkas]
bureaucraat (de)	biurokrãtas (v)	[bʲʊro'kra:tas]
reiziger (de)	keliáutojas (v)	[kʲɛ'lʲæʊto:jɛs]
homoseksueel (de)	homoseklualìstas (v)	[ɣomosʲɛklʊa'lʲɪstas]
hacker (computerkraker)	programìšius (v)	[progra'mʲɪʃʊs]
hippie (de)	hìpis (v)	['ɣʲɪpʲɪs]
bandiet (de)	bandìtas (v)	[ban'dʲɪtas]
huurmoordenaar (de)	samdomas žudìkas (v)	['samdomas ʒʊ'dʲɪkas]
drugsverslaafde (de)	narkomãnas (v)	[narko'ma:nas]
drugshandelaar (de)	narkótikų prekéivis (v)	[nar'kotʲɪku: prʲɛ'kʲɛɪvʲɪs]
prostituee (de)	prostitutė (m)	[prostʲɪ'tʊtʲe:]
pooier (de)	suteneris (v)	[sʊ'tʲɛnʲɛrʲɪs]
tovenaar (de)	bùrtininkas (v)	['bʊrtʲɪnʲɪŋkas]
tovenares (de)	bùrtininkė (m)	['bʊrtʲɪnʲɪŋkʲe:]
piraat (de)	pirãtas (v)	[pʲɪ'ra:tas]
slaaf (de)	vérgas (v)	['vʲɛrgas]
samoerai (de)	samurãjus (v)	[samʊ'ra:jʊs]
wilde (de)	laukìnis žmogùs (v)	[lʲɑʊ'kʲɪnʲɪs ʒmɔ'gʊs]

Onderwijs

94. School

school (de)	mokykla (m)	[mokʲiːkʲlʲa]
schooldirecteur (de)	mokyklos direktorius (v)	[moˈkʲiːklʲos dʲɪˈrʲɛktorʲʊs]

leerling (de)	mokinys (v)	[mokʲɪˈnʲiːs]
leerlinge (de)	mokinė (m)	[mokʲɪˈnʲeː]
scholier (de)	moksleivis (v)	[moksˈlʲɛɪvʲɪs]
scholiere (de)	moksleivė (m)	[moksˈlʲɛɪvʲeː]

leren (lesgeven)	mokyti	[ˈmokʲiːtʲɪ]
studeren (bijv. een taal ~)	mokytis	[ˈmokʲiːtʲɪs]
van buiten leren	mokytis atmintinai	[ˈmokʲiːtʲɪs atmʲɪntʲɪˈnʌɪ]

leren (bijv. ~ tellen)	mokytis	[ˈmokʲiːtʲɪs]
in school zijn (schooljongen zijn)	mokytis	[ˈmokʲiːtʲɪs]
naar school gaan	eiti į mokyklą	[ˈɛɪtʲɪ iː moˈkʲɪːklʲaː]

alfabet (het)	abėcėlė (m)	[abʲeːˈtsʲeːlʲeː]
vak (schoolvak)	dalykas (v)	[daˈlʲiːkas]

klaslokaal (het)	klasė (m)	[ˈklʲaːsʲeː]
les (de)	pamoka (m)	[pamoˈka]
pauze (de)	pertrauka (m)	[ˈpʲɛrtrɑʊka]
bel (de)	skambutis (v)	[skamˈbʊtʲɪs]
schooltafel (de)	suolas (v)	[ˈsʊɑlʲas]
schoolbord (het)	lenta (m)	[lʲɛnˈta]

cijfer (het)	pažymys (v)	[paʒʲiːˈmʲiːs]
goed cijfer (het)	geras pažymys (v)	[ˈgʲæras paʒʲiːˈmʲiːs]
slecht cijfer (het)	prastas pažymys (v)	[ˈpraːstas paʒʲiːˈmʲiːs]
een cijfer geven	rašyti pažymį	[raˈʃɪːtʲɪ ˈpaːʒɪːmʲɪː]

fout (de)	klaida (m)	[klʲʌɪˈda]
fouten maken	daryti klaidas	[daˈrʲiːtʲɪ klʲʌɪˈdas]
corrigeren (fouten ~)	taisyti	[tʌɪˈsʲiːtʲɪ]
spiekbriefje (het)	paruoštukas (v)	[parʊɑˈʃtʊkas]

huiswerk (het)	namų darbas (v)	[naˈmuː ˈdarbas]
oefening (de)	pratimas (v)	[praˈtʲɪmas]

aanwezig zijn (ww)	būti	[ˈbuːtʲɪ]
absent zijn (ww)	nebūti	[nʲɛˈbuːtʲɪ]
school verzuimen	praleisti pamokas	[praˈlʲɛɪstʲɪ ˈpaːmokas]

bestraffen (een stout kind ~)	bausti	[ˈbɑʊstʲɪ]
bestraffing (de)	bausmė (m)	[bɑʊsˈmʲeː]

T&P Books. Thematische woordenschat Nederlands-Litouws - 5000 woorden

gedrag (het)	elgesỹs (v)	[ɛlʲgʲɛ'sʲiːs]
cijferlijst (de)	dienýnas (v)	[dʲiɛ'nʲiːnas]
potlood (het)	pieštùkas (v)	[pʲiɛʃ'tʊkas]
gom (de)	trintùkas (v)	[trʲɪn'tʊkas]
krijt (het)	kreidà (m)	[krʲɛɪdɑ]
pennendoos (de)	penãlas (v)	[pʲɛ'nalʲas]

boekentas (de)	pòrtfelis (v)	['portfʲɛlʲɪs]
pen (de)	tušinùkas (v)	[tʊʃɪ'nʊkas]
schrift (de)	sąsiuvinis (v)	['saːsʲʊvʲɪnʲɪs]
leerboek (het)	vadovėlis (v)	[vado'vʲeːlʲɪs]
passer (de)	skriestùvas (v)	[skrʲiɛ'stʊvas]

technisch tekenen (ww)	braižýti	[brʌɪ'ʒʲiːtʲɪ]
technische tekening (de)	brėžinỹs (v)	[brʲeːʒʲɪ'nʲiːs]

gedicht (het)	eilėraštis (v)	[ɛɪ'lʲeːraʃtʲɪs]
van buiten (bw)	atmintinaĩ	[atmʲɪntʲɪ'nʌɪ]
van buiten leren	mókytis atmintinaĩ	['mokʲiːtʲɪs atmʲɪntʲɪ'nʌɪ]

vakantie (de)	atóstogos (m dgs)	[a'tostogos]
met vakantie zijn	atostogáuti	[atosto'gɑʊtʲɪ]
vakantie doorbrengen	praléisti atóstogas	[pra'lʲɛɪstʲɪ a'tostogas]

toets (schriftelijke ~)	kontròlinis dárbas (v)	[kɔn'trolʲɪnʲɪs 'darbas]
opstel (het)	rašinỹs (v)	[raʃɪ'nʲiːs]
dictee (het)	diktántas (v)	[dʲɪk'tantas]
examen (het)	egzãminas (v)	[ɛg'zaːmʲɪnas]
examen afleggen	laikýti egzãminus	[lʲʌɪ'kʲiːtʲɪ ɛg'zaːmʲɪnʊs]
experiment (het)	bañdymas (v)	['bandʲiːmas]

95. Hogeschool. Universiteit

academie (de)	akadèmija (m)	[aka'dʲɛmʲɪjɛ]
universiteit (de)	universitètas (v)	[ʊnʲɪvʲɛrsʲɪ'tʲɛtas]
faculteit (de)	fakultètas (v)	[fakʊlʲ'tʲɛtas]

student (de)	studeñtas (v)	[stʊ'dʲɛntas]
studente (de)	studeñtė (m)	[stʊ'dʲɛntʲeː]
leraar (de)	déstytojas (v)	['dʲeːstʲiːtoːjɛs]

collegezaal (de)	auditòrija (m)	[ɑʊdʲɪ'torʲɪjɛ]
afgestudeerde (de)	absolveñtas (v)	[absolʲ'vʲɛntas]

diploma (het)	diplòmas (v)	[dʲɪp'lʲomas]
dissertatie (de)	disertãcija (m)	[dʲɪsʲɛr'taːtsʲɪjɛ]

onderzoek (het)	tyrinėjimas (v)	[tʲiːrʲɪ'nʲeːjɪmas]
laboratorium (het)	laboratòrija (m)	[lʲabora'torʲɪjɛ]

college (het)	paskaità (m)	[paskʌɪ'ta]
medestudent (de)	bendrakursis (v)	[bʲɛndra'kʊrsʲɪs]
studiebeurs (de)	stipeñdija (m)	[stʲɪ'pʲɛndʲɪjɛ]
academische graad (de)	mókslinis laĩpsnis (v)	['mokslʲɪnʲɪs 'lʌɪpsnʲɪs]

96. Wetenschappen. Disciplines

wiskunde (de)	matemãtika (m)	[matʲɛ'maːtʲɪka]
algebra (de)	álgebra (m)	['alʲgʲɛbra]
meetkunde (de)	geometrija (m)	[gʲɛo'mʲɛtrʲɪjɛ]

astronomie (de)	astronòmija (m)	[astro'nomʲɪjɛ]
biologie (de)	biològija (m)	[bʲɪjo'lʲogʲɪjɛ]
geografie (de)	geogrãfija (m)	[gʲɛo'graːfɪjɛ]
geologie (de)	geològija (m)	[gʲɛo'lʲogʲɪjɛ]
geschiedenis (de)	istòrija (m)	[ɪs'torʲɪjɛ]

geneeskunde (de)	medicinà (m)	[mʲɛdʲɪtsʲɪ'na]
pedagogiek (de)	pedagògika (m)	[pʲɛda'gogʲɪka]
rechten (mv.)	teisè (m)	['tʲɛisʲeː]

fysica, natuurkunde (de)	fìzika (m)	['fʲɪzʲɪka]
scheikunde (de)	chèmija (m)	['xʲɛmʲɪjɛ]
filosofie (de)	filosòfija (m)	[fʲɪlʲo'sofʲɪjɛ]
psychologie (de)	psichològija (m)	[psʲɪxo'lʲogʲɪjɛ]

97. Schrift. Spelling

grammatica (de)	gramãtika (m)	[gra'maːtʲɪka]
vocabulaire (het)	lèksika (m)	['lʲɛksʲɪka]
fonetiek (de)	fonètika (m)	[fo'nʲɛtʲɪka]

zelfstandig naamwoord (het)	daiktãvardis (v)	[dʌɪk'taːvardʲɪs]
bijvoeglijk naamwoord (het)	bũdvardis (v)	['buːdvardʲɪs]
werkwoord (het)	veiksmãžodis (v)	[vʲɛɪks'maːʒodʲɪs]
bijwoord (het)	príeveiksmis (v)	['prʲɪɛvʲɛɪksmʲɪs]

voornaamwoord (het)	ívardis (v)	['iːvardʲɪs]
tussenwerpsel (het)	jaustùkas (v)	[jɛus'tʊkas]
voorzetsel (het)	príelinksnis (v)	['prʲɪɛlʲɪŋksnʲɪs]

stam (de)	žõdžio šaknìs (m)	['ʒoːdʑʲo ʃak'nʲɪs]
achtervoegsel (het)	galũnė (m)	[ga'lʲuːnʲeː]
voorvoegsel (het)	príešdėlis (v)	['prʲɪɛʃdʲeːlʲɪs]
lettergreep (de)	skiemuõ (v)	[skʲiɛ'mʊɑ]
achtervoegsel (het)	príesaga (m)	['prʲɪɛsaga]

nadruk (de)	kìrtis (m)	['kʲɪrtʲɪs]
afkappingsteken (het)	apostròfas (v)	[apos'trofas]

punt (de)	tãškas (v)	['taːʃkas]
komma (de/het)	kablẽlis (v)	[kab'lʲæːlʲɪs]
puntkomma (de)	kabliãtaškis (v)	[kab'lʲæːtaʃkʲɪs]
dubbelpunt (de)	dvìtaškis (v)	['dvʲɪtaʃkʲɪs]
beletselteken (het)	daũgtaškis (v)	['dɑʊktaʃkʲɪs]

vraagteken (het)	klaustùkas (v)	[klʲɑʊ'stʊkas]
uitroepteken (het)	šauktùkas (v)	[ʃɑʊk'tʊkas]

T&P Books. Thematische woordenschat Nederlands-Litouws - 5000 woorden

aanhalingstekens (mv.)	kabutės (m dgs)	[ka'butʲeːs]
tussen aanhalingstekens (bw)	kabutėse	[ka'butʲeːse]
haakjes (mv.)	skliausteliai (v dgs)	[sklʲɛʊ'stʲælʲɛɪ]
tussen haakjes (bw)	skliausteliuose	[sklʲɛʊ'stʲælʲʊosʲɛ]

streepje (het)	defisas (v)	[dʲɛ'fʲɪsas]
gedachtestreepje (het)	brūkšnys (v)	[bruːkʃ'nʲiːs]
spatie	tarpas (v)	['tarpas]
(~ tussen twee woorden)		

| letter (de) | raidė (m) | ['rʌɪdʲeː] |
| hoofdletter (de) | didžioji raidė (m) | [dʲɪ'dʒʲoːjɪ 'rʌɪdʲeː] |

| klinker (de) | balsis (v) | ['balʲsʲɪs] |
| medeklinker (de) | priebalsis (v) | ['prʲɛbalʲsʲɪs] |

zin (de)	sakinys (v)	[sakʲɪ'nʲiːs]
onderwerp (het)	veiksnys (v)	[vʲɛɪks'nʲiːs]
gezegde (het)	tarinys (v)	[tarʲɪ'nʲiːs]

regel (in een tekst)	eilutė (m)	[ɛɪ'lʲʊtʲeː]
op een nieuwe regel (bw)	iš naujos eilutės	[ɪʃ 'naʊjoːs ɛɪ'lʲʊtʲeːs]
alinea (de)	pastraipa (m)	[past'rʌɪpa]

woord (het)	žodis (v)	['ʒoːdʲɪs]
woordgroep (de)	žodžių junginys (v)	['ʒoːdʒʲu: jʊngʲɪ'nʲiːs]
uitdrukking (de)	išsireiškimas (v)	[ɪʃsʲɪrʲɛɪʃkʲɪmas]
synoniem (het)	sinonìmas (v)	[sʲɪno'nʲɪmas]
antoniem (het)	antonimas (v)	[anto'nʲɪmas]

regel (de)	taisyklė (m)	[tʌɪ'sʲiːklʲeː]
uitzondering (de)	išimtis (m)	[ɪʃɪm'tʲɪs]
correct (bijv. ~e spelling)	teisingas	[tʲɛɪ'sʲɪngas]

vervoeging, conjugatie (de)	asmenuotė (m)	[asme'nʊatʲeː]
verbuiging, declinatie (de)	linksniuotė (m)	[lʲɪŋks'nʲʊoːtʲeː]
naamval (de)	linksnis (v)	['lʲɪŋksnʲɪs]
vraag (de)	klausimas (v)	['klʲaʊsʲɪmas]
onderstrepen (ww)	pabraukti	[pa'braʊktʲɪ]
stippellijn (de)	punktyras (v)	[pʊŋk'tʲiːras]

98. Vreemde talen

taal (de)	kalba (m)	[kalʲ'ba]
vreemd (bn)	užsienio	['ʊʒsʲiɛnʲɔ]
vreemde taal (de)	užsienio kalba (m)	['ʊʒsʲiɛnʲɔ kalʲba]
leren (bijv. van buiten ~)	studijuoti	[stʊdʲɪ'jʊatʲɪ]
studeren (Nederlands ~)	mokytis	['mokʲiːtʲɪs]

lezen (ww)	skaityti	[skʌɪ'tʲiːtʲɪ]
spreken (ww)	kalbėti	[kalʲ'bʲeːtʲɪ]
begrijpen (ww)	suprasti	[sʊp'rastʲɪ]
schrijven (ww)	rašyti	[ra'ʃɪːtʲɪ]
snel (bw)	greitai	['grʲɛɪtʌɪ]

| langzaam (bw) | lėtai | [lʲeː'tʌɪ] |
| vloeiend (bw) | laisvai | [lʲʌɪs'vʌɪ] |

regels (mv.)	taisyklės (m dgs)	[tʌɪ'sʲiːklʲeːs]
grammatica (de)	gramãtika (m)	[gra'maːtʲɪka]
vocabulaire (het)	lèksika (m)	['lʲɛksʲɪka]
fonetiek (de)	fonètika (m)	[fo'nʲɛtʲɪka]

leerboek (het)	vadovėlis (v)	[vado'vʲeːlʲɪs]
woordenboek (het)	žodýnas (v)	[ʒo'dʲiːnas]
leerboek (het) voor zelfstudie	savìmokos vadovėlis (v)	[sa'vʲɪmokos vado'vʲeːlʲɪs]
taalgids (de)	pasikalbėjimų knygėlė (m)	[pasʲɪkalʲˈbʲɛjɪmuː knʲiːˈgʲælʲeː]

cassette (de)	kasėtė (m)	[ka'sʲɛtʲeː]
videocassette (de)	vaizdãjuostė (m)	[vʌɪz'daːjuɑstʲeː]
CD (de)	kompãktinis dìskas (v)	[kɔm'paːktʲɪnʲɪs 'dʲɪskas]
DVD (de)	DVD diskàs (v)	[dʲɪvʲɪ'dʲɪ dʲɪs'kas]

alfabet (het)	abėcėlė (m)	[abʲeːˈtsʲeːlʲeː]
spellen (ww)	sakýti paraidžiuĩ	[sa'kʲiːtʲɪ parʌɪ'dʑʲʊɪ]
uitspraak (de)	tarìmas (v)	[ta'rʲɪmas]

accent (het)	akcentas (v)	[ak'tsʲɛntas]
met een accent (bw)	sù akcentù	['sʊ aktsʲɛn'tʊ]
zonder accent (bw)	bè akceñto	['bʲɛ ak'tsʲɛntɔ]

| woord (het) | žõdis (v) | ['ʒoːdʲɪs] |
| betekenis (de) | prasmẽ (m) | [pras'mʲeː] |

cursus (de)	kùrsai (v dgs)	['kʊrsʌɪ]
zich inschrijven (ww)	užsirašýti	[ʊʒsʲɪra'ʃʲɪːtʲɪ]
leraar (de)	déstytojas (v)	['dʲeːstʲiːtoːjɛs]

vertaling (een ~ maken)	vertìmas (v)	[vʲɛr'tʲɪmas]
vertaling (tekst)	vertìmas (v)	[vʲɛr'tʲɪmas]
vertaler (de)	vertėjas (v)	[vʲɛr'tʲeːjas]
tolk (de)	vertėjas (v)	[vʲɛr'tʲeːjas]

| polyglot (de) | poliglòtas (v) | [polʲɪ'glotas] |
| geheugen (het) | atmintìs (m) | [atmʲɪn'tʲɪs] |

Rusten. Entertainment. Reizen

99. Trip. Reizen

toerisme (het)	turìzmas (v)	[tʊˈrʲɪzmas]
toerist (de)	turìstas (v)	[tʊˈrʲɪstas]
reis (de)	keliõnė (m)	[kʲɛˈlʲoːnʲeː]
avontuur (het)	núotykis (v)	[ˈnʊɑtʲiːkʲɪs]
tocht (de)	ìšvyka (m)	[ˈɪʃvʲiːka]

vakantie (de)	atóstogos (m dgs)	[aˈtostogos]
met vakantie zijn	atostogáuti	[atostoˈɡɑʊtʲɪ]
rust (de)	póilsis (v)	[ˈpoɪlʲsʲɪs]

trein (de)	traukinỹs (v)	[trɑʊkʲɪˈnʲiːs]
met de trein	tráukiniu	[ˈtrɑʊkʲɪnʲʊ]
vliegtuig (het)	lėktùvas (v)	[lʲeːkˈtʊvas]
met het vliegtuig	lėktuvù	[lʲeːktʊˈvʊ]
met de auto	automobiliù	[ɑʊtomobʲɪˈlʲʊ]
per schip (bw)	laivù	[lʲʌɪˈvʊ]

bagage (de)	bagãžas (v)	[baˈɡaːʒas]
valies (de)	lagamìnas (v)	[lʲaɡaˈmʲɪnas]
bagagekarretje (het)	bagãžo vežimẽlis (v)	[baˈɡaːʒɔ vɛʒʲɪˈmʲeːlʲɪs]

paspoort (het)	pãsas (v)	[ˈpaːsas]
visum (het)	vizà (m)	[vʲɪˈza]
kaartje (het)	bìlietas (v)	[ˈbʲɪlʲiɛtas]
vliegticket (het)	lėktùvo bìlietas (v)	[lʲeːkˈtʊvɔ ˈbʲɪlʲiɛtas]

reisgids (de)	vadõvas (v)	[vaˈdoːvas]
kaart (de)	žemélapis (v)	[ʒeˈmʲeːlʲapʲɪs]
gebied (landelijk ~)	vietóvė (m)	[vʲiɛˈtovʲeː]
plaats (de)	vietà (m)	[vʲiɛˈta]

exotische bestemming (de)	egzòtika (m)	[ɛɡˈzotʲɪka]
exotisch (bn)	egzòtinis	[ɛɡˈzotʲɪnʲɪs]
verwonderlijk (bn)	nuostabùs	[nʊɑstaˈbʊs]

groep (de)	grùpė (m)	[ˈɡrʊpʲeː]
rondleiding (de)	ekskùrsija (m)	[ɛksˈkʊrsʲɪjɛ]
gids (de)	ekskùrsijos vadõvas (v)	[ɛksˈkʊrsʲɪjɔs vaˈdoːvas]

100. Hotel

motel (het)	motèlis (v)	[moˈtʲɛlʲɪs]
3-sterren	3 žvaigždùtės	[ˈtrʲɪs ʒvʌɪɡʒˈdʊtʲeːs]
5-sterren	5 žvaigždùtės	[ˈpɛnʲkʲos ʒvʌɪɡʒˈdʊtʲeːs]

T&P Books. Thematische woordenschat Nederlands-Litouws - 5000 woorden

Nederlands	Litouws	Uitspraak
overnachten (ww)	apsistóti	[apsʲɪsˈtotʲɪ]
kamer (de)	kambarỹs (v)	[kambaˈrʲiːs]
eenpersoonskamer (de)	vienvíetis kambarỹs (v)	[ˈvʲiɛnˈvʲɛtʲɪs kambaˈrʲiːs]
tweepersoonskamer (de)	dviviẽtis kambarỹs (v)	[dvʲɪˈvʲɛtʲɪs kambaˈrʲiːs]
een kamer reserveren	rezervúoti kambarį̃	[rʲɛzʲɛrˈvʊɑtʲɪ ˈkambarʲɪː]
halfpension (het)	pusiáu pensiònas (v)	[pʊsʲæʊ pʲɛnsʲɪˈjɔnas]
volpension (het)	pensiònas (v)	[pʲɛnsʲɪˈjɔnas]
met badkamer	sù vonià	[ˈsʊ voˈnʲæ]
met douche	sù dušù	[ˈsʊ dʊˈʃʊ]
satelliet-tv (de)	palydóvinė televìzija (m)	[palʲiːˈdoːvʲɪnʲe: tʲɛlʲɛˈvʲɪzʲɪjɛ]
airconditioner (de)	kondicioniẽrius (v)	[kɔndʲɪtsʲɪjoˈnʲɛrʲʊs]
handdoek (de)	rañkšluostis (v)	[ˈraŋkʃlʲʊɑstʲɪs]
sleutel (de)	rãktas (v)	[ˈraːktas]
administrateur (de)	administrãtorius (v)	[admʲɪnʲɪsˈtraːtorʲʊs]
kamermeisje (het)	kambarìnė (m)	[kambaˈrʲɪnʲeː]
piccolo (de)	nešìkas (v)	[nʲɛˈʃɪkas]
portier (de)	registrãtorius (v)	[rʲɛgʲɪsˈtraːtorʲʊs]
restaurant (het)	restorãnas (v)	[rʲɛstoˈraːnas]
bar (de)	bãras (v)	[ˈbaːras]
ontbijt (het)	pùsryčiai (v dgs)	[ˈpʊsrʲiːtʂʲɛɪ]
avondeten (het)	vakariẽnė (m)	[vakaˈrʲɛnʲeː]
buffet (het)	švédiškas stãlas (v)	[ˈʃvʲedʲɪʃkas ˈstaːlʲas]
hal (de)	vestibiùlis (v)	[vʲɛstʲɪˈbʲʊlʲɪs]
lift (de)	lìftas (v)	[ˈlʲɪftas]
NIET STOREN	NETRUKDÝTI	[nʲɛtrʊkˈdʲiːtʲɪ]
VERBODEN TE ROKEN!	NERŪKÝTI!	[nʲɛruːˈkʲiːtʲɪ]

93

TECHNISCHE APPARATUUR. VERVOER

Technische apparatuur

101. Computer

computer (de)	kompiùteris (v)	[kɔm'pʲutʲɛrʲɪs]
laptop (de)	nešiojamasis kompiùteris (v)	[nʲɛ'ʃojamasʲɪs kom'pʲutʲɛrʲɪs]
aanzetten (ww)	jjùngti	[iː'juŋktʲɪ]
uitzetten (ww)	išjùngti	[ɪ'ʃjuŋktʲɪ]
toetsenbord (het)	klaviatūrà (m)	[klʲavʲætuː'ra]
toets (enter~)	klavìšas (v)	[klʲa'vʲɪʃas]
muis (de)	pelě (m)	[pʲɛ'lʲeː]
muismat (de)	kilimělis (v)	[kʲɪlʲɪ'mʲeːlʲɪs]
knopje (het)	mygtùkas (v)	[mʲiːk'tukas]
cursor (de)	žymẽklis (v)	[ʒʲiː'mʲæklʲɪs]
monitor (de)	monìtorius (v)	[mo'nʲɪtorʲus]
scherm (het)	ekrãnas (v)	[ɛk'raːnas]
harde schijf (de)	kietàsis dìskas (v)	[kʲiɛ'tasʲɪs 'dʲɪskas]
volume (het) van de harde schijf	kíetojo dìsko talpà (m)	['kʲiɛtojo 'dʲɪskɔ talʲ'pa]
geheugen (het)	atmintìs (m)	[atmʲɪn'tʲɪs]
RAM-geheugen (het)	operatyvióji atmintìs (m)	[opʲɛratʲiː'vʲoːjɪ atmʲɪn'tʲɪs]
bestand (het)	faílas (v)	['fʌɪlʲas]
folder (de)	ãplankas (v)	['aːplʲaŋkas]
openen (ww)	atidarýti	[atʲɪda'rʲiːtʲɪ]
sluiten (ww)	uždarýti	[uʒda'rʲiːtʲɪ]
opslaan (ww)	išsáugoti	[ɪʃ'saugotʲɪ]
verwijderen (wissen)	ištrìnti	[ɪʃ'trʲɪntʲɪ]
kopiëren (ww)	nukopijúoti	[nukopʲɪ'juatʲɪ]
sorteren (ww)	rūšiúoti	[ruː'ʃuatʲɪ]
overplaatsen (ww)	pérrašyti	['pʲɛrraʃʲɪːtʲɪ]
programma (het)	programà (m)	[progra'ma]
software (de)	prográminė įranga (m)	[pro'graːmʲɪnʲeː 'iːranga]
programmeur (de)	programúotojas (v)	[progra'muatoːjɛs]
programmeren (ww)	programúoti	[progra'muatʲɪ]
hacker (computerkraker)	programìšius (v)	[progra'mʲɪʃus]
wachtwoord (het)	slaptãžodis (v)	[slʲap'taːʒodʲɪs]
virus (het)	vìrusas (v)	['vʲɪrusas]

T&P Books. Thematische woordenschat Nederlands-Litouws - 5000 woorden

ontdekken (virus ~)	aptìkti	[ap'tʲɪktʲɪ]
byte (de)	baìtas (v)	['bʌɪtas]
megabyte (de)	megabaìtas (v)	[mʲɛga'bʌɪtas]

| data (de) | duõmenys (v dgs) | ['duɑmʲɛnʲiːs] |
| databank (de) | duomenų bãzė (m) | [duɑmʲɵ'nuː 'baːzʲeː] |

kabel (USB-~, enz.)	laĩdas (v)	['lʲʌɪdas]
afsluiten (ww)	prijùngti	[prʲɪ'jʊŋktʲɪ]
aansluiten op (ww)	atjùngti	[a'tjʊŋktʲɪ]

102. Internet. E-mail

internet (het)	internètas (v)	[ɪntʲɛr'nʲɛtas]
browser (de)	naršỹklė (m)	[nar'ʃɪːklʲeː]
zoekmachine (de)	paieškõs sistemà (m)	[paʲiɛʃ'koːs sʲɪstʲɛ'ma]
internetprovider (de)	tiekėjas (v)	[tʲiɛ'kʲeːjas]

webmaster (de)	svetaĩnių kūrėjas (v)	[sve'tʌɪnʲu kuː'rʲeːjas]
website (de)	svetaĩnė (m)	[sve'tʌɪnʲeː]
webpagina (de)	tinklãlapis (v)	[tʲɪŋk'lʲaːlʲapʲɪs]

| adres (het) | ãdresas (v) | ['aːdrʲɛsas] |
| adresboek (het) | adresų̃ knygà (m) | [adrʲɛ'suː knʲiː'ga] |

postvak (het)	pãšto dėžùtė (m)	['paːʃto dʲeː'ʒʊtʲeː]
post (de)	korespondeñcija (m)	[kɔrʲɛspon'dʲɛntsʲɪjɛ]
vol (~ postvak)	pérpildytas	['pʲɛrpʲɪlʲdʲiːtas]

bericht (het)	pranešìmas (v)	[pranʲɛ'ʃɪmas]
binnenkomende berichten (mv.)	įeĩnantys pranešìmai (v dgs)	[iː'ɛɪnantʲɪːs pranʲɛ'ʃɪːmʌɪ]
uitgaande berichten (mv.)	išeĩnantys pranešìmai (v dgs)	[ɪ'ʃɛɪnantʲiːs pranʲɛ'ʃɪmʌɪ]

verzender (de)	siuntėjas (v)	[sʲʊn'tʲeːjas]
verzenden (ww)	išsių̃sti	[ɪʃ'sʲuːstʲɪ]
verzending (de)	išsiuntìmas (v)	[ɪʃsʲʊn'tʲɪmas]

| ontvanger (de) | gavėjas (v) | [ga'vʲeːjas] |
| ontvangen (ww) | gáuti | ['gɑʊtʲɪ] |

| correspondentie (de) | susirašinėjimas (v) | [sʊsʲɪraʃʲɪ'nʲɛjɪmas] |
| corresponderen (met ...) | susirašinėti | [sʊsʲɪraʃʲɪ'nʲeːtʲɪ] |

bestand (het)	faìlas (v)	['fʌɪlʲas]
downloaden (ww)	parsisių̃sti	[parsʲɪ'sʲuːstʲɪ]
creëren (ww)	sukùrti	[sʊ'kʊrtʲɪ]
verwijderen (een bestand ~)	ištrìnti	[ɪʃ'trʲɪntʲɪ]
verwijderd (bn)	ištrìntas	[ɪʃ'trʲɪntas]

verbinding (de)	ryšỹs (v)	[rʲiː'ʃɪːs]
snelheid (de)	greĩtis (v)	['grʲɛɪtʲɪs]
modem (de)	modèmas (v)	[mo'dʲɛmas]
toegang (de)	príeiga (m)	['prʲɪʲɛɪga]

poort (de) prievadas (v) ['prⁱɛvadas]
aansluiting (de) pajungìmas (v) [pajunⁱgⁱɪmas]
zich aansluiten (ww) prisijùngti [prⁱɪsⁱɪˈjʊŋktⁱɪ]

selecteren (ww) pasirìñkti [pasⁱɪˈrⁱɪŋktⁱɪ]
zoeken (ww) ieškóti [ɪɛʃˈkotⁱɪ]

103. Elektriciteit

elektriciteit (de) elektrà (m) [ɛlⁱɛktˈra]
elektrisch (bn) elektrìnis [ɛlⁱɛkˈtrⁱɪnⁱɪs]
elektriciteitscentrale (de) elèktros stotìs (m) [ɛˈlⁱɛktros stoˈtⁱɪs]
energie (de) enèrgija (m) [ɛˈnⁱɛrgⁱɪjɛ]
elektrisch vermogen (het) elèktros enèrgija (m) [ɛˈlⁱɛktros ɛˈnⁱɛrgⁱɪjɛ]

lamp (de) lempùtė (m) [lⁱɛmˈpʊtⁱeː]
zaklamp (de) žibintùvas (v) [ʒⁱɪbⁱɪnˈtʊvas]
straatlantaarn (de) žibìntas (v) [ʒⁱɪˈbⁱɪntas]

licht (elektriciteit) šviesà (m) [ʃvⁱiɛˈsa]
aandoen (ww) įjùngti [iːˈjʊŋktⁱɪ]

uitdoen (ww) išjùngti [ɪˈʃjʊŋktⁱɪ]
het licht uitdoen užgesìnti šviẽsč [ʊʒgⁱɛˈsⁱɪntⁱɪ ˈʃvⁱɛsaː]

doorbranden (gloeilamp) pérdegti [ˈpⁱɛrdⁱɛktⁱɪ]
kortsluiting (de) trumpàsis jungìmas (v) [trʊmˈpasⁱɪs jʊnˈgⁱɪmas]

onderbreking (de) trūkìmas (v) [truːˈkⁱɪmas]
contact (het) kontàktas (v) [kɔnˈtaːktas]

schakelaar (de) jungìklis (v) [jʊnˈgⁱɪklⁱɪs]
stopcontact (het) šakùtės lìzdas (v) [ʃaˈkʊtⁱeːs ˈlⁱɪzdas]

stekker (de) šakùtė (m) [ʃaˈkʊtⁱeː]
verlengsnoer (de) ilgintùvas (v) [ɪlⁱgⁱɪnˈtʊvas]

zekering (de) saugìklis (v) [sɑʊˈgⁱɪklⁱɪs]
kabel (de) laĩdas (v) [ˈlⁱʌɪdas]
bedrading (de) instaliãcija (m) [ɪnstaˈlⁱætsⁱɪjɛ]

ampère (de) ampèras (v) [amˈpⁱɛras]
stroomsterkte (de) srovẽs stìpris (v) [sroˈvⁱeːs ˈstⁱɪprⁱɪs]

volt (de) vòltas (v) [ˈvolⁱtas]
spanning (de) įtampa (m) [ˈiːtampa]

elektrisch toestel (het) elèktros príetaisas (v) [ɛˈlⁱɛktros ˈprⁱiɛtʌɪsas]
indicator (de) indikãtorius (v) [ɪndⁱɪˈkaːtorⁱʊs]

elektricien (de) elèktrikas (v) [ɛˈlⁱɛktrⁱɪkas]
solderen (ww) lituóti [lⁱɪˈtʊɑtⁱɪ]
soldeerbout (de) lituõklis (v) [lⁱɪˈtʊɑklⁱɪs]
stroom (de) srovẽ (m) [sroˈvⁱeː]

104. Gereedschappen

werktuig (stuk gereedschap)	įrankis (v)	['i:raŋkʲɪs]
gereedschap (het)	įrankiai (v dgs)	['i:raŋkʲɛɪ]
uitrusting (de)	įranga (m)	['i:ranga]

hamer (de)	plaktùkas (v)	[plʲak'tʊkas]
schroevendraaier (de)	atsuktùvas (v)	[atsʊk'tʊvas]
bijl (de)	kir̃vis (v)	['kʲɪrvʲɪs]

zaag (de)	pjūklas (v)	['pju:klʲas]
zagen (ww)	pjáuti	['pjautʲɪ]
schaaf (de)	õblius (v)	['o:blʲʊs]
schaven (ww)	obliúoti	[ob'lʲʊatʲɪ]
soldeerbout (de)	lituõklis (v)	[lʲɪ'tʊaklʲɪs]
solderen (ww)	lituõti	[lʲɪ'tʊatʲɪ]

vijl (de)	dìldė (m)	['dʲɪlʲdʲe:]
nijptang (de)	replės (m dgs)	['rʲæplʲe:s]
combinatietang (de)	plókšėiosios replės (m dgs)	['plokʃtʂʲosʲos 'rʲæplʲe:s]
beitel (de)	káltas (v)	['kalʲtas]

boorkop (de)	grčžtas (v)	['gra:ʒtas]
boormachine (de)	gręžtùvas (v)	[grʲɛ:ʒ'tʊvas]
boren (ww)	gręžti	['grʲɛ:ʒtʲɪ]

mes (het)	peĩlis (v)	['pʲɛɪlʲɪs]
lemmet (het)	ãšmenys (v dgs)	['a:ʃmʲɛnʲi:s]

scherp (bijv. ~ mes)	aštrùs	[aʃt'rʊs]
bot (bn)	bùkas	['bʊkas]
bot raken (ww)	atbùkti	[at'bʊktʲɪ]
slijpen (een mes ~)	galósti	[ga'lʲa:stʲɪ]

bout (de)	var̃žtas (v)	['varʒtas]
moer (de)	veržlė̃ (m)	[vʲɛrʒ'lʲe:]
schroefdraad (de)	sriẽgis (v)	['srʲɛgʲɪs]
houtschroef (de)	sráigtas (v)	['srʌɪktas]

nagel (de)	vinìs (m)	[vʲɪ'nʲɪs]
kop (de)	galvùtė (m)	[galʲ'vʊtʲe:]

liniaal (de/het)	liniuõtė (m)	[lʲɪ'nʲɪʊo:tʲe:]
rolmeter (de)	rulẽtė (m)	[rʊ'lʲɛtʲe:]
waterpas (de/het)	gulsėiùkas (v)	[gʊlʲsʲ'tʂʲʊkas]
loep (de)	lùpa (m)	['lʲʊpa]

meetinstrument (het)	matãvimo príetaisas (v)	[ma'ta:vʲɪmɔ 'prʲiɛtʌɪsas]
opmeten (ww)	matúoti	[ma'tʊatʲɪ]
schaal (meetschaal)	skalė̃ (m)	['ska:lʲe:]
gegevens (mv.)	rodmuõ (v)	[rod'mʊa]

compressor (de)	komprèsorius (v)	[kɔm'prʲɛsɔrʲʊs]
microscoop (de)	mikroskòpas (v)	[mʲɪkro'skopas]
pomp (de)	siurblỹs (v)	[sʲʊr'blʲi:s]

T&P Books. Thematische woordenschat Nederlands-Litouws - 5000 woorden

| robot (de) | robotas (v) | ['robotas] |
| laser (de) | lazeris (v) | ['lʲa:zʲɛrʲɪs] |

moersleutel (de)	veržlių raktas (v)	[vʲɛrʒ'lʲu: 'ra:ktas]
plakband (de)	lipni juosta (m)	[lʲɪp'nʲɪ 'juɑsta]
lijm (de)	klijai (v dgs)	[klʲɪ'jʌɪ]

schuurpapier (het)	švitrinis popierius (v)	['ʃvʲɪtrʲɪnʲɪs 'po:pʲiɛrʲʊs]
veer (de)	spyruoklė (m)	[spʲi:'rʊɑklʲe:]
magneet (de)	magnetas (v)	[mag'nʲɛtas]
handschoenen (mv.)	pirštinės (m dgs)	['pʲɪrʃtʲɪnʲe:s]

touw (bijv. henneptouw)	virvė (m)	['vʲɪrvʲe:]
snoer (het)	virvelė (m)	[vʲɪr'vʲælʲe:]
draad (de)	laidas (v)	['lʲʌɪdas]
kabel (de)	kabelis (v)	['kabʲɛlʲɪs]

moker (de)	kūjis (v)	['ku:jis]
breekijzer (het)	laužtuvas (v)	[lʲɑʊʒ'tʊvas]
ladder (de)	kopėčios (m dgs)	['kopʲe:tɕʲos]
trapje (inklapbaar ~)	kilnojamosios kopėčios (m dgs)	[kʲɪlʲʲ'nojamosʲos 'kopʲe:tɕʲos]

aanschroeven (ww)	užsukti	[ʊʒ'sʊktʲɪ]
losschroeven (ww)	atsukti	[at'sʊktʲɪ]
dichtpersen (ww)	užspausti	[ʊʒs'paʊstʲɪ]
vastlijmen (ww)	priklijuoti	[prʲɪklʲɪ'jʊatʲɪ]
snijden (ww)	pjauti	['pjaʊtʲɪ]

defect (het)	gedimas (v)	[gʲɛ'dʲɪmas]
reparatie (de)	taisymas (v)	['tʌɪsʲi:mas]
repareren (ww)	taisyti	[tʌɪ'sʲi:tʲɪ]
regelen (een machine ~)	reguliuoti	[rʲɛgʊ'lʲʊatʲɪ]

nakijken (ww)	tikrinti	['tʲɪkrʲɪntʲɪ]
controle (de)	patikrinimas (v)	[pa'tʲɪkrʲɪnʲɪmas]
gegevens (mv.)	rodmuo (v)	[rod'mʊɑ]

| degelijk (bijv. ~ machine) | patikimas | ['patʲɪkʲɪmas] |
| ingewikkeld (bn) | sudėtingas | [sʊdʲe:'tʲɪngas] |

roesten (ww)	rūdyti	[ru:'dʲi:tʲɪ]
roestig (bn)	surūdijąs	[sʊru:'dʲɪjɛ:s]
roest (de/het)	rūdys (m dgs)	['ru:dʲi:s]

ns - 5000 woorden

Vervoer

105. Vliegtuig

vliegtuig (het)	lėktuvas (v)	[lʲeːkˈtʊvas]
vliegticket (het)	lėktuvo bilietas (v)	[lʲeːkˈtʊvɔ ˈbʲɪlʲiɛtas]
luchtvaartmaatschappij (de)	aviakompānija (m)	[avʲækomˈpaːnʲɪjɛ]
luchthaven (de)	óro úostas (v)	[ˈorɔ ˈʊɑstas]
supersonisch (bn)	viršgarsinis	[vʲɪrʃɡarˈsʲɪnʲɪs]

gezagvoerder (de)	órlaivio kapitōnas (v)	[ˈorlʲʌɪvʲɔ kapʲɪˈtoːnas]
bemanning (de)	ekipāžas (v)	[ɛkʲɪˈpaːʒas]
piloot (de)	pilōtas (v)	[pʲɪˈlʲotas]
stewardess (de)	stiuardėsė (m)	[stʲʊarˈdʲɛsʲeː]
stuurman (de)	šturmanas (v)	[ˈʃtʊrmanas]

vleugels (mv.)	sparnaī (v dgs)	[sparˈnʌɪ]
staart (de)	gālas (v)	[ˈɡaːlʲas]
cabine (de)	kabinà (m)	[kabʲɪˈna]
motor (de)	variklis (v)	[vaˈrʲɪklʲɪs]
landingsgestel (het)	važiuōklė (m)	[vaʒʲʊˈoːklʲeː]
turbine (de)	turbinà (m)	[tʊrbʲɪˈna]

propeller (de)	propeleris (v)	[proˈpʲɛlʲɛrʲɪs]
zwarte doos (de)	juodà dėžė̃ (m)	[jʊɑˈda dʲeːʒʲeː]
stuur (het)	vairāratis (v)	[vʌɪˈraːratʲɪs]
brandstof (de)	degalaī (v dgs)	[dʲɛɡaˈlʲʌɪ]

veiligheidskaart (de)	instrùkcija (m)	[ɪnsˈtrʊktsʲɪjɛ]
zuurstofmasker (het)	deguõnies kaũkė (m)	[dʲɛɡʊɑˈnʲiɛs ˈkɑʊkʲeː]
uniform (het)	unifórma (m)	[ʊnʲɪˈforma]

reddingsvest (de)	gélbėjimosi liemenė̃ (m)	[ˈɡʲælʲbʲeːjimosʲɪ lʲiɛˈmʲænʲeː]
parachute (de)	parašiùtas (v)	[paraˈʃʲʊtas]

opstijgen (het)	kilìmas (v)	[kʲɪˈlʲɪmas]
opstijgen (ww)	kìlti	[ˈkʲɪlʲtʲɪ]
startbaan (de)	kilìmo tākas (v)	[kʲɪˈlʲɪmɔ ˈtaːkas]

zicht (het)	matomùmas (v)	[matoˈmʊmas]
vlucht (de)	skrỹdis (v)	[ˈskrʲiːdʲɪs]

hoogte (de)	aũkštis (v)	[ˈɑʊkʃtʲɪs]
luchtzak (de)	óro duobė̃ (m)	[ˈorɔ dʊɑˈbʲeː]

plaats (de)	vietà (m)	[vʲiɛˈta]
koptelefoon (de)	ausìnės (m dgs)	[ɑʊˈsʲɪnʲeːs]
tafeltje (het)	atverčiamàsis staliùkas (v)	[atvʲɛrtʂʲæˈmasʲɪs staˈlʲʊkas]
venster (het)	iliuminātorius (v)	[ɪlʲʊmʲɪˈnaːtorʲʊs]
gangpad (het)	praėjimas (v)	[praeːˈjɪmas]

106. Trein

Nederlands	Litouws	Uitspraak
trein (de)	traukinỹs (v)	[trɑukʲɪˈnʲiːs]
elektrische trein (de)	elektrìnis traukinỹs (v)	[ɛlʲɛkˈtrʲɪnʲɪs trɑukʲɪˈnʲiːs]
sneltrein (de)	greitàsis traukinỹs (v)	[grʲɛɪˈtasʲɪs trɑukʲɪˈnʲiːs]
diesellocomotief (de)	motòrvežis (v)	[moˈtorvʲɛʒʲɪs]
locomotief (de)	garvežỹs (v)	[garvʲɛˈʒʲiːs]
rijtuig (het)	vagònas (v)	[vaˈgonas]
restauratierijtuig (het)	vagònas restorãnas (v)	[vaˈgonas rʲɛstoˈraːnas]
rails (mv.)	bė́giai (v dgs)	[ˈbʲeːgʲɛɪ]
spoorweg (de)	geležìnkelis (v)	[gʲɛlʲɛˈʒʲɪŋkʲɛlʲɪs]
dwarsligger (de)	pãbėgis (v)	[ˈpaːbʲeːgʲɪs]
perron (het)	platfòrma (m)	[plʲatˈforma]
spoor (het)	kẽlias (v)	[ˈkʲælʲæs]
semafoor (de)	semafòras (v)	[sʲɛmaˈforas]
halte (bijv. kleine treinhalte)	stotìs (m)	[stoˈtʲɪs]
machinist (de)	mašinìstas (v)	[maʃɪˈnʲɪstas]
kruier (de)	nešìkas (v)	[nʲɛˈʃʲɪkas]
conducteur (de)	kondùktorius (v)	[kɔnˈduktorʲus]
passagier (de)	keleìvis (v)	[kʲɛˈlʲɛɪvʲɪs]
controleur (de)	kontroliẽrius (v)	[kɔntroˈlʲɛrʲus]
gang (in een trein)	korìdorius (v)	[kɔˈrʲɪdorʲus]
noodrem (de)	stãbdymo krãnas (v)	[ˈstaːbdʲiːmɔ ˈkraːnas]
coupé (de)	kupė̃ (m)	[kʊˈpʲeː]
bed (slaapplaats)	lentýna (m)	[lʲɛnˈtʲiːna]
bovenste bed (het)	viršutìnė lentýna (m)	[vʲɪrʃʊˈtʲɪnʲeː lʲɛnˈtʲiːna]
onderste bed (het)	apatìnė lentýna (m)	[apaˈtʲɪnʲeː lʲɛnˈtʲiːna]
beddengoed (het)	pãtalynė (m)	[ˈpaːtalʲiːnʲeː]
kaartje (het)	bìlietas (v)	[ˈbʲɪlʲiɛtas]
dienstregeling (de)	tvarkãraštis (v)	[tvarˈkaːraʃtʲɪs]
informatiebord (het)	šviẽslentė (m)	[ˈʃvʲɛslʲɛntʲeː]
vertrekken (De trein vertrekt ...)	išvỹkti	[ɪʃˈvʲiːktʲɪ]
vertrek (ov. een trein)	išvykìmas (v)	[ɪʃvʲiːˈkʲɪmas]
aankomen (ov. de treinen)	atvỹkti	[atˈvʲiːktʲɪ]
aankomst (de)	atvykìmas (v)	[atvʲiːˈkʲɪmas]
aankomen per trein	atvažiúoti tráukiniu	[atvaˈʒʲʊɑtʲɪ ˈtrɑukʲɪnʲʊ]
in de trein stappen	įlìpti į́ tráukinį	[iːˈlʲɪːptʲɪ iː ˈtrɑukʲɪnʲɪː]
uit de trein stappen	išlìpti ìš tráukinio	[ɪʃˈlʲɪːptʲɪ ɪʃ ˈtrɑukʲɪnʲɔ]
treinwrak (het)	katastrofà (m)	[katastroˈfa]
ontspoord zijn	nulė́kti nuõ bė́gių	[nʊˈlʲeːktʲɪ ˈnʊɑ ˈbʲeːgʲuː]
locomotief (de)	garvežỹs (v)	[garvʲɛˈʒʲiːs]
stoker (de)	kū̃rikas (v)	[kuːˈrʲɪkas]
stookplaats (de)	kū̃ryklà (m)	[kuːrʲiːˈkʲlʲa]
steenkool (de)	anglìs (m)	[aŋˈglʲɪs]

107. Schip

schip (het)	laĩvas (v)	['lʲʌɪvas]
vaartuig (het)	laĩvas (v)	['lʲʌɪvas]
stoomboot (de)	gárlaivis (v)	['garlʲʌɪvʲɪs]
motorschip (het)	motòrlaivis (v)	[mo'torlʲʌɪvʲɪs]
lijnschip (het)	láineris (v)	['lʲʌɪnʲɛrʲɪs]
kruiser (de)	kreĩseris (v)	['krʲɛɪsʲɛrʲɪs]
jacht (het)	jachtà (m)	[jax'ta]
sleepboot (de)	vilkìkas (v)	[vʲɪlʲʲkʲɪkas]
duwbak (de)	bárža (m)	['barʒa]
ferryboot (de)	kéltas (v)	['kʲɛlʲtas]
zeilboot (de)	bùrinis laĩvas (v)	['bʊrʲɪnʲɪs 'lʲʌɪvas]
brigantijn (de)	brigantinà (m)	[brʲɪgantʲɪ'na]
IJsbreker (de)	lẽdlaužis (v)	['lʲædlɑʊʒʲɪs]
duikboot (de)	povandenìnis laĩvas (v)	[povandʲɛ'nʲɪnʲɪs 'lʲʌɪvas]
boot (de)	váltis (m)	['valʲtʲɪs]
sloep (de)	váltis (m)	['valʲtʲɪs]
reddingssloep (de)	gélbėjimo váltis (m)	['gʲælʲbʲe:jɪmɔ 'valʲtʲɪs]
motorboot (de)	kãteris (v)	['ka:tʲɛrʲɪs]
kapitein (de)	kapitõnas (v)	[kapʲɪ'to:nas]
zeeman (de)	jūreĩvis (v)	[ju:'rʲɛɪvʲɪs]
matroos (de)	jū́rininkas (v)	['ju:rʲɪnʲɪŋkas]
bemanning (de)	ekipãžas (v)	[ɛkʲɪ'pa:ʒas]
bootsman (de)	bòcmanas (v)	['botsmanas]
scheepsjongen (de)	jùnga (m)	['jʊnga]
kok (de)	viréjas (v)	[vʲɪ'rʲe:jas]
scheepsarts (de)	laĩvo gýdytojas (v)	['lʲʌɪvɔ 'gʲi:dʲi:to:jɛs]
dek (het)	dẽnis (v)	['dʲænʲɪs]
mast (de)	stíebas (v)	['stʲiɛbas]
zeil (het)	bùrė (m)	['bʊrʲe:]
ruim (het)	triùmas (v)	['trʲʊmas]
voorsteven (de)	laĩvo príekis (v)	['lʲʌɪvɔ 'prʲiɛkʲɪs]
achtersteven (de)	laivãgalis (v)	[lʌɪ'va:galʲɪs]
roeispaan (de)	ìrklas (v)	['ɪrklʲas]
schroef (de)	sráigtas (v)	['srʌɪktas]
kajuit (de)	kajùtė (m)	[ka'jʊtʲe:]
officierskamer (de)	kajutkompãnija (m)	[kajʊtkom'pa:nʲɪjɛ]
machinekamer (de)	mašìnų skỹrius (v)	[ma'ʃɪnu: 'skʲi:rʲʊs]
brug (de)	kapitõno tiltẽlis (v)	[kapʲɪ'to:nɔ tʲɪlʲ'tʲælʲɪs]
radiokamer (de)	rãdijo kabinà (m)	['ra:dʲɪjo kabʲɪ'na]
radiogolf (de)	bangà (m)	[ban'ga]
logboek (het)	laĩvo žurnãlas (v)	['lʲʌɪvɔ ʒʊr'na:lʲas]
verrekijker (de)	žiūrõnas (v)	[ʒʲu:'ro:nas]
klok (de)	laĩvo skam̃balas (v)	['lʲʌɪvɔ 'skambalʲas]

vlag (de)	vėliava (m)	['vʲeːlʲæva]
kabel (de)	lýnas (v)	['lʲiːnas]
knoop (de)	mãzgas (v)	['maːzgas]

| trapleuning (de) | turėklai (v dgs) | [tʊ'rʲeːklʲʌɪ] |
| trap (de) | trãpas (v) | ['traːpas] |

anker (het)	iñkaras (v)	['ɪŋkaras]
het anker lichten	pakélti iñkarą	[paˈkʲɛlʲtʲɪ 'ɪŋkaraː]
het anker neerlaten	nuléisti iñkarą	[nʊˈlʲɛɪstʲɪ 'ɪŋkaraː]
ankerketting (de)	iñkaro grandìnė (m)	['ɪŋkarɔ granˈdʲɪnʲeː]

haven (bijv. containerhaven)	úostas (v)	['ʊastas]
kaai (de)	príeplauka (m)	['prʲiɛplʲaʊka]
aanleggen (ww)	prisišvartúoti	[prʲɪsʲɪʃvar'tʊatʲɪ]
wegvaren (ww)	išplaũkti	[ɪʃ'plʲaʊktʲɪ]

reis (de)	keliõnė (m)	[kʲɛ'lʲoːnʲeː]
cruise (de)	kruìzas (v)	[krʊ'ɪzas]
koers (de)	kùrsas (v)	['kʊrsas]
route (de)	maršrùtas (v)	[marʃrʊtas]

vaarwater (het)	farvãteris (v)	[far'vaːtʲɛrʲɪs]
zandbank (de)	sekluma̍ (m)	[sʲɛklʲʊ'ma]
stranden (ww)	užplaũkti añt seklumõs	[ʊʒ'plʲaʊktʲɪ ant sʲɛklʲʊ'moːs]

storm (de)	audra̍ (m)	[aʊd'ra]
signaal (het)	signãlas (v)	[sʲɪg'naːlʲas]
zinken (ov. een boot)	skę̃sti	['skʲɛːstʲɪ]
Man overboord!	Žmogùs vandenyjè!	[ʒmo'gʊs vandʲɛnʲiːˈjæ!]
SOS (noodsignaal)	SOS	[ɛs ɔ ɛs]
reddingsboei (de)	gelbėjimosi rãtas (v)	[gʲɛlʲbʲeːjimosʲɪ 'raːtas]

108. Vliegveld

luchthaven (de)	óro úostas (v)	['orɔ 'ʊastas]
vliegtuig (het)	léktuvas (v)	[lʲeːk'tʊvas]
luchtvaartmaatschappij (de)	aviakompãnija (m)	[avʲækom'paːnʲɪjɛ]
luchtverkeersleider (de)	dispèčeris (v)	[dʲɪs'pʲɛtʂʲɛrʲɪs]

vertrek (het)	išskridìmas (v)	[ɪʃskrʲɪ'dʲɪmas]
aankomst (de)	atskridìmas (v)	[atskrʲɪ'dʲɪmas]
aankomen (per vliegtuig)	atskrìsti	[ats'krʲɪstʲɪ]

| vertrektijd (de) | išvykìmo laĩkas (v) | [ɪʃvʲiːˈkʲɪmɔ 'lʲʌɪkas] |
| aankomstuur (het) | atvykìmo laĩkas (v) | [atvʲiːˈkʲɪmɔ 'lʲʌɪkas] |

| vertraagd zijn (ww) | vėlúoti | [vʲeːˈlʲʊatʲɪ] |
| vluchtvertraging (de) | skrỹdžio atidėjìmas (v) | ['skrʲiːdʒʲɔ atʲɪdʲeːˈjɪmas] |

informatiebord (het)	informãcinė šviẽslentė (m)	[ɪnforˈmaːtsʲɪnʲeː 'ʃvʲɛslʲɛntʲeː]
informatie (de)	informãcija (m)	[ɪnforˈmaːtsʲɪjɛ]
aankondigen (ww)	paskélbti	[pas'kʲɛlʲptʲɪ]
vlucht (bijv. KLM ~)	reĩsas (v)	['rʲɛɪsas]

T&P Books. Thematische woordenschat Nederlands-Litouws - 5000 woorden

Nederlands	Litouws	Uitspraak
douane (de)	muitinė (m)	['mʊɪtʲɪnʲeː]
douanier (de)	muitininkas (v)	['mʊɪtʲɪnʲɪŋkas]
douaneaangifte (de)	deklaracija (m)	[dʲɛklʲaˈraːtsʲɪjɛ]
invullen (douaneaangifte ~)	užpildyti	[ʊʒˈpʲɪlʲdʲiːtʲɪ]
een douaneaangifte invullen	užpildyti deklaraciją	[ʊʒˈpʲɪlʲdʲiːtʲɪ dʲɛklaˈraːtsɪjaː]
paspoortcontrole (de)	pasų kontrolė (m)	[paˈsuː konˈtrolʲeː]
bagage (de)	bagažas (v)	[baˈgaːʒas]
handbagage (de)	rankinis bagažas (v)	[ˈraŋkʲɪnʲɪs baˈgaːʒas]
bagagekarretje (het)	vežimėlis (v)	[vʲɛʒʲɪˈmʲeːlʲɪs]
landing (de)	įlaipinimas (v)	[iːlʲʌɪˈpʲɪːnʲɪmas]
landingsbaan (de)	nusileidimo takas (v)	[nʊsʲɪlʲɛɪˈdʲɪmɔ taːkas]
landen (ww)	leistis	[ˈlʲɛɪstʲɪs]
vliegtuigtrap (de)	laipteliai (v dgs)	[lʌɪpˈtʲælʲɛɪ]
inchecken (het)	registracija (m)	[rʲɛgʲɪsˈtraːtsʲɪjɛ]
incheckbalie (de)	registracijos stalas (v)	[rʲɛgʲɪsˈtraːtsʲɪjɔs ˈstaːlʲas]
inchecken (ww)	užsiregistruoti	[ʊʒsʲɪrʲɛgʲɪsˈtrʊɑtʲɪ]
instapkaart (de)	įlipimo talonas (v)	[iːlʲɪˈpʲɪːmɔ taˈlonas]
gate (de)	išėjimas (v)	[ɪʃeːˈjɪmas]
transit (de)	tranzitas (v)	[tranˈzʲɪtas]
wachten (ww)	laukti	[ˈlʲɑʊktʲɪ]
wachtzaal (de)	laukiamasis (v)	[lʲɑʊkʲæˈmasʲɪs]
begeleiden (uitwuiven)	lydėti	[lʲiːˈdʲeːtʲɪ]
afscheid nemen (ww)	atsisveikinti	[atsʲɪˈsvʲɛɪkʲɪntʲɪ]

Gebeurtenissen in het leven

109. Vakanties. Evenement

feest (het)	šventė (m)	['ʃventʲe:]
nationale feestdag (de)	nacionalinė šventė (m)	[natsʲɪjoˈnaːlʲɪnʲe: ˈʃventʲe:]
feestdag (de)	šventės diena (m)	[ˈʃventʲe:s dʲiɛˈna]
herdenken (ww)	švęsti	[ˈʃvʲɛːstʲɪ]

gebeurtenis (de)	įvykis (v)	[ˈiːvʲɪːkʲɪs]
evenement (het)	renginys (v)	[rʲɛngʲɪˈnʲiːs]
banket (het)	banketas (v)	[banˈkʲɛtas]
receptie (de)	priėmimas (v)	[prʲɪʲeːˈmʲɪmas]
feestmaal (het)	puota (m)	[puɑˈta]

verjaardag (de)	metinės (m dgs)	[ˈmʲætʲɪnʲeːs]
jubileum (het)	jubiliejus (v)	[jubʲɪˈlʲɪɛjus]
vieren (ww)	atšvęsti	[atˈʃvʲɛːstʲɪ]

Nieuwjaar (het)	Naujieji metai (v dgs)	[nɑʊˈjiɛjɪ ˈmʲætʌɪ]
Gelukkig Nieuwjaar!	Su Naujaisiais!	[ˈsʊ nɑʊˈjʌɪsʲɛɪs!]

Kerstfeest (het)	Kalėdos (m dgs)	[kaˈlʲe:dos]
Vrolijk kerstfeest!	Linksmų Kalėdų!	[lʲɪŋksˈmu: kaˈlʲe:du:!]
kerstboom (de)	Kalėdinė eglutė (m)	[kaˈlʲe:dʲɪnʲe: egˈlʊtʲe:]
vuurwerk (het)	saliutas (v)	[saˈlʲʊtas]

bruiloft (de)	vestuvės (m dgs)	[vʲɛsˈtʊvʲe:s]
bruidegom (de)	jaunikis (v)	[jɛʊˈnʲɪkʲɪs]
bruid (de)	jaunoji (m)	[jɛʊˈno:jɪ]

uitnodigen (ww)	kviesti	[ˈkvʲɛstʲɪ]
uitnodiging (de)	kvietimas (v)	[kvʲiɛˈtʲɪmas]

gast (de)	svečias (v)	[ˈsvʲætsʲæs]
op bezoek gaan	eiti į svečius	[ˈɛɪtʲɪ iː svʲɛˈtsʲus]
gasten verwelkomen	sutikti svečius	[sʊˈtʲɪkʲɪ svʲɛˈtsʲus]

geschenk, cadeau (het)	dovana (m)	[dovaˈna]
geven (iets cadeau ~)	dovanoti	[dovaˈnotʲɪ]
geschenken ontvangen	gauti dovanas	[ˈgɑʊtʲɪ ˈdovanas]
boeket (het)	puokštė (m)	[ˈpʊɑkʃtʲe:]

felicitaties (mv.)	sveikinimas (v)	[ˈsvʲɛɪkʲɪnʲɪmas]
feliciteren (ww)	sveikinti	[ˈsvʲɛɪkʲɪntʲɪ]

wenskaart (de)	sveikinimo atvirukas (v)	[ˈsvʲɛɪkʲɪnʲɪmɔ atvʲɪˈrukas]
een kaartje versturen	issiųsti atviruką	[ɪʃˈsʲuːstʲɪ atvʲɪˈrukaː]
een kaartje ontvangen	gauti atviruką	[ˈgɑʊtʲɪ atvʲɪˈrukaː]
toast (de)	tostas (v)	[ˈtostas]

| aanbieden (een drankje ~) | vaišinti | [vʌɪˈʃɪntʲɪ] |
| champagne (de) | šampãnas (v) | [ʃamˈpaːnas] |

plezier hebben (ww)	liñksmintis	[ˈlʲɪŋksmʲɪntʲɪs]
plezier (het)	linksmỹbė (m)	[lʲɪŋksˈmʲiːbʲeː]
vreugde (de)	džiaũgsmas (v)	[ˈdʒʲɛʊgsmas]

| dans (de) | šõkis (v) | [ˈʃoːkʲɪs] |
| dansen (ww) | šókti | [ˈʃoktʲɪ] |

| wals (de) | válsas (v) | [ˈvalʲsas] |
| tango (de) | tángo (v) | [ˈtaŋɡɔ] |

110. Begrafenissen. Begrafenis

kerkhof (het)	kãpinės (m dgs)	[ˈkaːpʲɪnʲeːs]
graf (het)	kãpas (v)	[ˈkaːpas]
kruis (het)	krỹžius (v)	[ˈkrʲiːʒʲʊs]
grafsteen (de)	añtkapis (v)	[ˈantkapʲɪs]
omheining (de)	ãptvaras (v)	[ˈaːptvaras]
kapel (de)	koplyčia (m)	[kɔplʲiːˈtʂʲæ]

dood (de)	mirtìs (m)	[mʲɪrˈtʲɪs]
sterven (ww)	mírti	[ˈmʲɪrtʲɪ]
overledene (de)	veliónis (v)	[vʲɛˈlʲonʲɪs]
rouw (de)	gẽdulas (v)	[ˈɡʲædʊlʲas]

begraven (ww)	láidoti	[ˈlʲʌɪdotʲɪ]
begrafenisonderneming (de)	láidojimo biùras (v)	[ˈlʲʌɪdojɪmɔ ˈbʲʊras]
begrafenis (de)	láidotuvės (m dgs)	[ˈlʲʌɪdotʊvʲeːs]

krans (de)	vainìkas (v)	[vʌɪˈnʲɪkas]
doodskist (de)	kar̃stas (v)	[ˈkarstas]
lijkwagen (de)	katafálkas (v)	[kataˈfalʲkas]
lijkkleed (de)	lavóndengtė (m)	[lʲaˈvoːndeŋktʲeː]

begrafenisstoet (de)	gẽdulo procèsija (m)	[ˈɡʲædʊlʲɔ proˈtsʲɛsʲɪjɛ]
urn (de)	ùrna (m)	[ˈʊrna]
crematorium (het)	krematóriumas (v)	[krʲɛmaˈtorʲʊmas]

overlijdensbericht (het)	nekrológas (v)	[nʲɛkroˈlʲoɡas]
huilen (wenen)	ver̃kti	[ˈvʲɛrktʲɪ]
snikken (huilen)	raudóti	[rɑʊˈdotʲɪ]

111. Oorlog. Soldaten

peloton (het)	būrỹs (v)	[buːˈrʲiːs]
compagnie (de)	kuõpa (m)	[ˈkʊɑpa]
regiment (het)	pul̃kas (v)	[ˈpʊlʲkas]
leger (armee)	ármija (m)	[ˈarmʲɪjɛ]
divisie (de)	divìzija (m)	[dʲɪˈvʲɪzʲɪjɛ]
sectie (de)	būrỹs (v)	[buːˈrʲiːs]

troep (de)	kariúomenė (m)	[ka'rʲuamenʲeː]
soldaat (militair)	kareĩvis (v)	[ka'rʲɛɪvʲɪs]
officier (de)	karininkas (v)	[karʲɪ'nʲɪŋkas]

soldaat (rang)	eilìnis (v)	[ɛɪ'lʲɪnʲɪs]
sergeant (de)	seržántas (v)	[sʲɛr'ʒantas]
luitenant (de)	leitenántas (v)	[lʲɛɪtʲɛ'nantas]
kapitein (de)	kapitõnas (v)	[kapʲɪ'toːnas]
majoor (de)	majõras (v)	[ma'jɔːras]
kolonel (de)	pulkininkas (v)	['pʊlʲkʲɪnʲɪŋkas]
generaal (de)	generõlas (v)	[gʲɛnʲɛ'roːlʲas]

matroos (de)	júrininkas (v)	['juːrʲɪnʲɪŋkas]
kapitein (de)	kapitõnas (v)	[kapʲɪ'toːnas]
bootsman (de)	bócmanas (v)	['botsmanas]

artillerist (de)	artilerìstas (v)	[artʲɪlʲɛ'rʲɪstas]
valschermjager (de)	desántininkas (v)	[dʲɛ'santʲɪnʲɪŋkas]
piloot (de)	lakũnas (v)	[lʲa'kuːnas]
stuurman (de)	štùrmanas (v)	['ʃtʊrmanas]
mecanicien (de)	mechãnikas (v)	[mʲɛ'xaːnʲɪkas]

sappeur (de)	pioniẽrius (v)	[pʲɪjo'nʲɛrʲʊs]
parachutist (de)	parašiùtininkas (v)	[paraʃuːtʲɪnʲɪŋkas]
verkenner (de)	žvalgas (v)	['ʒvalʲgas]
scherpschutter (de)	snáiperis (v)	['snʌɪpʲɛrʲɪs]

patrouille (de)	patrùlis (v)	[pat'rʊlʲɪs]
patrouilleren (ww)	patruliúoti	[patrʊ'lʲuatʲɪ]
wacht (de)	sargýbinis (v)	[sar'gʲiːbʲɪnʲɪs]

krijger (de)	karỹs (v)	[ka'rʲiːs]
patriot (de)	patriòtas (v)	[patrʲɪ'jotas]
held (de)	dìdvyris (v)	['dʲɪdvʲiːrʲɪs]
heldin (de)	dìdvyrė (m)	['dʲɪdvʲiːrʲeː]

verrader (de)	išdavìkas (v)	[ɪʃda'vʲɪkas]
verraden (ww)	išdúoti	[ɪʃ'dʊatʲɪ]
deserteur (de)	dezertỹras (v)	[dʲɛzʲɛr'tʲiːras]
deserteren (ww)	dezertyrúoti	[dʲɛzʲɛrtʲiː'rʊatʲɪ]

huurling (de)	samdinỹs (v)	[samdʲɪ'nʲiːs]
rekruut (de)	naujõkas (v)	[nɑʊ'joːkas]
vrijwilliger (de)	savanõris (v)	[sava'noːrʲɪs]

gedode (de)	nužudýtasis (v)	[nʊʒʊ'dʲiːtasʲɪs]
gewonde (de)	sužeìstasis (v)	[sʊʒʲɛɪ'stasʲɪs]
krijgsgevangene (de)	belaĩsvis (v)	[bʲɛ'lʲʌɪsvʲɪs]

112. Oorlog. Militaire acties. Deel 1

oorlog (de)	kãras (v)	['kaːras]
oorlog voeren (ww)	kariáuti	[ka'rʲæʊtʲɪ]
burgeroorlog (de)	piliẽtinis kãras (v)	[pʲɪ'lʲetʲɪnʲɪs 'kaːras]

Nederlands	Litouws	Uitspraak
achterbaks (bw)	klastìngai	[kʲlas'tʲɪŋʌɪ]
oorlogsverklaring (de)	paskelbìmas (v)	[paskʲɛlʲ'bʲɪmas]
verklaren (de oorlog ~)	paskélbti	[pas'kʲɛlʲptʲɪ]
agressie (de)	agrèsija (m)	[ag'rʲɛsʲɪjɛ]
aanvallen (binnenvallen)	pùlti	['pʊlʲtʲɪ]

binnenvallen (ww)	užgróbti	[ʊʒ'gropʲtʲɪ]
invaller (de)	užgrobìkas (v)	[ʊʒgro'bʲɪkas]
veroveraar (de)	užkariáutojas (v)	[ʊʒka'rʲæʊtoːjɛs]

verdediging (de)	gynýba (m)	[gʲiːˈnʲiːba]
verdedigen (je land ~)	gìnti	['gʲɪntʲɪ]
zich verdedigen (ww)	gìntis	['gʲɪntʲɪs]

vijand (de)	príešas (v)	['prʲiɛʃas]
tegenstander (de)	príešininkas (v)	['prʲiɛʃɪnʲɪŋkas]
vijandelijk (bn)	príešo	['prʲiɛʃo]

strategie (de)	stratègija (m)	[stra'tʲɛgʲɪjɛ]
tactiek (de)	tàktika (m)	['taːktʲɪka]

order (de)	įsãkymas (v)	[iːˈsaːkʲɪːmas]
bevel (het)	kománda (m)	[kɔ'manda]
bevelen (ww)	įsakýti	[iːsa'kʲɪːtʲɪ]
opdracht (de)	užduotìs (m)	[ʊʒdʊa'tʲɪs]
geheim (bn)	slãptas	['slʲaːptas]

strijd, slag (de)	mū̃šis (v)	['muːʃɪs]
strijd (de)	kautỹnės (m dgs)	[kaʊ'tʲiːnʲeːs]

aanval (de)	atakà (m)	[ata'ka]
bestorming (de)	štùrmas (v)	['ʃtʊrmas]
bestormen (ww)	šturmúoti	[ʃtʊr'mʊatʲɪ]
bezetting (de)	apgulà (m)	[apgʊ'lʲa]

aanval (de)	puolìmas (v)	[pʊa'lʲɪmas]
in het offensief te gaan	pùlti	['pʊlʲtʲɪ]

terugtrekking (de)	atsitraukìmas (v)	[atsʲɪtraʊ'kʲɪmas]
zich terugtrekken (ww)	atsitráukti	[atsʲɪ'traʊktʲɪ]

omsingeling (de)	apsupìmas (v)	[apsʊ'pʲɪmas]
omsingelen (ww)	apsùpti	[ap'sʊptʲɪ]

bombardement (het)	bombardãvimas (v)	[bombar'daːvʲɪmas]
een bom gooien	numèsti bom̃bą	[nʊ'mʲɛstʲɪ 'bombaː]
bombarderen (ww)	bombarduóti	[bombar'dʊatʲɪ]
ontploffing (de)	sprogìmas (v)	[spro'gʲɪmas]

schot (het)	šū̃vis (v)	['ʃuːvʲɪs]
een schot lossen	iššáuti	[ɪʃˈʃaʊtʲɪ]
schieten (het)	šáudymas (v)	['ʃaʊdʲiːmas]

mikken op (ww)	tàikytis į̃ ...	['tʌɪkʲiːtʲɪs iː ..]
aanleggen (een wapen ~)	nutáikyti	[nʊ'tʌɪkʲiːtʲɪ]
treffen (doelwit ~)	patáikyti	[pa'tʌɪkʲiːtʲɪ]

zinken (tot zinken brengen)	paskandìnti	[paskanˈdʲɪntʲɪ]
kogelgat (het)	pradaužà (m)	[pradɑʊˈʒa]
zinken (gezonken zijn)	grim̃zti į dùgną	[ˈgrʲɪmztʲɪ iː ˈdʊgnaː]

front (het)	fròntas (v)	[ˈfrontas]
evacuatie (de)	evakuãcija (m)	[ɛvakʊˈaːtsʲɪjɛ]
evacueren (ww)	evakúoti	[ɛvaˈkʊɑtʲɪ]

prikkeldraad (de)	spygliúotoji vielà (m)	[spʲiːgˈlʲʊɑtojɪ vʲiɛˈla]
verdedigingsobstakel (het)	ùžtvara (m)	[ˈʊʒtvara]
wachttoren (de)	bókštas (v)	[ˈbokʃtas]

hospitaal (het)	kãro ligóninė (m)	[ˈkaːrɔ lʲɪˈgonʲɪnʲeː]
verwonden (ww)	sužeĩsti	[sʊˈʒʲɛɪstʲɪ]
wond (de)	žaizdà (m)	[ʒʌɪzˈda]
gewonde (de)	sužeistàsis (v)	[sʊʒʲɛɪˈstasʲɪs]
gewond raken (ww)	bū́ti sužeistám	[ˈbuːtʲɪ sʊʒʲɛɪsˈtam]
ernstig (~e wond)	sunkùs	[sʊŋˈkʊs]

113. Oorlog. Militaire acties. Deel 2

krijgsgevangenschap (de)	nelaĩsvė (m)	[nʲɛˈlʲʌɪsvʲeː]
krijgsgevangen nemen	paim̃ti į nelaĩsvę	[ˈpʌɪmtʲɪ iː nʲɛˈlʲʌɪsvʲɛː]
krijgsgevangene zijn	bū́ti nelaĩsvėje	[ˈbuːtʲɪ neˈlʲʌɪsvʲeːje]
krijgsgevangen genomen worden	patèkti į nelaĩsvę	[paˈtʲɛktʲɪ iː nʲɛˈlʲʌɪsvʲɛː]

concentratiekamp (het)	koncentrãcijos stovyklà (m)	[kɔntsʲɛnˈtraːtsɪjɔs stovʲiːkˈlʲa]
krijgsgevangene (de)	belaĩsvis (v)	[bʲɛˈlʲʌɪsvʲɪs]
vluchten (ww)	bė́gti iš nelaĩsvės	[ˈbʲeːktʲɪ ɪʃ neˈlʲʌɪsvʲeːs]

verraden (ww)	išdúoti	[ɪʃˈdʊɑtʲɪ]
verrader (de)	išdavìkas (v)	[ɪʃdaˈvʲɪkas]
verraad (het)	išdavỹstė (m)	[ɪʃdaˈvʲiːstʲeː]

| fusilleren (executeren) | sušáudyti | [sʊˈʃɑʊdʲiːtʲɪ] |
| executie (de) | sušáudymas (v) | [sʊˈʃɑʊdʲiːmas] |

uitrusting (de)	aprangà (m)	[apranˈga]
schouderstuk (het)	añtpetis (v)	[ˈantpʲɛtʲɪs]
gasmasker (het)	dujókaukė (m)	[dʊˈjokɑʊkʲeː]

portofoon (de)	rãdijo stotẽlė (m)	[ˈraːdʲɪjo stoˈtʲælʲeː]
geheime code (de)	šìfras (v)	[ˈʃɪfras]
samenzwering (de)	konspirãcija (m)	[kɔnspʲɪˈraːtsʲɪjɛ]
wachtwoord (het)	slaptãžodis (v)	[slʲapˈtaːʒodʲɪs]

mijn (landmijn)	minà (m)	[mʲɪˈna]
ondermijnen (legden mijnen)	užminúoti	[ʊʒmʲɪˈnʊɑtʲɪ]
mijnenveld (het)	mìnų laũkas (v)	[ˈmʲɪnu ˈlʲɑʊkas]

luchtalarm (het)	óro pavõjus (v)	[ˈorɔ paˈvoːjʊs]
alarm (het)	aliármas (v)	[aˈlʲæːrmas]
signaal (het)	signãlas (v)	[sʲɪgˈnaːlʲas]

vuurpijl (de)	signãlinė raketà (m)	[sʲɪg'naːlʲɪnʲe: rake'ta]
staf (generale ~)	štãbas (v)	['ʃtaːbas]
verkenningstocht (de)	žvalgýba (m)	[ʒvalʲ'gʲiːba]
toestand (de)	padėtìs (m)	[padʲeː'tʲɪs]
rapport (het)	rãportas (v)	['raːportas]
hinderlaag (de)	pasalà (m)	[pasa'lʲa]
versterking (de)	pastìprinimas (v)	[pas'tʲɪprʲɪnʲɪmas]
doel (bewegend ~)	taikinỹs (v)	[tʌɪkʲɪ'nʲiːs]
proefterrein (het)	poligònas (v)	[polʲɪ'gonas]
manoeuvres (mv.)	karìniai mõkymai (v dgs)	[ka'rʲɪnʲɛɪ 'mokʲiːmʌɪ]
paniek (de)	pãnika (m)	['paːnʲɪka]
verwoesting (de)	suirùtė (m)	[sʊi'rʊtʲeː]
verwoestingen (mv.)	griovìmai (m)	[grʲo'vʲɪmas]
verwoesten (ww)	griáuti	['grʲæʊtʲɪ]
overleven (ww)	išgyvénti	[ɪʃgʲiː'vʲɛntʲɪ]
ontwapenen (ww)	nuginklúoti	[nʊgʲɪŋ'klʲʊɑtʲɪ]
behandelen (een pistool ~)	naudótis	[nɑʊ'dotʲɪs]
Geeft acht!	Ramiaĩ!	[ra'mʲɛɪ!]
Op de plaats rust!	Laisvaĩ!	[lʲʌɪs'vʌɪ!]
heldendaad (de)	žỹgdarbis (v)	['ʒʲiːgdarbʲɪs]
eed (de)	príesaika (m)	['prʲiɛsʌɪka]
zweren (een eed doen)	prisíekti	[prʲɪ'sʲiɛktʲɪ]
decoratie (de)	apdovanójimas (v)	[apdova'noːjɪmas]
onderscheiden	apdovanóti	[apdova'notʲɪ]
(een ereteken geven)		
medaille (de)	medãlis (v)	[mʲɛ'daːlʲɪs]
orde (de)	òrdinas (v)	['ordʲɪnas]
overwinning (de)	pérgalė (m)	['pʲɛrgalʲeː]
verlies (het)	pralaimėjimas (v)	[pralʲʌɪ'mʲɛjɪmas]
wapenstilstand (de)	paliáubos (m dgs)	[pa'lʲæʊbos]
wimpel (vaandel)	vėliava (m)	['vʲeːlʲæva]
roem (de)	šlovė̃ (m)	[ʃlʲo'vʲeː]
parade (de)	parãdas (v)	[pa'raːdas]
marcheren (ww)	žygiúoti	[ʒʲiː'gʲʊɑtʲɪ]

114. Wapens

wapens (mv.)	gìnklas (v)	['gʲɪŋklʲas]
vuurwapens (mv.)	šaunamàsis gìnklas (v)	[ʃɑʊna'masʲɪs 'gʲɪŋklʲas]
koude wapens (mv.)	šaltàsis gìnklas (v)	[ʃalʲ'tasʲɪs 'gʲɪŋklʲas]
chemische wapens (mv.)	chèminis gìnklas (v)	['xʲɛmʲɪnʲɪs 'gʲɪŋklʲas]
kern-, nucleair (bn)	branduolìnis	[brandʊɑ'lʲɪnʲɪs]
kernwapens (mv.)	branduolìnis gìnklas (v)	[brandʊɑ'lʲɪnʲɪs 'gʲɪŋklas]
bom (de)	bòmba (m)	['bomba]
atoombom (de)	atòminė bòmba (m)	[a'tomʲɪnʲe: 'bomba]

T&P Books. Thematische woordenschat Nederlands-Litouws - 5000 woorden

pistool (het)	pistolėtas (v)	[pʲɪsto'lʲɛtas]
geweer (het)	šautuvas (v)	['ʃɑʊtʊvas]
machinepistool (het)	automātas (v)	[ɑʊto'maːtas]
machinegeweer (het)	kulkósvaidis (v)	[kʊlʲ'kosvʌɪdʲɪs]

loop (schietbuis)	žiótys (m dgs)	['ʒʲotʲiːs]
loop (bijv. geweer met kortere ~)	vamzdis (v)	['vamzdʲɪs]
kaliber (het)	kalibras (v)	[ka'lʲɪbras]

trekker (de)	gaidukas (v)	[gʌɪ'dʊkas]
korrel (de)	taikiklis (v)	[tʌɪ'kʲɪklʲɪs]
magazijn (het)	dėtuvė (m)	[dʲeːtʊ'vʲeː]
geweerkolf (de)	buožė (m)	['bʊɑʒʲeː]

| granaat (handgranaat) | granata (m) | [grana'ta] |
| explosieven (mv.) | sprogmuõ (v) | ['sprogmʊɑ] |

kogel (de)	kulka (m)	[kʊlʲ'ka]
patroon (de)	patronas (v)	[pat'ronas]
lading (de)	šovinys (v)	[ʃovʲɪ'nʲiːs]
ammunitie (de)	šaudmenys (v dgs)	['ʃɑʊdmʲɛnʲiːs]

bommenwerper (de)	bombonešis (v)	[bom'bonʲɛʃɪs]
straaljager (de)	naikintuvas (v)	[nʌɪkʲɪn'tʊvas]
helikopter (de)	sraigtāsparnis (v)	[srʌɪk'taːsparnʲɪs]

afweergeschut (het)	zenitinis pabūklas (v)	[zʲɛ'nʲɪːtʲɪnʲɪs iːrʲɛngʲɪ'nʲɪːs]
tank (de)	tankas (v)	['taŋkas]
kanon (tank met een ~ van 76 mm)	patranka (m)	[pat'raŋka]

| artillerie (de) | artilėrija (m) | [artʲɪ'lʲɛrʲɪjɛ] |
| aanleggen (een wapen ~) | nutaikyti | [nʊ'tʌɪkʲiːtʲɪ] |

projectiel (het)	sviedinys (v)	[svʲiɛdʲɪ'nʲiːs]
mortiergranaat (de)	mina (m)	[mʲɪ'na]
mortier (de)	minosvaidis (v)	[mʲɪ'nosvʌɪdʲɪs]
granaatscherf (de)	skeveldra (m)	[skʲɛ'vʲɛlʲdra]

duikboot (de)	povandeninis laivas (v)	[povandʲɛ'nʲɪnʲɪs 'lʲʌɪvas]
torpedo (de)	torpeda (m)	[torpʲɛ'da]
raket (de)	raketa (m)	[rakʲɛ'ta]

laden (geweer, kanon)	užtaisyti	[ʊʒtʌɪ'sʲiːtʲɪ]
schieten (ww)	šauti	['ʃɑʊtʲɪ]
richten op (mikken)	taikytis į ...	['tʌɪkʲiːtʲɪs iː ..]
bajonet (de)	durtuvas (v)	['dʊrtʊvas]

degen (de)	špaga (m)	[ʃpa'ga]
sabel (de)	kardas (v)	['kardas]
speer (de)	ietis (m)	['ʲɛtʲɪs]
boog (de)	lankas (v)	['lʲaŋkas]
pijl (de)	strėlė (m)	[strʲeː'lʲeː]
musket (de)	muškieta (m)	[mʊʃkʲɪɛ'ta]
kruisboog (de)	arbaletas (v)	[arba'lʲɛtas]

115. Oude mensen

Nederlands	Litouws	IPA
primitief (bn)	pirmỹkštis	[pʲɪrʲmʲiːkʃtʲɪs]
voorhistorisch (bn)	priešistòrinis	[prʲiɛʃɪˈstorʲɪnʲɪs]
eeuwenoude (~ beschaving)	senóvinis	[sʲɛˈnovʲɪnʲɪs]
Steentijd (de)	Akmeñs ámžius (v)	[akˈmʲɛns ˈamʒʲʊs]
Bronstijd (de)	Žálvario ámžius (v)	[ˈʒalʲvarʲɔ ˈamʒʲʊs]
IJstijd (de)	ledỹnmetis (v)	[lʲɛˈdʲiːnmʲɛtʲɪs]
stam (de)	gentìs (m)	[gʲɛnˈtʲɪs]
menseneter (de)	žmogė́dra (m)	[ʒmoˈgʲeːdra]
jager (de)	medžiótojas (v)	[mʲɛˈdʒʲotoːjɛs]
jagen (ww)	medžióti	[mʲɛˈdʒʲotʲɪ]
mammoet (de)	mamùtas (v)	[maˈmʊtas]
grot (de)	ùrvas (v)	[ˈʊrvas]
vuur (het)	ugnìs (v)	[ʊgˈnʲɪs]
kampvuur (het)	laužas (v)	[ˈlʲɑʊʒas]
rotstekening (de)	piešinỹs ant olõs síenos (v)	[pʲiɛʃɪˈnʲiːs ant oˈlʲoːs ˈsʲiɛnos]
werkinstrument (het)	dárbo į́rankis (v)	[ˈdarbo ˈiːraŋkʲɪs]
speer (de)	íetis (m)	[ˈɪɛtʲɪs]
stenen bijl (de)	akmenìns kir̃vis (v)	[akmʲɛˈnʲɪnʲɪs ˈkʲɪrvʲɪs]
oorlog voeren (ww)	kariáuti	[kaˈrʲæʊtʲɪ]
temmen (bijv. wolf ~)	prijaukìnti	[prʲɪˈjɛʊˈkʲɪntʲɪ]
idool (het)	stãbas (v)	[ˈstaːbas]
aanbidden (ww)	gárbinti	[ˈgarbʲɪntʲɪ]
bijgeloof (het)	príetaras (v)	[ˈprʲiɛtaras]
evolutie (de)	evoliùcija (m)	[ɛvoˈlʲʊtsʲɪjɛ]
ontwikkeling (de)	vỹstymasis (v)	[ˈvʲiːstʲiːmasʲɪs]
verdwijning (de)	išnykìmas (v)	[ɪʃnʲiːˈkʲɪmas]
zich aanpassen (ww)	prisitáikyti	[prʲɪsʲɪˈtʌɪkʲiːtʲɪ]
archeologie (de)	archeològija (m)	[arxʲɛoˈlʲogʲɪjɛ]
archeoloog (de)	archeològas (v)	[arxʲɛoˈlʲogas]
archeologisch (bn)	archeològinis	[arxʲɛoˈlʲogʲɪnʲɪs]
opgravingsplaats (de)	kasinė́jimai (m dgs)	[kasʲɪˈnʲɛjɪmʌɪ]
opgravingen (mv.)	kasinė́jimai (m dgs)	[kasʲɪˈnʲɛjɪmʌɪ]
vondst (de)	radinỹs (v)	[radʲɪˈnʲiːs]
fragment (het)	fragmeñtas (v)	[fragˈmʲɛntas]

116. Middeleeuwen

Nederlands	Litouws	IPA
volk (het)	tautà (m)	[tɑʊˈta]
volkeren (mv.)	tautõs (m dgs)	[tɑʊˈtoːs]
stam (de)	gentìs (m)	[gʲɛnˈtʲɪs]
stammen (mv.)	geñtys (m dgs)	[ˈgʲɛntʲiːs]
barbaren (mv.)	bárbarai (v dgs)	[ˈbarbarʌɪ]
Galliërs (mv.)	gãlai (v dgs)	[ˈgaːlʲʌɪ]

Goten (mv.)	gotai (v dgs)	[ˈgotʌɪ]
Slaven (mv.)	slāvai (m dgs)	[ˈslʲaːvʌɪ]
Vikings (mv.)	vikingai (v)	[ˈvʲɪkʲɪŋgʌɪ]

| Romeinen (mv.) | roménas (v) | [roˈmʲeːnas] |
| Romeins (bn) | roméniškas | [roˈmʲeːnʲɪʃkas] |

Byzantijnen (mv.)	bizantiẽčiai (v dgs)	[bʲɪzanˈtʲɛtʂʲɛɪ]
Byzantium (het)	Bizántija (m)	[bʲɪˈzantʲɪjɛ]
Byzantijns (bn)	bizántiškas	[bʲɪˈzantʲɪʃkas]

keizer (bijv. Romeinse ~)	imperātorius (v)	[ɪmpʲɛˈraːtorʲʊs]
opperhoofd (het)	vãdas (v)	[ˈvaːdas]
machtig (bn)	galìngas	[gaˈlʲɪŋgas]
koning (de)	karãlius (v)	[kaˈraːlʲʊs]
heerser (de)	valdõvas (v)	[valʲˈdoːvas]

ridder (de)	rìteris (v)	[ˈrʲɪtʲɛrʲɪs]
feodaal (de)	feodãlas (v)	[fʲɛoˈdaːlʲas]
feodaal (bn)	feodãlinis	[fʲɛoˈdaːlʲɪnʲɪs]
vazal (de)	vasãlas (v)	[vaˈsaːlʲas]

hertog (de)	hèrcogas (v)	[ˈɣʲɛrtsogas]
graaf (de)	grãfas (v)	[ˈgraːfas]
baron (de)	barõnas (v)	[baˈroːnas]
bisschop (de)	výskupas (v)	[ˈvʲiːskʊpas]

harnas (het)	šarvuõtė (m)	[ʃarˈvʊɑtʲeː]
schild (het)	skýdas (v)	[ˈskʲiːdas]
zwaard (het)	kárdas (v)	[ˈkardas]
vizier (het)	añtveidis (v)	[ˈantvʲɛɪdʲɪs]
maliënkolder (de)	šarvìniai marškiniaĩ (v dgs)	[ʃarˈvʲɪnʲɛɪ marʃˈkʲɪˈnʲɛɪ]

| kruistocht (de) | krỹžiaus žỹgis (v) | [ˈkrʲiːʒʲɛʊs ˈʒʲiːgʲɪs] |
| kruisvaarder (de) | kryžiuõtis (v) | [krʲiːʒʲʊˈoːtʲɪs] |

gebied (bijv. bezette ~en)	teritòrija (m)	[tʲɛrʲɪˈtorʲɪjɛ]
aanvallen (binnenvallen)	pùlti	[ˈpʊlʲtʲɪ]
veroveren (ww)	užkariáuti	[ʊʒkaˈrʲæʊtʲɪ]
innemen (binnenvallen)	užgróbti	[ʊʒˈgroptʲɪ]

bezetting (de)	apgulà (m)	[apgʊˈlʲa]
bezet (bn)	àpgultas	[ˈapgʊlʲtas]
belegeren (ww)	apgul̃ti	[apˈgʊlʲtʲɪ]

inquisitie (de)	inkvizìcija (m)	[ɪŋkvʲɪˈzʲɪtsʲɪjɛ]
inquisiteur (de)	inkvizìtorius (v)	[ɪŋkvʲɪˈzʲɪtorʲʊs]
foltering (de)	kankìnimas (v)	[kaŋˈkʲɪnʲɪmas]
wreed (bn)	žiaurùs	[ʒʲɛʊˈrʊs]
ketter (de)	erètikas (v)	[ɛˈrʲɛtʲɪkas]
ketterij (de)	erèzija (m)	[ɛˈrʲɛzʲɪjɛ]

zeevaart (de)	navigãcija (m)	[navʲɪˈgaːtsʲɪjɛ]
piraat (de)	pirãtas (v)	[pʲɪˈraːtas]
piraterij (de)	piratãvimas (v)	[pʲɪraˈtaːvʲɪmas]
enteren (het)	abordãžas (v)	[aborˈdaʒas]

| buit (de) | grõbis (v) | ['gro:bʲɪs] |
| schatten (mv.) | lõbis (v) | ['lʲo:bʲɪs] |

ontdekking (de)	atradimas (v)	[atra'dʲɪmas]
ontdekken (bijv. nieuw land)	atrásti	[at'rastʲɪ]
expeditie (de)	ekspedìcija (m)	[ɛkspʲɛ'dʲɪtsʲɪjɛ]

musketier (de)	muškietininkas (v)	[muʃkʲɛtʲɪnʲɪŋkas]
kardinaal (de)	kardinõlas (v)	[kardʲɪ'no:lʲas]
heraldiek (de)	heráldika (m)	[ɣʲɛ'ralʲdʲɪka]
heraldisch (bn)	heráldikos	[ɣʲɛ'ralʲdʲɪkos]

117. Leider. Baas. Autoriteiten

koning (de)	karãlius (v)	[ka'ra:lʲʊs]
koningin (de)	karaliene (m)	[kara'lʲiɛnʲe:]
koninklijk (bn)	karãliškas	[ka'ra:lʲɪʃkas]
koninkrijk (het)	karalỹstė (m)	[kara'lʲi:stʲe:]

| prins (de) | prìncas (v) | ['prʲɪntsas] |
| prinses (de) | princèsė (m) | [prʲɪn'tsʲɛsʲe:] |

president (de)	prezidentas (v)	[prʲɛzʲɪ'dʲɛntas]
vicepresident (de)	viceprezidentas (v)	[vʲɪtsʲɛprʲɛzʲɪ'dʲɛntas]
senator (de)	senãtorius (v)	[sʲɛ'na:torʲʊs]

monarch (de)	monárchas (v)	[mo'narxas]
heerser (de)	valdõvas (v)	[valʲ'do:vas]
dictator (de)	diktãtorius (v)	[dʲɪk'ta:torʲʊs]
tiran (de)	tirõnas (v)	[tʲɪ'ro:nas]
magnaat (de)	magnãtas (v)	[mag'na:tas]

directeur (de)	dirèktorius (v)	[dʲɪ'rʲɛktorʲʊs]
chef (de)	šèfas (v)	['ʃɛfas]
beheerder (de)	valdýtojas (v)	[valʲ'dʲi:to:jɛs]
baas (de)	bõsas (v)	['bo:sas]
eigenaar (de)	savininkas (v)	[savʲɪ'nʲɪŋkas]

leider (de)	vãdas (v)	['va:das]
hoofd	vadõvas (v)	[va'do:vas]
(bijv. ~ van de delegatie)		
autoriteiten (mv.)	valdžiõs õrganai (v dgs)	[valʲ'dʒʲo:s 'organʌɪ]
superieuren (mv.)	vadovỹbė (m)	[vado'vʲi:bʲe:]

gouverneur (de)	gubernãtorius (v)	[gʊbʲɛr'na:torʲʊs]
consul (de)	kònsulas (v)	['konsʊlʲas]
diplomaat (de)	diplomãtas (v)	[dʲɪplʲo'ma:tas]
burgemeester (de)	mèras (v)	['mʲɛras]
sheriff (de)	šerìfas (v)	[ʃɛrʲɪfas]

keizer (bijv. Romeinse ~)	imperãtorius (v)	[ɪmpʲɛ'ra:torʲʊs]
tsaar (de)	cãras (v)	['tsa:ras]
farao (de)	faraònas (v)	[fara'onas]
kan (de)	chãnas (v)	['xa:nas]

118. De wet overtreden. Criminelen. Deel 1

bandiet (de)	banditas (v)	[ban'dʲɪtas]
misdaad (de)	nusikaltìmas (v)	[nʊsʲɪkalʲˈtʲɪmas]
misdadiger (de)	nusikaĺtėlis (v)	[nʊsʲɪˈkaltʲeːlʲɪs]

dief (de)	vagìs (v)	[vaˈgʲɪs]
stelen (ww)	võgti	[ˈvoːkʲɪ]
stelen, diefstal (de)	vagỹstė (m)	[vaˈgʲiːstʲeː]

kidnappen (ww)	pagróbti	[pagˈroptʲɪ]
kidnapping (de)	pagrobė́jas (v)	[pagroˈbʲeːjas]
kidnapper (de)	pagrobìmas (v)	[pagroˈbʲɪmas]

| losgeld (het) | ìšpirka (m) | [ˈɪʃpʲɪrka] |
| eisen losgeld (ww) | reikaláuti ìšpirkos | [rʲɛɪkaˈlʲaʊtʲɪ ˈɪʃpʲɪrkos] |

overvallen (ww)	plėšikáuti	[plʲeːʃɪˈkaʊtʲɪ]
overval (de)	apiplė́šimas (v)	[apʲɪˈplʲeːʃɪmas]
overvaller (de)	plė́šìkas (v)	[plʲeːˈʃɪkas]

afpersen (ww)	prievartáuti	[prʲiɛvarˈtaʊtʲɪ]
afperser (de)	prievartáutojas (v)	[prʲiɛvarˈtaʊtoːjɛs]
afpersing (de)	prievartãvimas (v)	[prʲiɛvarˈtaːvʲɪmas]

vermoorden (ww)	nužudýti	[nʊʒʊˈdʲiːtʲɪ]
moord (de)	nužùdymas (v)	[nʊˈʒʊdʲiːmas]
moordenaar (de)	žudìkas (v)	[ʒʊˈdʲɪkas]

schot (het)	šū́vis (v)	[ˈʃuːvʲɪs]
een schot lossen	iššáuti	[ɪʃˈʃaʊtʲɪ]
neerschieten (ww)	nušáuti	[nʊˈʃaʊtʲɪ]
schieten (ww)	šáudyti	[ˈʃaʊdʲiːtʲɪ]
schieten (het)	šáudymas (v)	[ˈʃaʊdʲiːmas]

ongeluk (gevecht, enz.)	į́vykis (v)	[ˈiːvʲɪːkʲɪs]
gevecht (het)	muštỹnės (m dgs)	[mʊʃˈtʲiːnʲeːs]
Help!	Gélbėkit!	[ˈgʲɛlʲbʲeːkʲɪt!]
slachtoffer (het)	aukà (m)	[aʊˈka]

beschadigen (ww)	sugadìnti	[sʊgaˈdʲɪntʲɪ]
schade (de)	núostolis (v)	[ˈnʊastolʲɪs]
lijk (het)	lavónas (v)	[lʲaˈvonas]
zwaar (~ misdrijf)	sunkùs	[sʊnˈkʊs]

aanvallen (ww)	užpùlti	[ʊʒˈpʊlʲtʲɪ]
slaan (iemand ~)	mùšti	[ˈmʊʃtʲɪ]
in elkaar slaan (toetakelen)	sumùšti	[sʊˈmʊʃtʲɪ]
ontnemen (beroven)	atim̃ti	[aˈtʲɪmtʲɪ]
steken (met een mes)	papjáuti	[paˈpjaʊtʲɪ]
verminken (ww)	sužalóti	[sʊʒaˈlʲotʲɪ]
verwonden (ww)	sužalóti	[sʊʒaˈlʲotʲɪ]

| chantage (de) | šantãžas (v) | [ʃanˈtaːʒas] |
| chanteren (ww) | šantažúoti | [ʃantaˈʒʊatʲɪ] |

T&P Books. Thematische woordenschat Nederlands-Litouws - 5000 woorden

chanteur (de)	šantažúotojas (v)	[ʃantaˈʒuatoːjɛs]
afpersing (de)	rėketas (v)	[ˈrʲɛkʲɛtas]
afperser (de)	reketúotojas (v)	[rʲɛkʲɛˈtuatoːjɛs]
gangster (de)	gángsteris (v)	[ˈgangstʲɛrʲɪs]
maffia (de)	mãfija (m)	[ˈmaːfʲɪjɛ]

kruimeldief (de)	kišénvagis (v)	[kʲɪˈʃɛnvagʲɪs]
inbreker (de)	įsilaužẽlis (v)	[iːsʲɪlauˈʒʲeːlʲɪs]
smokkelen (het)	kontrabánda (m)	[kɔntraˈbanda]
smokkelaar (de)	kontrabándininkas (v)	[kɔntraˈbandʲɪnʲɪŋkas]

namaak (de)	klastõtė (m)	[klʲasˈtoːtʲeː]
namaken (ww)	klastóti	[klʲasˈtotʲɪ]
namaak-, vals (bn)	klastõtė	[klʲasˈtoːtʲeː]

119. De wet overtreden. Criminelen. Deel 2

verkrachting (de)	išprievartãvimas (v)	[ɪʃprʲiɛvarˈtaːvʲɪmas]
verkrachten (ww)	išprievartáuti	[ɪʃprʲiɛvarˈtautʲɪ]
verkrachter (de)	prievartáutojas (v)	[prʲiɛvarˈtautoːjɛs]
maniak (de)	maniãkas (v)	[manʲɪˈjakas]

prostituee (de)	prostitutė (m)	[prostʲɪˈtutʲeː]
prostitutie (de)	prostitùcija (m)	[prostʲɪˈtutsʲɪjɛ]
pooier (de)	sutèneris (v)	[suˈtʲɛnʲɛrʲɪs]

| drugsverslaafde (de) | narkomãnas (v) | [narkoˈmaːnas] |
| drugshandelaar (de) | prekiáutojas narkòtikais (v) | [prʲɛˈkʲæutoːjɛs narˈkotʲɪkʌɪs] |

opblazen (ww)	susprogdìnti	[susprogˈdʲɪntʲɪ]
explosie (de)	sprogìmas (v)	[sproˈgʲɪmas]
in brand steken (ww)	padègti	[paˈdʲɛktʲɪ]
brandstichter (de)	padegéjas (v)	[padʲɛˈgʲeːjas]

terrorisme (het)	terorìzmas (v)	[tʲɛroˈrʲɪzmas]
terrorist (de)	teroristas (v)	[tʲɛroˈrʲɪstas]
gijzelaar (de)	įkaitas (v)	[ˈiːkʌɪtas]

bedriegen (ww)	apgáuti	[apˈgautʲɪ]
bedrog (het)	apgavỹstė (m)	[apgaˈvʲiːstʲeː]
oplichter (de)	sùkčius (v)	[ˈsuktʂʲus]

omkopen (ww)	papìrkti	[paˈpʲɪrktʲɪ]
omkoperij (de)	papirkìmas (v)	[papʲɪrˈkʲɪmas]
smeergeld (het)	kỹšis (v)	[ˈkʲiːʃɪs]

vergif (het)	nuõdas (v)	[ˈnuadas]
vergiftigen (ww)	nunuõdyti	[nuˈnuadʲiːtʲɪ]
vergif innemen (ww)	nusinuõdyti	[nusʲɪnuadʲiːtʲɪ]

zelfmoord (de)	savižudýbė (m)	[savʲɪʒuˈdʲiːbʲeː]
zelfmoordenaar (de)	savìžudis (v)	[saˈvʲɪʒudʲɪs]
bedreigen (bijv. met een pistool)	grasìnti	[graˈsʲɪntʲɪ]

bedreiging (de)	grasinimas (v)	[gra'sʲɪnʲɪmas]
een aanslag plegen	kėsintis	[kʲeː'sʲɪntʲɪs]
aanslag (de)	pasikėsinimas (v)	[pasʲɪkʲeː'sʲɪnʲɪmas]

| stelen (een auto) | nuvaryti | [nʊva'rʲiːtʲɪ] |
| kapen (een vliegtuig) | nuvaryti | [nʊva'rʲiːtʲɪ] |

| wraak (de) | keřštas (v) | ['kʲɛrʃtas] |
| wreken (ww) | keršyti | ['kʲɛrʃɪːtʲɪ] |

martelen (gevangenen)	kankinti	[kaŋ'kʲɪntʲɪ]
foltering (de)	kankinimas (v)	[kaŋ'kʲɪnʲɪmas]
folteren (ww)	kankinti	[kaŋ'kʲɪntʲɪ]

piraat (de)	pirātas (v)	[pʲɪ'raːtas]
straatschender (de)	chuligānas (v)	[xʊlʲɪ'gaːnas]
gewapend (bn)	ginkluotas	[gʲɪŋkʲlʲʊɑtas]
geweld (het)	prievarta (m)	['prʲiɛvarta]

| spionage (de) | špionāžas (v) | [ʃpʲo'naːʒas] |
| spioneren (ww) | šnipinėti | [ʃnʲɪpʲɪ'nʲeːtʲɪ] |

120. Politie. Wet. Deel 1

| gerecht (het) | teismas (v) | ['tʲɛɪsmas] |
| gerechtshof (het) | teismas (v) | ['tʲɛɪsmas] |

rechter (de)	teisėjas (v)	[tʲɛɪ'sʲeːjas]
jury (de)	prisiekusieji (v)	[prʲɪ'sʲiɛkʊsʲiɛji]
juryrechtspraak (de)	prisiekusiųjų teismas (v)	[prʲɪ'sʲiɛkʊsʲuːjuː 'tʲɛɪsmas]
berechten (ww)	teisti	['tʲɛɪstʲɪ]

advocaat (de)	advokātas (v)	[advo'kaːtas]
beklaagde (de)	teisiamàsis (v)	[tʲɛɪsʲæ'masʲɪs]
beklaagdenbank (de)	teisiamųjų suolas (v)	[tʲɛɪsʲæ'muːjuː 'sʊɑlʲas]

| beschuldiging (de) | kaltinimai (v) | ['kalʲtʲɪnʲɪmʌɪ] |
| beschuldigde (de) | kaltinamasis (v) | ['kalʲtʲɪnamasʲɪs] |

vonnis (het)	nuosprendis (v)	['nʊɑsprʲɛndʲɪs]
veroordelen	nuteisti	[nʊ'tʲɛɪstʲɪ]
(in een rechtszaak)		

schuldige (de)	kaltininkas (v)	[kalʲtʲɪ'nʲɪŋkas]
straffen (ww)	nubausti	[nʊ'baʊstʲɪ]
bestraffing (de)	bausmė (m)	[baʊs'mʲeː]

| boete (de) | baudà (m) | [baʊ'da] |
| levenslange opsluiting (de) | kalėjimas iki gyvős galvos (v) | [ka'lʲeːjɪmas ɪkʲɪ gʲiːˈvoːs galʲˈvoːs] |

doodstraf (de)	mirtiės bausmė̃ (m)	[mʲɪrˈtʲɛs baʊsˈmʲeː]
elektrische stoel (de)	elektros kėdė̃ (m)	[eˈtʲlektros kʲeːˈdʲeː]
schavot (het)	kartuvės (m dgs)	['kartʊvʲeːs]
executeren (ww)	baũsti mirtimì	['baʊstʲɪ mʲɪrtʲɪ'mʲɪ]

executie (de)	baudìmas mirtimì (v)	[bɑʊ'dʲɪmas mʲɪrtʲɪ'mʲɪ]
gevangenis (de)	kalėjimas (v)	[ka'lʲɛjɪmas]
cel (de)	kamera (m)	['kaːmʲɛra]

konvooi (het)	konvòjus (v)	[kɔn'vojʊs]
gevangenisbewaker (de)	prižiūrėtojas (v)	[prʲɪʒʲuː'rʲeːtoːjɛs]
gedetineerde (de)	kalinỹs (v)	[kalʲɪ'nʲiːs]

| handboeien (mv.) | antrankiai (v dgs) | ['añtrakʲɛɪ] |
| handboeien omdoen | uždeti antrankius | [ʊʒ'dʲeːtʲɪ 'añtraŋkʲʊs] |

ontsnapping (de)	pabėgìmas (v)	[pabʲeː'gʲɪmas]
ontsnappen (ww)	pabėgti	[pa'bʲeːktʲɪ]
verdwijnen (ww)	dìngti	['dʲɪŋktʲɪ]
vrijlaten (uit de gevangenis)	paléisti	[pa'lʲɛɪstʲɪ]
amnestie (de)	amnèstija (m)	[am'nʲɛstʲɪjɛ]

politie (de)	polìcija (m)	[po'lʲɪtsʲɪjɛ]
politieagent (de)	polìcininkas (v)	[po'lʲɪtsʲɪnʲɪŋkas]
politiebureau (het)	polìcijos núovada (m)	[po'lʲɪtsʲɪjos 'nʊavada]
knuppel (de)	gumìnis pagalỹs (v)	[gʊ'mʲɪnʲɪs paga'lʲiːs]
megafoon (de)	garsiakalbis (v)	[gar'sʲækalʲbʲɪs]

patrouilleerwagen (de)	patrùlio mašinà (m)	[pat'rʊlʲɔ maʃɪ'na]
sirene (de)	sirenà (m)	[sʲɪrʲɛ'na]
de sirene aansteken	įjùngti sirèną	[iːˈjʊŋktʲɪ sʲɪ'rʲɛnaː]
geloei (het) van de sirene	sirenos kaukìmas (v)	[sʲɪ'rʲɛnos kɑʊ'kʲɪmas]

plaats delict (de)	įvykio vieta (m)	['iːvʲɪːkʲɔ vʲiɛ'ta]
getuige (de)	liudininkas (v)	['lʲʊdʲɪnʲɪŋkas]
vrijheid (de)	laisvė (de)	['lʲʌɪsvʲeː]
handlanger (de)	bendrininkas (v)	['bʲɛndrʲɪnʲɪŋkas]
ontvluchten (ww)	pasislėpti	[pasʲɪ'sʲlʲeːptʲɪ]
spoor (het)	pėdsakas (v)	['pʲeːdsakas]

121. Politie. Wet. Deel 2

opsporing (de)	paieškà (m)	[paʲiɛʃ'ka]
opsporen (ww)	ieškóti	[ɪɛʃ'kotʲɪ]
verdenking (de)	įtarìmas (v)	[iːta'rʲɪːmas]
verdacht (bn)	įtartinas	[iːˈtartʲɪnas]
aanhouden (stoppen)	sustabdýti	[sʊstab'dʲiːtʲɪ]
tegenhouden (ww)	sulaikýti	[sʊlʲʌɪ'kʲiːtʲɪ]

strafzaak (de)	bylà (m)	[bʲiː'lʲa]
onderzoek (het)	tyrìmas (v)	[tʲiːˈrʲɪmas]
detective (de)	detektỹvas (v)	[dʲɛtʲɛk'tʲiːvas]
onderzoeksrechter (de)	tyrėjas (v)	[tʲiːˈrʲeːjas]
versie (de)	vèrsija (m)	['vʲɛrsʲɪjɛ]

motief (het)	motỹvas (v)	[mo'tʲiːvas]
verhoor (het)	apklausà (m)	[apklʲɑʊ'sa]
ondervragen (door de politie)	apkláusti	[ap'klʲɑʊstʲɪ]
ondervragen (omstanders ~)	apkláusti	[ap'klʲɑʊstʲɪ]

Nederlands	Litouws	Uitspraak
controle (de)	patikrinimas (v)	[pa'tʲɪkrʲɪnʲɪmas]
razzia (de)	gaudỹnės (m dgs)	[gɑʊ'dʲiːnʲeːs]
huiszoeking (de)	kratà (m)	[kra'ta]
achtervolging (de)	vijìmasis (v)	[vʲɪ'jɪmasʲɪs]
achtervolgen (ww)	sèkti	['sʲɛktʲɪ]
opsporen (ww)	sèkti	['sʲɛktʲɪ]
arrest (het)	āreštas (v)	['aːrʲɛʃtas]
arresteren (ww)	areštúoti	[arʲɛʃ'tʊɑtʲɪ]
vangen, aanhouden (een dief, enz.)	pagáuti	[pa'gɑʊtʲɪ]
aanhouding (de)	pagavìmas (v)	[paga'vʲɪmas]
document (het)	dokumeñtas (v)	[dokʊ'mʲɛntas]
bewijs (het)	įródymas (v)	[iː'rodʲɪːmas]
bewijzen (ww)	įródyti	[iː'rodʲɪːtʲɪ]
voetspoor (het)	pėdsakas (v)	['pʲeːdsakas]
vingerafdrukken (mv.)	pir̃štų añtspaudai (v dgs)	['pʲɪrʃtu: 'antspɑʊdʌɪ]
bewijs (het)	į̃kaltis (v)	['iːkalʲtʲɪs]
alibi (het)	ālibi (v)	['aːlʲɪbʲɪ]
onschuldig (bn)	nekáltas	[nʲɛ'kalʲtas]
onrecht (het)	neteisingùmas (v)	[nʲɛtʲɛɪsʲɪn'gʊmas]
onrechtvaardig (bn)	neteisìngas	[nʲɛtʲɛɪ'sʲɪngas]
crimineel (bn)	kriminãlinis	[krʲɪmʲɪ'naːlʲɪnʲɪs]
confisqueren (in beslag nemen)	konfiskúoti	[konfʲɪsˈkʊɑtʲɪ]
drug (de)	narkòtikas (v)	[narˈkotʲɪkas]
wapen (het)	giñklas (v)	['gʲɪŋklʲas]
ontwapenen (ww)	nuginklúoti	[nʊgʲɪŋ'klʲʊɑtʲɪ]
bevelen (ww)	įsakinėti	[iːsakʲɪ'nʲeːtʲɪ]
verdwijnen (ww)	diñgti	['dʲɪŋktʲɪ]
wet (de)	įstãtymas (v)	[iːˈstaːtiːmas]
wettelijk (bn)	teisėtas	[tʲɛɪ'sʲeːtas]
onwettelijk (bn)	neteisėtas	[nʲɛtʲɛɪ'sʲeːtas]
verantwoordelijkheid (de)	atsakomýbė (m)	[atsako'mʲiːbʲeː]
verantwoordelijk (bn)	atsakìngas	[atsa'kʲɪngas]

NATUUR

De Aarde. Deel 1

122. De kosmische ruimte

kosmos (de)	kòsmosas (v)	['kosmosas]
kosmisch (bn)	kòsminis	['kosmʲɪnʲɪs]
kosmische ruimte (de)	kòsminė erdvě (m)	['kosmʲɪnʲe: ɛrd'vʲe:]
wereld (de)	visatà (m)	[vʲɪsa'ta]
heelal (het)	pasáulis (v)	[pa'saʊlʲɪs]
sterrenstelsel (het)	galãktika (m)	[ga'lʲa:ktʲɪka]
ster (de)	žvaigždě (m)	[ʒvʌɪg'ʒdʲe:]
sterrenbeeld (het)	žvaigždýnas (v)	[ʒvʌɪgʒ'dʲi:nas]
planeet (de)	planetà (m)	[plʲanʲɛ'ta]
satelliet (de)	palydõvas (v)	[palʲi:'do:vas]
meteoriet (de)	meteorìtas (v)	[mʲɛtʲɛo'rʲɪtas]
komeet (de)	kometà (m)	[kɔmʲɛ'ta]
asteroïde (de)	asteròidas (v)	[astʲɛ'rɔɪdas]
baan (de)	orbità (m)	[orbʲɪ'ta]
draaien (om de zon, enz.)	sùktis	['sʊktʲɪs]
atmosfeer (de)	atmosferà (m)	[atmosfʲɛ'ra]
Zon (de)	Sáulė (m)	['saʊlʲe:]
zonnestelsel (het)	Sáulės sistemà (m)	['saʊlʲe:s sʲɪste'ma]
zonsverduistering (de)	Sáulės užtemìmas (v)	['saʊlʲe:s ʊʒtʲɛ'mʲɪmas]
Aarde (de)	Žěmė (m)	['ʒʲæmʲe:]
Maan (de)	Mėnùlis (v)	[mʲe:'nʊlʲɪs]
Mars (de)	Mársas (v)	['marsas]
Venus (de)	Venerà (m)	[vʲɛnʲɛ'ra]
Jupiter (de)	Jupìteris (v)	[jʊ'pʲɪtʲɛrʲɪs]
Saturnus (de)	Satùrnas (v)	[sa'tʊrnas]
Mercurius (de)	Merkùrijus (v)	[mʲɛr'kʊrʲɪjʊs]
Uranus (de)	Urãnas (v)	[ʊ'ra:nas]
Neptunus (de)	Neptūnas (v)	[nʲɛp'tu:nas]
Pluto (de)	Plutònas (v)	[plʲʊ'tonas]
Melkweg (de)	Paũkščių Tãkas (v)	['paʊkʃtʲʃʲu: 'ta:kas]
Grote Beer (de)	Didíeji Grĩžulo Rãtai (v dgs)	[dʲɪ'dʲiɛjɪ 'grʲɪ:ʒʊlʲɔ 'ra:tʌɪ]
Poolster (de)	Šiaurìnė žvaigždě (m)	[ʃʲɛʊ'rʲɪnʲe: ʒvʌɪg'ʒdʲe:]
marsmannetje (het)	marsiẽtis (v)	[mar'sʲɛtʲɪs]
buitenaards wezen (het)	ateĩvis (v)	[a'tʲɛɪvʲɪs]

T&P Books. Thematische woordenschat Nederlands-Litouws - 5000 woorden

| bovenaards (het) | ateivis (v) | [a'tʲɛɪvʲɪs] |
| vliegende schotel (de) | skraidanti lėkštė (m) | ['skrʌɪdantʲɪ lʲe:kʃ'tʲe:] |

ruimtevaartuig (het)	kosminis laivas (v)	['kosmʲɪnʲɪs 'lʲʌɪvas]
ruimtestation (het)	orbitos stotis (m)	[or'bʲɪtos sto'tʲɪs]
start (de)	startas (v)	['startas]

motor (de)	variklis (v)	[va'rʲɪklʲɪs]
straalpijp (de)	tūta (m)	[tu:'ta]
brandstof (de)	kuras (v)	['kʊras]

cabine (de)	kabina (m)	[kabʲɪ'na]
antenne (de)	antena (m)	[antʲɛ'na]
patrijspoort (de)	iliuminatorius (v)	[ɪlʲʊmʲɪ'na:torʲʊs]
zonnebatterij (de)	saulės baterija (m)	['sɑʊlʲe:s ba'tʲɛrʲɪjɛ]
ruimtepak (het)	skafandras (v)	[ska'fandras]

| gewichtloosheid (de) | nesvarumas (v) | [nʲɛsva'rumas] |
| zuurstof (de) | deguonis (v) | [dʲɛ'gʊɑnʲɪs] |

| koppeling (de) | susijungimas (v) | [sʊsʲɪjʊn'gʲɪmas] |
| koppeling maken | susijungti | [sʊsʲɪ'jʊŋktʲɪ] |

observatorium (het)	observatorija (m)	[obsʲɛrva'torʲɪjɛ]
telescoop (de)	teleskopas (v)	[tʲɛlʲɛ'skopas]
waarnemen (ww)	stebėti	[ste'bʲe:tʲɪ]
exploreren (ww)	tyrinėti	[tʲi:rʲɪ'nʲe:tʲɪ]

123. De Aarde

Aarde (de)	Žemė (m)	['ʒʲæmʲe:]
aardbol (de)	žemės rutulys (v)	['ʒʲæmʲe:s rʊtʊ'lʲi:s]
planeet (de)	planeta (m)	[plʲanʲɛ'ta]

atmosfeer (de)	atmosfera (m)	[atmosfʲɛ'ra]
aardrijkskunde (de)	geografija (m)	[gʲɛo'gra:fʲɪjɛ]
natuur (de)	gamta (m)	[gam'ta]

wereldbol (de)	gaublys (v)	[gɑʊb'lʲi:s]
kaart (de)	žemėlapis (v)	[ʒe'mʲe:lʲapʲɪs]
atlas (de)	atlasas (v)	['a:tlʲasas]

| Europa (het) | Europa (m) | [ɛʊro'pa] |
| Azië (het) | azija (m) | ['a:zʲɪjɛ] |

| Afrika (het) | afrika (m) | ['a:frʲɪka] |
| Australië (het) | Australija (m) | [ɑʊs'tra:lʲɪjɛ] |

Amerika (het)	Amerika (m)	[a'mʲɛrʲɪka]
Noord-Amerika (het)	Šiaurės Amerika (m)	['ʃæʊrʲe:s a'mʲɛrʲɪka]
Zuid-Amerika (het)	Pietų Amerika (m)	[pʲiɛ'tu: a'mʲɛrʲɪka]

| Antarctica (het) | Antarktida (m) | [antarktʲɪ'da] |
| Arctis (de) | Arktika (m) | ['arktʲɪka] |

124. Windrichtingen

noorden (het)	šiáurė (m)	['ʃæurʲeː]
naar het noorden	į šiáurę	[iː 'ʃæurʲɛː]
in het noorden	šiáurėje	['ʃæurʲeːje]
noordelijk (bn)	šiaurinis	[ʃɛu'rʲɪnʲɪs]
zuiden (het)	pietùs (v)	[pʲiɛ'tus]
naar het zuiden	į pietùs	[iː pʲiɛ'tus]
in het zuiden	pietuosė	[pʲiɛtuɑ'sʲɛ]
zuidelijk (bn)	pietinis	[pʲiɛ'tʲɪnʲɪs]
westen (het)	vakaraĩ (v dgs)	[vaka'rʌɪ]
naar het westen	į vãkarus	[iː 'vaːkarus]
in het westen	vakaruosė	[vakaruɑ'sʲɛ]
westelijk (bn)	vakariẽtiškas	[vaka'rʲɛtʲɪʃkas]
oosten (het)	rytaĩ (v dgs)	[rʲiː'tʌɪ]
naar het oosten	į rýtus	[iː 'rʲɪːtus]
in het oosten	rytuosė	[rʲiːtuɑ'sʲɛ]
oostelijk (bn)	rytiẽtiškas	[rʲiː'tʲɛtʲɪʃkas]

125. Zee. Oceaan

zee (de)	jūra (m)	['juːra]
oceaan (de)	vandenýnas (v)	[vandʲɛ'nʲiːnas]
golf (baai)	įlanka (m)	['iːlʲaŋka]
straat (de)	sąsiauris (v)	['saːsʲɛurʲɪs]
continent (het)	žemýnas (v)	[ʒʲɛ'mʲiːnas]
eiland (het)	salà (m)	[sa'lʲa]
schiereiland (het)	pusiãsalis (v)	[pu'sʲæsalʲɪs]
archipel (de)	archipelãgas (v)	[arxʲɪpʲɛ'lʲaːgas]
baai, bocht (de)	užùtekis (v)	[uʒutʲɛkʲɪs]
haven (de)	úostas (v)	['uɑstas]
lagune (de)	lagūnà (m)	[lʲaguː'na]
kaap (de)	iškyšulỹs (v)	[ɪʃkʲiːʃu'lʲiːs]
atol (de)	atólas (v)	[a'tolʲas]
rif (het)	rìfas (v)	['rʲɪfas]
koraal (het)	korãlas (v)	[kɔ'raːlʲas]
koraalrif (het)	korãlų rìfas (v)	[kɔ'raːlʲuː 'rʲɪfas]
diep (bn)	gilùs	[gʲɪ'lʲus]
diepte (de)	gỹlis (v)	['gʲiːlʲɪs]
diepzee (de)	bedùgnė (m)	[bʲɛ'dugnʲeː]
trog (bijv. Marianentrog)	įduba (m)	['iːduba]
stroming (de)	srovė̃ (m)	[sro'vʲeː]
omspoelen (ww)	skaláuti	[ska'lʲautʲɪ]
oever (de)	pajūris (v)	['pajuːrɪs]
kust (de)	pakrántė (m)	[pak'rantʲeː]

vloed (de)	antplūdis (v)	['antplʲuːdʲɪs]
eb (de)	atoslūgis (v)	[a'tosʲuːgʲɪs]
ondiepte (ondiep water)	atābradas (v)	[a'taːbradas]
bodem (de)	dugnas (v)	['dʊgnas]

golf (hoge ~)	banga (m)	[ban'ga]
golfkam (de)	bangos ketera (m)	[ban'goːs kʲɛtʲɛ'ra]
schuim (het)	putos (m dgs)	['pʊtos]

orkaan (de)	uragānas (v)	[ʊra'gaːnas]
tsunami (de)	cunāmis (v)	[tsʊ'naːmʲɪs]
windstilte (de)	štilius (v)	[ʃtʲɪ'lʲʊs]
kalm (bijv. ~e zee)	ramus	[ra'mʊs]

| pool (de) | ašigalis (v) | [a'ʃɪgalʲɪs] |
| polair (bn) | poliārinis | [po'lʲærʲɪnʲɪs] |

breedtegraad (de)	platuma (m)	[plʲatʊ'ma]
lengtegraad (de)	ilguma (m)	[ɪlʲgʊ'ma]
parallel (de)	paralėlė (m)	[para'lʲɛlʲeː]
evenaar (de)	ekvātorius (v)	[ɛk'vaːtorʲʊs]

hemel (de)	dangus (v)	[dan'gʊs]
horizon (de)	horizontas (v)	[ɣorʲɪ'zontas]
lucht (de)	oras (v)	['oras]

vuurtoren (de)	švyturỹs (v)	[ʃvʲiːtʊ'rʲiːs]
duiken (ww)	nardyti	['nardʲiːtʲɪ]
zinken (ov. een boot)	nuskęsti	[nʊ'skʲɛːstʲɪ]
schatten (mv.)	lōbis (v)	['lʲoːbʲɪs]

126. Namen van zeeën en oceanen

Atlantische Oceaan (de)	Atlánto vandenýnas (v)	[at'lʲanto vandʲɛ'nʲiːnas]
Indische Oceaan (de)	Indijos vandenýnas (v)	['ɪndʲɪjos vandʲɛ'nʲiːnas]
Stille Oceaan (de)	Ramusis vandenýnas (v)	[ra'mʊsʲɪs vandʲɛ'nʲiːnas]
Noordelijke IJszee (de)	Árkties vandenýnas (v)	['arktʲiɛs vandʲɛ'nʲiːnas]

Zwarte Zee (de)	Juodóji jūra (m)	[jʊɑ'doːjɪ 'juːra]
Rode Zee (de)	Raudonóji jūra (m)	[rɑʊdo'noːjɪ 'juːra]
Gele Zee (de)	Geltonóji jūra (m)	[gʲɛlʲto'noːjɪ 'juːra]
Witte Zee (de)	Baltóji jūra (m)	[balʲ'toːjɪ 'juːra]

Kaspische Zee (de)	Kāspijos jūra (m)	['kaːspʲɪjos 'juːra]
Dode Zee (de)	Negyvóji jūra (m)	[nʲɛgʲiː'voːjɪ 'juːra]
Middellandse Zee (de)	Vidurżemio jūra (m)	[vʲɪ'dʊrʒɛmʲo 'juːra]

| Egeïsche Zee (de) | Egėjo jūra (m) | [ɛ'gʲæjo 'juːra] |
| Adriatische Zee (de) | ādrijos jūra (m) | ['aːdrʲɪjos 'juːra] |

Arabische Zee (de)	Arābijos jūra (m)	[a'rabʲɪjos 'juːra]
Japanse Zee (de)	Japónijos jūra (m)	[ja'ponʲɪjos juːra]
Beringzee (de)	Béringo jūra (m)	['bʲɛrʲɪngo 'juːra]
Zuid-Chinese Zee (de)	Pietų Kinijos jūra (m)	[pʲiɛ'tu: 'kʲɪnʲɪjos 'juːra]

Koraalzee (de)	Koralų jūra (m)	[kɔ'raːlʲuː 'juːra]
Tasmanzee (de)	Tasmanų jūra (m)	[tas'manuː 'juːra]
Caribische Zee (de)	Karibų jūra (m)	[ka'rʲɪbuː 'juːra]

| Barentszee (de) | Barenco jūra (m) | [barʲɛntsɔ 'juːra] |
| Karische Zee (de) | Karsko jūra (m) | ['karskɔ 'juːra] |

Noordzee (de)	Šiaurės jūra (m)	['ʃæʊrʲeːs 'juːra]
Baltische Zee (de)	Baltijos jūra (m)	['balʲtʲɪjɔs 'juːra]
Noorse Zee (de)	Norvegijos jūra (m)	[nɔrʲ'vʲɛgʲɪjɔs 'juːra]

127. Bergen

berg (de)	kalnas (v)	['kalʲnas]
bergketen (de)	kalnų virtinė (m)	[kalʲ'nuː vʲɪrtʲɪnʲeː]
gebergte (het)	kalnagūbris (v)	[kalʲ'naːguːbrʲɪs]

bergtop (de)	viršūnė (m)	[vʲɪrʲʃuːnʲeː]
bergpiek (de)	pikas (v)	['pʲɪkas]
voet (ov. de berg)	papėdė (m)	[pa'pʲeːdʲeː]
helling (de)	nuokalnė (m)	['nʊɑkalʲnʲeː]

vulkaan (de)	ugnikalnis (v)	[ʊg'nʲɪkalʲnʲɪs]
actieve vulkaan (de)	veikiantis ugnikalnis (v)	['vʲɛɪkʲæntʲɪs ʊg'nʲɪkalʲnʲɪs]
uitgedoofde vulkaan (de)	užgęsęs ugnikalnis (v)	[ʊʒ'gʲæsʲɛːs ʊg'nʲɪkalʲnʲɪs]

uitbarsting (de)	išsiveržimas (v)	[ɪʃsʲɪvʲɛrʲʒʲɪmas]
krater (de)	krateris (v)	['kraːtʲɛrʲɪs]
magma (het)	magma (m)	[mag'ma]
lava (de)	lava (m)	[lʲa'va]
gloeiend (~e lava)	įkaitęs	[iː'kʌɪtʲɛːs]

kloof (canyon)	kanjonas (v)	[ka'njɔ nas]
bergkloof (de)	tarpukalnė (m)	[tar'pʊkalʲnʲeː]
spleet (de)	tarpeklis (m)	[tar'pʲæklʲɪs]

bergpas (de)	kalnakelis (m)	[kalʲ'nakʲɛlʲɪs]
plateau (het)	gulstė (m)	[gʊlʲ'stʲeː]
klip (de)	uola (m)	[ʊɑ'lʲa]
heuvel (de)	kalva (m)	[kalʲ'va]

gletsjer (de)	ledynas (v)	[lʲɛ'dʲiːnas]
waterval (de)	krioklys (v)	[krʲɔk'lʲiːs]
geiser (de)	geizeris (v)	['gʲɛɪzʲɛrʲɪs]
meer (het)	ežeras (v)	['ɛʒʲɛras]

vlakte (de)	lyguma (m)	[lʲiːgʊ'ma]
landschap (het)	peizažas (v)	[pʲɛɪ'zaːʒas]
echo (de)	aidas (v)	['ʌɪdas]

alpinist (de)	alpinistas (v)	[alʲpʲɪ'nʲɪstas]
bergbeklimmer (de)	uolakopys (v)	[ʊɑlʲakɔ'pʲiːs]
trotseren (berg ~)	pavergti	[pa'vʲɛrktʲɪ]
beklimming (de)	kopimas (v)	[kɔ'pʲɪmas]

128. Bergen namen

Nederlands	Litouws	Uitspraak
Alpen (de)	Alpės (m dgs)	[alʲpʲeːs]
Mont Blanc (de)	Monblanas (v)	[monˈblʲaːnas]
Pyreneeën (de)	Pirėnai (v)	[pʲɪˈrʲeːnʌɪ]
Karpaten (de)	Karpatai (v dgs)	[karˈpaːtʌɪ]
Oeralgebergte (het)	Uralo kalnai (v dgs)	[ʊˈraːlɔ kalʲˈnʌɪ]
Kaukasus (de)	Kaukazas (v)	[kɑʊˈkaːzas]
Elbroes (de)	Elbrusas (v)	[ɛlʲˈbrʊsas]
Altaj (de)	Altajus (v)	[alʲˈtaːjʊs]
Tiensjan (de)	Tian Šanis (v)	[tʲæn ˈʃaːnʲɪs]
Pamir (de)	Pamyras (v)	[paˈmʲiːras]
Himalaya (de)	Himalajai (v dgs)	[ɣʲɪmaˈlʲaːjʌɪ]
Everest (de)	Everestas (v)	[ɛvʲɛˈrʲɛstas]
Andes (de)	Andai (v)	[ˈandʌɪ]
Kilimanjaro (de)	Kilimandžaras (v)	[kʲɪlʲɪmanˈdʒaːras]

129. Rivieren

Nederlands	Litouws	Uitspraak
rivier (de)	upė (m)	[ˈʊpʲeː]
bron (~ van een rivier)	šaltinis (v)	[ʃalʲˈtʲɪnʲɪs]
rivierbedding (de)	vaga (m)	[vaˈga]
rivierbekken (het)	baseinas (v)	[baˈsʲɛɪnas]
uitmonden in ...	įtekėti į ...	[iːtʲɛˈkʲeːtʲɪ iː ..]
zijrivier (de)	antplūdis (v)	[ˈantplʲuːdʲɪs]
oever (de)	krantas (v)	[ˈkrantas]
stroming (de)	srovė (m)	[sroˈvʲeː]
stroomafwaarts (bw)	pasroviuį	[pasroˈvʲʊɪ]
stroomopwaarts (bw)	prieš srovę	[ˈprʲɛʃ ˈsroːvʲɛː]
overstroming (de)	potvynis (v)	[ˈpotvʲiːnʲɪs]
overstroming (de)	poplūdis (v)	[ˈpoplʲuːdʲɪs]
buiten zijn oevers treden	išsilieti	[ɪʃsʲɪˈlʲiɛtʲɪ]
overstromen (ww)	tvindyti	[ˈtvʲɪndʲiːtʲɪ]
zandbank (de)	sekluma (m)	[sʲɛklʲʊˈma]
stroomversnelling (de)	sleñkstis (v)	[ˈslʲɛŋkstʲɪs]
dam (de)	užtvanka (m)	[ˈʊʒtvaŋka]
kanaal (het)	kanalas (v)	[kaˈnaːlʲas]
spaarbekken (het)	vandens saugykla (m)	[vanˈdʲɛns sɑʊgʲiːkˈlʲa]
sluis (de)	šliuzas (v)	[ˈʃlʲʊzas]
waterlichaam (het)	vandens telkinys (v)	[vanˈdʲɛns tʲɛlʲˈkʲɪˈnʲiːs]
moeras (het)	pelkė (m)	[ˈpʲɛlʲˈkʲeː]
broek (het)	liunas (v)	[ˈlʲuːnas]
draaikolk (de)	verpetas (v)	[vʲɛrˈpʲætas]
stroom (de)	upėlis (v)	[ʊˈpʲælʲɪs]

| drink- (abn) | gėriamas | ['gʲærʲæmas] |
| zoet (~ water) | gėlas | ['gʲeːlʲas] |

| IJs (het) | lẽdas (v) | ['lʲædas] |
| bevriezen (rivier, enz.) | užšálti | [ʊʒ'ʃalʲtʲɪ] |

130. Namen van rivieren

| Seine (de) | Senà (m) | [sʲɛ'na] |
| Loire (de) | Luarà (m) | [lʲʊa'ra] |

Theems (de)	Temžė (m)	['tʲɛmzʲeː]
Rijn (de)	Reĩnas (v)	['rʲɛɪnas]
Donau (de)	Dunõjus (v)	[dʊ'noːjʊs]

Wolga (de)	Vòlga (m)	['volʲga]
Don (de)	Dònas (v)	['donas]
Lena (de)	Lenà (m)	[lʲɛ'na]

Gele Rivier (de)	Geltonóji ùpė (m)	[gʲɛlʲto'noːjɪ 'ʊpʲeː]
Blauwe Rivier (de)	Jangdzė̃ (m)	[jang'dzʲeː]
Mekong (de)	Mekòngas (v)	[mʲɛ'kongas]
Ganges (de)	Gángas (v)	['gangas]

Nijl (de)	Nìlas (v)	['nʲɪlʲas]
Kongo (de)	Kòngas (v)	['kongas]
Okavango (de)	Okavángas (v)	[oka'va ngas]
Zambezi (de)	Zambèzė (m)	[zam'bʲɛzʲeː]
Limpopo (de)	Limpopò (v)	[lʲɪmpo'po]
Mississippi (de)	Misisìpė (m)	[mʲɪsʲɪ'sʲɪpʲeː]

131. Bos

| bos (het) | mìškas (v) | ['mʲɪʃkas] |
| bos- (abn) | miškìnis | [mʲɪʃ'kʲɪnʲɪs] |

oerwoud (dicht bos)	tankumýnas (v)	[taŋkʊ'mʲiːnas]
bosje (klein bos)	giráitė (m)	[gʲɪ'rʌɪtʲeː]
open plek (de)	laũkas (v)	['lʲaʊkas]

| struikgewas (het) | žolýnas, beržýnas (v) | [ʒo'lʲiːnas], [bʲɛr'ʒʲiːnas] |
| struiken (mv.) | krūmýnas (v) | [kruː'mʲiːnas] |

| paadje (het) | takẽlis (v) | [ta'kʲælʲɪs] |
| ravijn (het) | griovy̆s (v) | [grʲo'vʲiːs] |

boom (de)	mẽdis (v)	['mʲædʲɪs]
blad (het)	lãpas (v)	['lʲaːpas]
gebladerte (het)	lapijà (m)	[lʲapʲɪ'ja]

| vallende bladeren (mv.) | lãpų kritìmas (v) | ['lʲaːpu: krʲɪ'tʲɪmas] |
| vallen (ov. de bladeren) | krìsti | ['krʲɪstʲɪ] |

T&P Books. Thematische woordenschat Nederlands-Litouws - 5000 woorden

boomtop (de)	viršūnė (m)	[vʲɪrˈʃuːnʲeː]
tak (de)	šaka (m)	[ʃaˈka]
ent (de)	šaka (m)	[ʃaˈka]
knop (de)	pumpuras (v)	[ˈpʊmpʊras]
naald (de)	spyglys (v)	[spʲiːgˈlʲiːs]
dennenappel (de)	kankorėžis (v)	[kaŋˈkorʲeːʒʲɪs]

boom holte (de)	uoksas (v)	[ˈʊɑksas]
nest (het)	lizdas (v)	[ˈlʲɪzdas]
hol (het)	ola (m)	[oˈlʲa]

stam (de)	kamienas (v)	[kaˈmʲiɛnas]
wortel (bijv. boom~s)	šaknis (m)	[ʃakˈnʲɪs]
schors (de)	ževė (m)	[ʒʲiɛˈvʲeː]
mos (het)	samana (m)	[ˈsaːmana]

ontwortelen (een boom)	rauti	[ˈrɑʊtʲɪ]
kappen (een boom ~)	kirsti	[ˈkʲɪrstʲɪ]
ontbossen (ww)	iškirsti	[ɪʃˈkʲɪrstʲɪ]
stronk (de)	kelmas (v)	[ˈkʲɛlʲmas]

kampvuur (het)	laužas (v)	[ˈlʲɑʊʒas]
bosbrand (de)	gaisras (v)	[ˈgʌɪsras]
blussen (ww)	gesinti	[gʲɛˈsʲɪntʲɪ]

boswachter (de)	miškininkas (v)	[ˈmʲɪʃkʲɪnʲɪŋkas]
bescherming (de)	apsauga (m)	[apsɑʊˈga]
beschermen (bijv. de natuur ~)	saugoti	[ˈsɑʊgotʲɪ]
stroper (de)	brakonierius (v)	[brakoˈnʲɛrʲʊs]
val (de)	spąstai (v dgs)	[ˈspaːstʌɪ]

plukken (paddestoelen ~)	grybauti	[grʲiːˈbɑʊtʲɪ]
plukken (bessen ~)	uogauti	[ʊɑˈgɑʊtʲɪ]
verdwalen (de weg kwijt zijn)	pasiklysti	[pasʲɪˈklʲiːstʲɪ]

132. Natuurlijke hulpbronnen

natuurlijke rijkdommen (mv.)	gamtiniai ištekliai (v dgs)	[gamˈtʲɪnʲɛɪ ˈɪʃtʲɛklʲɛɪ]
delfstoffen (mv.)	naudingos iškasenos (m dgs)	[nɑʊˈdʲɪngos ˈɪʃkasʲɛnos]
lagen (mv.)	telkiniai (v dgs)	[tʲɛlʲˈkʲɪˈnʲɛɪ]
veld (bijv. olie~)	telkinys (v)	[tʲɛlʲˈkʲɪˈnʲiːs]

winnen (uit erts ~)	iškasti	[ɪʃˈkastʲɪ]
winning (de)	laimikis (v)	[lʲʌɪˈmʲɪkʲɪs]
erts (het)	rūda (m)	[ruːˈda]
mijn (bijv. kolenmijn)	rūdynas (v)	[ruːˈdʲiːnas]
mijnschacht (de)	šachta (m)	[ʃaxˈta]
mijnwerker (de)	šachtininkas (v)	[ˈʃaːxtʲɪnʲɪŋkas]

gas (het)	dujos (m dgs)	[ˈdʊjos]
gasleiding (de)	dujotiekis (v)	[dʊˈjotʲiɛkʲɪs]
olie (aardolie)	nafta (m)	[nafˈta]
olieleiding (de)	naftotiekis (v)	[nafˈtotʲiɛkʲɪs]

T&P Books. Thematische woordenschat Nederlands-Litouws - 5000 woorden

oliebron (de)	naftos bókštas (v)	['naːftos 'bokʃtas]
boortoren (de)	gręžimo bókštas (v)	['grʲɛːʒʲɪmɔ 'bokʃtas]
tanker (de)	tanklaivis (v)	['taŋklʲʌɪvʲɪs]

zand (het)	smėlis (v)	['smʲeːlʲɪs]
kalksteen (de)	kálkinis akmuõ (v)	['kalʲkʲɪnʲɪs akˈmʊɑ]
grind (het)	žvýras (v)	['ʒvʲiːras]
veen (het)	durpės (m dgs)	['dʊrpʲeːs]
klei (de)	mólis (v)	['molʲɪs]
steenkool (de)	anglìs (m)	[aŋˈlʲɪs]

IJzer (het)	geležìs (v)	[gʲɛlʲɛˈʒʲɪs]
goud (het)	áuksas (v)	['ɑʊksas]
zilver (het)	sidãbras (v)	[sʲɪˈdaːbras]
nikkel (het)	nìkelis (v)	['nʲɪkʲɛlʲɪs]
koper (het)	vãris (v)	['vaːrʲɪs]

zink (het)	cìnkas (v)	['tsʲɪŋkas]
mangaan (het)	mangãnas (v)	[manˈgaːnas]
kwik (het)	gývsidabris (v)	['gʲiːvsʲɪdabrʲɪs]
lood (het)	švìnas (v)	['ʃvʲɪnas]

mineraal (het)	minerãlas (v)	[mʲɪnʲɛˈraːlʲas]
kristal (het)	kristãlas (v)	[krʲɪsˈtaːlʲas]
marmer (het)	mármuras (v)	['marmʊras]
uraan (het)	urãnas (v)	[ʊˈraːnas]

De Aarde. Deel 2

133. Weer

weer (het)	óras (v)	['oras]
weersvoorspelling (de)	óro prognozė (m)	['orɔ prog'nozʲeː]
temperatuur (de)	temperatūrà (m)	[tʲɛmpʲɛratuːˈra]
thermometer (de)	termomètras (v)	[tʲɛrmo'mʲɛtras]
barometer (de)	baromètras (v)	[baro'mʲɛtras]
vochtig (bn)	drėgnas	['drʲeːgnas]
vochtigheid (de)	drėgmė̃ (m)	[drʲeːg'mʲeː]
hitte (de)	karštis (v)	['karʃtʲɪs]
heet (bn)	karštas	['karʃtas]
het is heet	karšta	['karʃta]
het is warm	šílta	['ʃɪlʲta]
warm (bn)	šíltas	['ʃɪlʲtas]
het is koud	šálta	['ʃalʲta]
koud (bn)	šáltas	['ʃalʲtas]
zon (de)	sáulė (m)	['sɑʊlʲeː]
schijnen (de zon)	šviẽsti	['ʃvʲɛstʲɪ]
zonnig (~e dag)	sauléta	[sɑʊˈlʲeːta]
opgaan (ov. de zon)	pakìlti	[paˈkʲɪlʲtʲɪ]
ondergaan (ww)	léistis	['lʲɛɪstʲɪs]
wolk (de)	debesìs (v)	[dʲɛbʲɛˈsʲɪs]
bewolkt (bn)	debesúota	[dʲɛbʲɛˈsʊɑta]
regenwolk (de)	debesìs (v)	[dʲɛbʲɛˈsʲɪs]
somber (bn)	apsiniáukę	[apsʲɪˈnʲæʊkʲɛː]
regen (de)	lietùs (v)	[lʲiɛˈtʊs]
het regent	lỹja	['lʲiːja]
regenachtig (bn)	lietìngas	[lʲiɛˈtʲɪngas]
motregenen (ww)	lynóti	[lʲiːˈnotʲɪ]
plensbui (de)	liū́tis (m)	['lʲuːtʲɪs]
stortbui (de)	liū́tis (m)	['lʲuːtʲɪs]
hard (bn)	stiprùs	[stʲɪpˈrʊs]
plas (de)	balà (m)	[baˈlʲa]
nat worden (ww)	šlãpti	['ʃlʲaptʲɪ]
mist (de)	rūkas (v)	['ruːkas]
mistig (bn)	miglótas	[mʲɪgˈlʲotas]
sneeuw (de)	sniẽgas (v)	['snʲɛgas]
het sneeuwt	sniñga	['snʲɪŋga]

134. Zwaar weer. Natuurrampen

noodweer (storm)	perkūnija (m)	[pʲɛrˈkuːnʲɪjɛ]
bliksem (de)	žaĩbas (v)	[ˈʒʌɪbas]
flitsen (ww)	žaibúoti	[ʒʌɪˈbʊɑtʲɪ]
donder (de)	griaustìnis (v)	[grʲɛʊsˈtʲɪnʲɪs]
donderen (ww)	griáudėti	[ˈgrʲæʊdʲeːtʲɪ]
het dondert	griáudėja griaustìnis	[ˈgrʲæʊdʲeːja grʲɛʊsˈtʲɪnʲɪs]
hagel (de)	krušà (m)	[krʊˈʃa]
het hagelt	kriñta krušà	[ˈkrʲɪnta krʊˈʃa]
overstromen (ww)	užlíeti	[ʊʒˈlʲiɛtʲɪ]
overstroming (de)	pótvynis (v)	[ˈpotvʲiːnʲɪs]
aardbeving (de)	žẽmės drebėjimas (v)	[ˈʒʲæmʲeːs drɛˈbʲɛjɪmas]
aardschok (de)	smūgis (m)	[ˈsmuːgʲɪs]
epicentrum (het)	epiceñtras (v)	[ɛpʲɪˈtsʲɛntras]
uitbarsting (de)	išsiveržìmas (v)	[ɪʃsʲɪvʲɛrˈʒʲɪmas]
lava (de)	lavà (m)	[lʲaˈva]
wervelwind (de)	víesulas (v)	[ˈvʲiɛsʊlʲas]
windhoos (de)	tornãdo (v)	[torˈnaːdɔ]
tyfoon (de)	taifūnas (v)	[tʌɪˈfuːnas]
orkaan (de)	uragãnas (v)	[ʊraˈgaːnas]
storm (de)	audrà (m)	[ɑʊdˈra]
tsunami (de)	cunāmis (v)	[tsʊˈnaːmʲɪs]
cycloon (de)	ciklònas (v)	[tsʲɪkˈlʲonas]
onweer (het)	dárgana (m)	[ˈdargana]
brand (de)	gaĩsras (v)	[ˈgʌɪsras]
ramp (de)	katastrofà (m)	[katastroˈfa]
meteoriet (de)	meteorìtas (v)	[mʲɛtʲɛoˈrʲɪtas]
lawine (de)	lavinà (m)	[lʲavʲɪˈna]
sneeuwverschuiving (de)	griūtìs (m)	[grʲuːˈtʲɪs]
sneeuwjacht (de)	pūgà (m)	[puːˈga]
sneeuwstorm (de)	pūgà (m)	[puːˈga]

Fauna

135. Zoogdieren. Roofdieren

roofdier (het)	plėšrūnas (v)	[pʲeːʃruːnas]
tijger (de)	tigras (v)	['tʲɪgras]
leeuw (de)	liūtas (v)	['lʲuːtas]
wolf (de)	vilkas (v)	['vʲɪlʲkas]
vos (de)	lãpė (m)	['lʲaːpʲeː]
jaguar (de)	jaguāras (v)	[jagʊ'aːras]
luipaard (de)	leopárdas (v)	[lʲɛo'pardas]
jachtluipaard (de)	gepárdas (v)	[gʲɛ'pardas]
panter (de)	panterà (m)	[pantʲɛ'ra]
poema (de)	pumà (m)	[pʊ'ma]
sneeuwluipaard (de)	snieginis leopárdas (v)	[snʲiɛ'gʲɪnʲɪs lʲɛo'pardas]
lynx (de)	lūšis (m)	['lʲuːʃɪs]
coyote (de)	kojotas (v)	[kɔ'jɔ tas]
jakhals (de)	šakãlas (v)	[ʃa'kaːlʲas]
hyena (de)	hienà (m)	[ɣʲiɛ'na]

136. Wilde dieren

dier (het)	gyvūnas (v)	[gʲiː'vuːnas]
beest (het)	žvėris (v)	[ʒvʲeː'rʲɪs]
eekhoorn (de)	voverė̃ (m)	[vove'rʲeː]
egel (de)	ežỹs (v)	[ɛʒʲiːs]
haas (de)	kiškis, zuikis (v)	['kʲɪʃkʲɪs], ['zʊɪkʲɪs]
konijn (het)	triušis (v)	['trʲʊʃɪs]
das (de)	barsukas (v)	[bar'sʊkas]
wasbeer (de)	meškénas (v)	[mʲɛʃ'kʲeːnas]
hamster (de)	žiurkénas (v)	[ʒʲʊr'kʲeːnas]
marmot (de)	švilpikas (v)	[ʃvʲɪlʲ'pʲɪkas]
mol (de)	kurmis (v)	['kʊrmʲɪs]
muis (de)	pelė̃ (m)	[pʲɛ'lʲeː]
rat (de)	žiùrkė (m)	['ʒʲʊrkʲeː]
vleermuis (de)	šikšnósparnis (v)	[ʃɪkʃ'nosparnʲɪs]
hermelijn (de)	šermuonėlis (v)	[ʃermʊɑ'nʲeːlʲɪs]
sabeldier (het)	sãbalas (v)	['saːbalʲas]
marter (de)	kiáunė (m)	['kʲæʊnʲeː]
wezel (de)	žebenkštis (m)	[ʒʲɛbʲɛŋkʃ'tʲɪs]
nerts (de)	audinė (m)	[ɑʊ'dʲɪnʲeː]

bever (de)	bẽbras (v)	['bʲæbras]
otter (de)	ū́dra (m)	['u:dra]

paard (het)	arklȳs (v)	[ark'lʲi:s]
eland (de)	bríedis (v)	['brʲiɛdʲɪs]
hert (het)	élnias (v)	['ɛlʲnʲæs]
kameel (de)	kupranūgaris (v)	[kʊpranʊ'ga:rʲɪs]

bizon (de)	bizònas (v)	[bʲɪ'zonas]
oeros (de)	stum̃bras (v)	['stʊmbras]
buffel (de)	buĩvolas (v)	['bʊivolʲas]

zebra (de)	zèbras (v)	['zʲɛbras]
antilope (de)	antilòpė (m)	[antʲɪ'lʲopʲe:]
ree (de)	stìrna (m)	['stʲɪrna]
damhert (het)	daniẽlius (v)	[da'nʲɛlʲʊs]
gems (de)	gemzė̃ (m)	['gʲɛmzʲe:]
everzwijn (het)	šérnas (v)	['ʃɛrnas]

walvis (de)	bangìnis (v)	[ban'gʲɪnʲɪs]
rob (de)	rúonis (v)	['rʊɑnʲɪs]
walrus (de)	vėplȳs (v)	[vʲe:p'lʲi:s]
zeehond (de)	kòtikas (v)	['kotʲɪkas]
dolfijn (de)	delfĩnas (v)	[dʲɛlʲ'fʲɪnas]

beer (de)	lokȳs (v), mèška (m)	[lʲo'kʲi:s], [mʲɛʃ'ka]
IJsbeer (de)	baltàsis lokȳs (v)	[balʲ'tasʲɪs lʲo'kʲi:s]
panda (de)	pánda (m)	['panda]

aap (de)	beždžiõnė (m)	[bʲɛʒ'dʒʲo:nʲe:]
chimpansee (de)	šimpánzė (m)	[ʃɪm'panzʲe:]
orang-oetan (de)	orangutángas (v)	[orangʊ'tangas]
gorilla (de)	gorilà (m)	[gorʲɪ'lʲa]
makaak (de)	makakà (m)	[maka'ka]
gibbon (de)	gibònas (v)	[gʲɪ'bonas]

olifant (de)	dramblȳs (v)	[dram'blʲi:s]
neushoorn (de)	raganòsis (v)	[raga'no:sʲɪs]
giraffe (de)	žirafà (m)	[ʒɪra'fa]
nijlpaard (het)	begemòtas (v)	[bʲɛgʲɛ'motas]

kangoeroe (de)	kengūrà (m)	[kʲɛn'gu:'ra]
koala (de)	koalà (m)	[kɔa'lʲa]

mangoest (de)	mangustà (m)	[mangʊs'ta]
chinchilla (de)	šinšilà (m)	[ʃɪnʃɪ'lʲa]
stinkdier (het)	skùnkas (v)	['skʊŋkas]
stekelvarken (het)	dygliuotis (v)	[dʲi:g'lʲʊotʲɪs]

137. Huisdieren

poes (de)	katė̃ (m)	[ka'tʲe:]
kater (de)	kãtinas (v)	['ka:tʲɪnas]
hond (de)	šuõ (v)	['ʃʊɑ]

T&P Books. Thematische woordenschat Nederlands-Litouws - 5000 woorden

paard (het)	arklỹs (v)	[ark'lʲi:s]
hengst (de)	eržilas (v)	['ɛrʒʲɪlʲas]
merrie (de)	kumẽlė (m)	[kʊ'mʲælʲe:]

koe (de)	kárvė (m)	['karvʲe:]
stier (de)	bùlius (v)	['bʊlʲʊs]
os (de)	jáutis (v)	['jɑʊtʲɪs]

schaap (het)	avìs (m)	[a'vʲɪs]
ram (de)	ãvinas (v)	['a:vʲɪnas]
geit (de)	ožkà (m)	[oʒ'ka]
bok (de)	ožỹs (v)	[o'ʒʲi:s]

ezel (de)	ãsilas (v)	['a:sʲɪlʲas]
muilezel (de)	mùlas (v)	['mʊlʲas]

varken (het)	kiaũlė (m)	['kʲɛʊlʲe:]
biggetje (het)	paršẽlis (v)	[par'ʃælʲɪs]
konijn (het)	triùšis (v)	['trʲʊʃɪs]

kip (de)	vištà (m)	[vʲɪʃ'ta]
haan (de)	gaidỹs (v)	[gʌɪ'dʲi:s]

eend (de)	ántis (m)	['antʲɪs]
woerd (de)	añtinas (v)	['antʲɪnas]
gans (de)	žąsinas (v)	['ʒa:sʲɪnas]

kalkoen haan (de)	kalakùtas (v)	[kalʲa'kʊtas]
kalkoen (de)	kalakùtė (m)	[kalʲa'kʊtʲe:]

huisdieren (mv.)	namìniai gyvūnai (v dgs)	[na'mʲɪnʲɛɪ gʲi:'vu:nʌɪ]
tam (bijv. hamster)	prijaukìntas	[prʲɪʲjɛʊ'kʲɪntas]
temmen (tam maken)	prijaukìnti	[prʲɪʲjɛʊ'kʲɪntʲɪ]
fokken (bijv. paarden ~)	augìnti	[ɑʊ'gʲɪntʲɪ]

boerderij (de)	fèrma (m)	['fʲɛrma]
gevogelte (het)	namìnis paũkštis (v)	[na'mʲɪnʲɪs 'pɑʊkʃtʲɪs]
rundvee (het)	galvìjas (v)	[gal'vʲɪjɛs]
kudde (de)	bandà (m)	[ban'da]

paardenstal (de)	arklìdė (m)	[ark'lʲɪdʲe:]
zwijnenstal (de)	kiaulìdė (m)	[kʲɛʊ'lʲɪdʲe:]
koeienstal (de)	karvìdė (m)	[kar'vʲɪdʲe:]
konijnenhok (het)	triušìdė (m)	[trʲʊ'ʃɪdʲe:]
kippenhok (het)	vištìdė (m)	[vʲɪʃ'tʲɪdʲe:]

138. Vogels

vogel (de)	paũkštis (v)	['pɑʊkʃtʲɪs]
duif (de)	balañdis (v)	[ba'lʲandʲɪs]
mus (de)	žvìrblis (v)	['ʒvʲɪrblʲɪs]
koolmees (de)	zýlė (m)	['zʲi:lʲe:]
ekster (de)	šárka (m)	['ʃarka]
raaf (de)	var̃nas (v)	['varnas]

T&P Books. Thematische woordenschat Nederlands-Litouws - 5000 woorden

kraai (de)	várna (m)	['varna]
kauw (de)	kúosa (m)	['kuɑsa]
roek (de)	kovàs (v)	[kɔ'vas]
eend (de)	ántis (m)	['antʲɪs]
gans (de)	žąsinas (v)	['ʒɑːsʲɪnas]
fazant (de)	fazānas (v)	[fa'zaːnas]
arend (de)	erēlis (v)	[ɛ'rʲælʲɪs]
havik (de)	vānagas (v)	['vaːnagas]
valk (de)	sākalas (v)	['saːkalʲas]
gier (de)	grìfas (v)	['grʲɪfas]
condor (de)	kondòras (v)	[kɔn'doras]
zwaan (de)	gulbė (m)	['gʊlʲbʲeː]
kraanvogel (de)	gérvė (m)	['gʲɛrvʲeː]
ooievaar (de)	gañdras (v)	['gandras]
papegaai (de)	papūgà (m)	[papuː'ga]
kolibrie (de)	kolìbris (v)	[kɔ'lʲɪbrʲɪs]
pauw (de)	póvas (v)	['povas]
struisvogel (de)	strùtis (v)	['strʊtʲɪs]
reiger (de)	garnỹs (v)	[gar'nʲiːs]
flamingo (de)	flamìngas (v)	[flʲa'mʲɪngas]
pelikaan (de)	pelikānas (v)	[pʲɛlʲɪ'kaːnas]
nachtegaal (de)	lakštìngala (m)	[lʲakʃ'tʲɪŋgalʲa]
zwaluw (de)	kregždė̃ (m)	[krʲɛgʒ'dʲeː]
lijster (de)	strãzdas (v)	['straːzdas]
zanglijster (de)	strãzdas giesminiñkas (v)	['straːzdas gʲiɛsmʲɪ'nʲɪŋkas]
merel (de)	juodàsis strãzdas (v)	[jʊɑ'dasʲɪs s'traːzdas]
gierzwaluw (de)	čiurlỹs (v)	[tʂʲʊr'lʲiːs]
leeuwerik (de)	vytùrys, vieversỹs (v)	[vʲiːtʊ'rʲiːs], [vʲiɛvɛr'sʲiːs]
kwartel (de)	pùtpelė (m)	['pʊtpelʲeː]
specht (de)	genỹs (v)	[gʲɛ'nʲiːs]
koekoek (de)	gegùtė (m)	[gʲɛ'gʊtʲeː]
uil (de)	peléda (m)	[pʲɛ'lʲeːda]
oehoe (de)	apúokas (v)	[a'pʊɑkas]
auerhoen (het)	kurtinỹs (v)	[kʊrtʲɪ'nʲiːs]
korhoen (het)	tètervinas (v)	['tʲætʲɛrvʲɪnas]
patrijs (de)	kurapkà (m)	[kʊrap'ka]
spreeuw (de)	varnénas (v)	[var'nʲeːnas]
kanarie (de)	kanarėlė (m)	[kana'rʲeːlʲeː]
hazelhoen (het)	jerubė̃ (m)	[jerʊ'bʲeː]
vink (de)	kikìlis (v)	[kʲɪ'kʲɪlʲɪs]
goudvink (de)	sniẽgena (m)	['snʲɛgʲɛna]
meeuw (de)	žuvėdra (m)	[ʒʊ'vʲeːdra]
albatros (de)	albatròsas (v)	[alʲba't'rosas]
pinguïn (de)	pingvìnas (v)	[pʲɪŋg'vʲɪnas]

133

139. Vis. Zeedieren

brasem (de)	karšis (v)	['karʃʲɪs]
karper (de)	kárpis (v)	['karpʲɪs]
baars (de)	ešerỹs (v)	[ɛʃɛ'rʲiːs]
meerval (de)	šãmas (v)	['ʃaːmas]
snoek (de)	lydekà (m)	[lʲiːdʲɛ'ka]
zalm (de)	lašišà (m)	[lʲaʃɪ'ʃa]
steur (de)	erškėtas (v)	[erʃkʲeːtas]
haring (de)	sìlkė (m)	['sʲɪlʲkʲeː]
atlantische zalm (de)	lašišà (m)	[lʲaʃɪ'ʃa]
makreel (de)	skùmbrė (m)	['skʊmbrʲeː]
platvis (de)	plėkšnė (m)	['plʲækʃnʲeː]
snoekbaars (de)	starkis (v)	['starkʲɪs]
kabeljauw (de)	menkė (m)	['mʲɛŋkʲeː]
tonijn (de)	tùnas (v)	['tʊnas]
forel (de)	upėtakis (v)	[ʊ'pʲeːtakʲɪs]
paling (de)	ungurỹs (v)	[ʊŋgʊ'rʲiːs]
sidderrog (de)	elektrinė rajà (m)	[ɛlʲɛk'trʲɪnʲeː raˈja]
murene (de)	murėnà (m)	[mʊrʲɛ'na]
piranha (de)	pirãnija (m)	[pʲɪ'raːnʲɪjɛ]
haai (de)	ryklỹs (v)	[rʲɪk'lʲiːs]
dolfijn (de)	delfinas (v)	[dʲɛlʲ'fɪnas]
walvis (de)	banginis (v)	[ban'gʲɪnʲɪs]
krab (de)	krãbas (v)	['kraːbas]
kwal (de)	medūzà (m)	[mʲɛduː'za]
octopus (de)	aštuonkõjis (v)	[aʃtʊɑŋ'koːjis]
zeester (de)	jū́ros žvaigždė̃ (m)	['juːros ʒvʌɪgʒ'dʲeː]
zee-egel (de)	jū́ros ežỹs (v)	['juːros ɛ'ʒʲiːs]
zeepaardje (het)	jū́ros arkliùkas (v)	['juːros ark'lʲʊkas]
oester (de)	áustrė (m)	['aʊstrʲeː]
garnaal (de)	krevetė (m)	[krʲɛ'vʲɛtʲeː]
kreeft (de)	omãras (v)	[o'maːras]
langoest (de)	langùstas (v)	[lʲan'gʊstas]

140. Amfibieën. Reptielen

slang (de)	gyvãtė (m)	[gʲiː'vaːtʲeː]
giftig (slang)	nuodìngas	[nʊɑ'dʲɪngas]
adder (de)	angis (v)	[an'gʲɪs]
cobra (de)	kobrà (m)	[kɔb'ra]
python (de)	pitònas (v)	[pʲɪ'tonas]
boa (de)	smauglỹs (v)	[smɑʊg'lʲiːs]
ringslang (de)	žaltỹs (v)	[ʒalʲ'tʲiːs]

T&P Books. Thematische woordenschat Nederlands-Litouws - 5000 woorden

| ratelslang (de) | barškuolė (m) | [barʃ'kuɑlʲeː] |
| anaconda (de) | anakonda (m) | [ana'konda] |

hagedis (de)	driežas (v)	['drʲiɛʒas]
leguaan (de)	iguana (m)	[ɪgʊa'na]
varaan (de)	varanas (v)	[va'raːnas]
salamander (de)	salamandra (m)	[salʲa'mandra]
kameleon (de)	chameleonas (v)	[xamʲɛlʲɛ'onas]
schorpioen (de)	skorpionas (v)	[skorpʲɪ'ɔnas]

schildpad (de)	vėžlys (v)	[vʲeːʒ'lʲiːs]
kikker (de)	varlė (m)	[var'lʲeː]
pad (de)	rupūžė (m)	['rʊpuːʒʲeː]
krokodil (de)	krokodilas (v)	[kroko'dʲɪlʲas]

141. Insecten

insect (het)	vabzdys (v)	[vabz'dʲiːs]
vlinder (de)	drugelis (v)	[drʊ'gʲælʲɪs]
mier (de)	skruzdėlė (m)	[skrʊz'dʲælʲeː]
vlieg (de)	musė (m)	['mʊsʲeː]
mug (de)	uodas (v)	['ʊɑdas]
kever (de)	vabalas (v)	['vaːbalʲas]

wesp (de)	vapsva (m)	[vaps'va]
bij (de)	bitė (m)	['bʲɪtʲeː]
hommel (de)	kamanė (m)	[ka'maːnʲeː]
horzel (de)	gylys (v)	[gʲiː'lʲiːs]

| spin (de) | voras (v) | ['voras] |
| spinnenweb (het) | voratinklis (v) | [vo'raːtʲɪŋklʲɪs] |

libel (de)	laumžirgis (v)	['lʲɑʊmʒʲɪrgʲɪs]
sprinkhaan (de)	žiogas (v)	['ʒʲogas]
nachtvlinder (de)	peteliškė (m)	[pʲɛtʲɛ'lʲɪʃkʲeː]

kakkerlak (de)	tarakonas (v)	[tara'koːnas]
mijt (de)	erkė (m)	[ʲærkʲeː]
vlo (de)	blusa (m)	[blʲʊ'sa]
kriebelmug (de)	mašalas (v)	['maːʃalʲas]

treksprinkhaan (de)	skėrys (v)	[skʲeː'rʲiːs]
slak (de)	sraigė (m)	['srʌɪgʲeː]
krekel (de)	svirplys (v)	[svʲɪrp'lʲiːs]
glimworm (de)	jonvabalis (v)	['joːnvabalʲɪs]
lieveheersbeestje (het)	boružė (m)	[bo'rʊʒʲeː]
meikever (de)	grambuolys (v)	[grambʊɑ'lʲiːs]

bloedzuiger (de)	dėlė (m)	[dʲeː'lʲeː]
rups (de)	vikšras (v)	['vʲɪkʃras]
aardworm (de)	sliekas (v)	['slʲiɛkas]
larve (de)	kirmėlė (m)	[kʲɪrmʲeːlʲeː]

135

Flora

142. Bomen

boom (de)	mẽdis (v)	['mʲædʲɪs]
loof- (abn)	lapuõtis	[lʲapʊ'atʲɪs]
dennen- (abn)	spygliuõtis	[spʲi:gʲlʲʊo:tʲɪs]
groenblijvend (bn)	vìsžalis	['vʲɪsʒalʲɪs]
appelboom (de)	obelìs (m)	[obʲɛ'lʲɪs]
perenboom (de)	kriáušė (m)	['krʲæʊʃe:]
zoete kers (de)	trẽšnė (m)	['trʲæʃnʲe:]
zure kers (de)	vyšnià (m)	[vʲi:ʃnʲæ]
pruimelaar (de)	slyvà (m)	[slʲi:'va]
berk (de)	béržas (v)	['bʲɛrʒas]
eik (de)	ąžuolas (v)	['a:ʒʊalʲas]
linde (de)	líepa (m)	['lʲiɛpa]
esp (de)	drebulẽ (m)	[drebʊ'lʲe:]
esdoorn (de)	klẽvas (v)	['klʲævas]
spar (de)	ẽglė (m)	['ʲæglʲe:]
den (de)	pušìs (m)	[pʊ'ʃɪs]
lariks (de)	maũmedis (v)	['maʊmʲɛdʲɪs]
zilverspar (de)	kẽnis (v)	['kʲe:nʲɪs]
ceder (de)	kėdras (v)	['kʲɛdras]
populier (de)	túopa (m)	['tʊapa]
lijsterbes (de)	šermùkšnis (v)	[ʃɛr'mʊkʃnʲɪs]
wilg (de)	gluósnis (v)	['glʲʊasnʲɪs]
els (de)	álksnis (v)	['alʲksnʲɪs]
beuk (de)	bùkas (v)	['bʊkas]
iep (de)	gúoba (m)	['gʊaba]
es (de)	úosis (v)	['ʊasʲɪs]
kastanje (de)	kaštõnas (v)	[kaʃ'to:nas]
magnolia (de)	magnòlija (m)	[mag'nolʲɪjɛ]
palm (de)	pálmė (m)	['palʲmʲe:]
cipres (de)	kiparìsas (v)	[kʲɪpa'rʲɪsas]
mangrove (de)	mañgro mẽdis (v)	['mañgro 'mʲædʲɪs]
baobab (apenbroodboom)	baobãbas (v)	[bao'ba:bas]
eucalyptus (de)	eukalìptas (v)	[ɛʊka'lʲɪptas]
mammoetboom (de)	sekvojà (m)	[sʲɛkvo:'jɛ]

143. Heesters

struik (de)	krū́mas (v)	['kru:mas]
heester (de)	krūmýnas (v)	[kru:'mʲi:nas]

T&P Books. Thematische woordenschat Nederlands-Litouws - 5000 woorden

| wijnstok (de) | vynuogýnas (v) | [vʲiːnʊɑ'gʲiːnas] |
| wijngaard (de) | vynuogýnas (v) | [vʲiːnʊɑ'gʲiːnas] |

frambozenstruik (de)	aviẽtė (m)	[a'vʲɛtʲeː]
rode bessenstruik (de)	raudonãsis serbeñtas (v)	[rɑʊdo'nasʲɪs sʲɛr'bʲɛntas]
kruisbessenstruik (de)	agrãstas (v)	[ag'raːstas]

acacia (de)	akãcija (m)	[a'kaːtsʲɪjɛ]
zuurbes (de)	raugerškis (m)	[rɑʊ'gʲɛrʃkʲɪs]
jasmijn (de)	jazmìnas (v)	[jaz'mʲɪnas]

jeneverbes (de)	kadagỹs (v)	[kada'gʲiːs]
rozenstruik (de)	rõžių krū́mas (v)	['roːʒʲuː 'kruːmas]
hondsroos (de)	erškė́tis (v)	[erʃ'kʲeːtʲɪs]

144. Vruchten. Bessen

vrucht (de)	vaĩsius (v)	['vʌɪsʲʊs]
vruchten (mv.)	vaĩsiai (v dgs)	['vʌɪsʲɛɪ]
appel (de)	obuolỹs (v)	[obʊɑ'lʲiːs]
peer (de)	kriáušė (m)	['krʲæʊʃʲeː]
pruim (de)	slyvà (m)	[slʲiː'va]

aardbei (de)	brãškė (m)	['braːʃkʲeː]
zure kers (de)	vyšnià (m)	[vʲiːʃ'nʲæ]
zoete kers (de)	trẽšnė (m)	['trʲæʃnʲeː]
druif (de)	vỹnuogės (m dgs)	['vʲiːnʊɑgʲeːs]

framboos (de)	aviẽtė (m)	[a'vʲɛtʲeː]
zwarte bes (de)	juodíeji serbeñtai (v dgs)	[jʊɑ'dʲiɛjɪ sʲɛr'bʲɛntʌɪ]
rode bes (de)	raudoníeji serbeñtai (v dgs)	[rɑʊdo'nʲɛjɪ sʲɛr'bʲɛntʌɪ]

| kruisbes (de) | agrãstas (v) | [ag'raːstas] |
| veenbes (de) | spañguolė (m) | ['spaŋgʊɑlʲeː] |

sinaasappel (de)	apelsìnas (v)	[apʲɛlʲ'sʲɪnas]
mandarijn (de)	mandarìnas (v)	[manda'rʲɪnas]
ananas (de)	ananãsas (v)	[ana'naːsas]

| banaan (de) | banãnas (v) | [ba'naːnas] |
| dadel (de) | datùlė (m) | [da'tʊlʲeː] |

citroen (de)	citrinà (m)	[tsʲɪtrʲɪ'na]
abrikoos (de)	abrikòsas (v)	[abrʲɪ'kosas]
perzik (de)	pèrsikas (v)	['pʲɛrsʲɪkas]

| kiwi (de) | kìvis (v) | ['kʲɪvʲɪs] |
| grapefruit (de) | greĩpfrutas (v) | ['grʲɛɪpfrʊtas] |

bes (de)	úoga (m)	['ʊɑga]
bessen (mv.)	úogos (m dgs)	['ʊɑgos]
vossenbes (de)	bruknė̃s (m dgs)	['brʊknʲeːs]
bosaardbei (de)	žemuogė̃s (m dgs)	['ʒæmʊɑgʲeːs]
bosbes (de)	mėlynė̃s (m dgs)	[mʲeː'lʲiːnʲeːs]

137

145. Bloemen. Planten

bloem (de)	gėlė (m)	[gʲeː'lʲeː]
boeket (het)	puokštė (m)	['puɑkʃtʲeː]
roos (de)	rožė (m)	['roːʒʲeː]
tulp (de)	tulpė (m)	['tʊlʲpʲeː]
anjer (de)	gvazdikas (v)	[gvaz'dʲɪkas]
gladiool (de)	kardelis (v)	[kar'dʲælʲɪs]
korenbloem (de)	rugiagėlė (m)	['rʊgʲægʲeː:lʲeː]
klokje (het)	varpelis (v)	[var'pʲælʲɪs]
paardenbloem (de)	pienė (m)	['pʲɛnʲeː]
kamille (de)	ramunė (m)	[ra'mʊnʲeː]
aloë (de)	alijošius (v)	[alʲɪ'jɔːʃʊs]
cactus (de)	kaktusas (v)	['kaːktʊsas]
ficus (de)	fikusas (v)	['fʲɪkʊsas]
lelie (de)	lelija (m)	[lʲɛlʲɪ'ja]
geranium (de)	pelargonija (m)	[pʲɛlʲar'gonʲɪjɛ]
hyacint (de)	hiacintas (v)	[ɣʲɪja'tsʲɪntas]
mimosa (de)	mimoza (m)	[mʲɪmo'za]
narcis (de)	narcizas (v)	[nar'tsʲɪzas]
Oostindische kers (de)	nasturta (m)	[nas'tʊrta]
orchidee (de)	orchidėja (m)	[orxʲɪ'dʲeːja]
pioenroos (de)	bijūnas (v)	[bʲɪ'juːnas]
viooltje (het)	našlaitė (m)	[naʃˈlʲʌɪtʲeː]
driekleurig viooltje (het)	darželinė našlaitė (m)	[dar'ʒʲælʲɪnʲeː naʃˈlʌɪtʲeː]
vergeet-mij-nietje (het)	neužmirštuolė (m)	[nʲɛʊʒmʲɪrʃˈtʊɑlʲeː]
madeliefje (het)	saulutė (m)	[sɑʊˈlʲʊtʲeː]
papaver (de)	aguona (m)	[agʊɑ'na]
hennep (de)	kanapė (m)	[ka'naːpʲeː]
munt (de)	mėta (m)	[mʲeː'ta]
lelietje-van-dalen (het)	pakalnutė (m)	[pakalʲ'nʊtʲeː]
sneeuwklokje (het)	sniegena (m)	['snʲɛgʲɛna]
brandnetel (de)	dilgėlė (m)	[dʲɪlʲ'gʲælʲeː]
veldzuring (de)	rūgštynė (m)	[ruːgʃˈtʲiːnʲeː]
waterlelie (de)	vandens lelija (m)	[van'dʲɛns lʲɛlʲɪ'ja]
varen (de)	papartis (v)	[pa'partʲɪs]
korstmos (het)	kerpė (m)	['kʲɛrpʲeː]
oranjerie (de)	oranžerija (m)	[oran'ʒʲɛrʲɪjɛ]
gazon (het)	gazonas (v)	[ga'zonas]
bloemperk (het)	klomba (m)	['klʲomba]
plant (de)	augalas (v)	['ɑʊgalʲas]
gras (het)	žolė (m)	[ʒo'lʲeː]
grasspriet (de)	žolelė (m)	[ʒo'lʲælʲeː]

blad (het)	lãpas (v)	['lʲaːpas]
bloemblad (het)	žíedlapis (v)	['ʒʲɪɛdlʲapʲɪs]
stengel (de)	stíebas (v)	['stʲɪɛbas]
knol (de)	gumbas (v)	['gʊmbas]
scheut (de)	želmuõ (v)	[ʒʲɛlʲ'mʊɑ]
doorn (de)	spyglỹs (v)	[spʲiːgʲlʲiːs]
bloeien (ww)	žydéti	[ʒʲiː'dʲeːtʲɪ]
verwelken (ww)	výsti	['vʲiːstʲɪ]
geur (de)	kvãpas (v)	['kvaːpas]
snijden (bijv. bloemen ~)	nupjáuti	[nʊ'pjɑʊtʲɪ]
plukken (bloemen ~)	nuskìnti	[nʊ'skʲɪntʲɪ]

146. Granen, graankorrels

graan (het)	grūdas (v)	['gruːdas]
graangewassen (mv.)	grūdinės kultūros (m dgs)	[gruː'dʲɪnʲeːs kʊlʲ'tuːros]
aar (de)	várpa (m)	['varpa]

tarwe (de)	kviečiaĩ (v dgs)	[kvʲɪɛ'tʂʲɛɪ]
rogge (de)	rugiaĩ (v dgs)	[rʊ'gʲɛɪ]
haver (de)	avižos (m dgs)	['aːvʲɪʒos]
gierst (de)	sóra (m)	['sora]
gerst (de)	miẽžiai (v dgs)	['mʲɛʒʲɛɪ]

maïs (de)	kukurūzas (v)	[kʊkʊ'ruːzas]
rijst (de)	rỹžiai (v)	['rʲiːʒʲɛɪ]
boekweit (de)	grìkiai (v dgs)	['grʲɪkʲɛɪ]

erwt (de)	žìrniai (v dgs)	['ʒʲɪrnʲɛɪ]
boon (de)	pupẽlės (m dgs)	[pʊ'pʲælʲeːs]
soja (de)	sojà (m)	[soː'jɛ]
linze (de)	lęšiai (v dgs)	['lʲɛːʃɛɪ]
bonen (mv.)	pupos (m dgs)	['pʊpos]

LANDEN. NATIONALITEITEN

147. West-Europa

| Europa (het) | Europa (m) | [ɛʊro'pa] |
| Europese Unie (de) | europiėtis (v) | [ɛʊro'pʲɛtʲɪs] |

Oostenrijk (het)	Áustrija (m)	['aʊstrʲɪjɛ]
Groot-Brittannië (het)	Didžióji Britãnija (m)	[dʲɪ'dʒʲoːjɪ brʲɪ'taːnʲɪjɛ]
Engeland (het)	Ánglija (m)	['anglʲɪjɛ]
België (het)	Bèlgija (m)	['bʲɛlʲgʲɪjɛ]
Duitsland (het)	Vokietija (m)	[vokʲiɛ'tʲɪja]

Nederland (het)	Nýderlandai (v dgs)	['nʲiːdʲɛrlʲandʌɪ]
Holland (het)	Olándija (m)	[o'lʲandʲɪjɛ]
Griekenland (het)	Graĩkija (m)	['grʌɪkʲɪjɛ]
Denemarken (het)	Dãnija (m)	['daːnʲɪjɛ]
Ierland (het)	Aĩrija (m)	['ʌɪrʲɪjɛ]
IJsland (het)	Islándija (m)	[ɪs'lʲandʲɪjɛ]

Spanje (het)	Ispãnija (m)	[ɪs'paːnʲɪjɛ]
Italië (het)	Itãlija (m)	[ɪ'taːlʲɪjɛ]
Cyprus (het)	Kìpras (v)	['kʲɪpras]
Malta (het)	Málta (m)	['malʲta]

Noorwegen (het)	Norvègija (m)	[nor'vʲɛgʲɪjɛ]
Portugal (het)	Portugãlija (m)	[portʊ'gaːlʲɪjɛ]
Finland (het)	Súomija (m)	['sʊɔmʲɪjɛ]
Frankrijk (het)	Prancūzijà (m)	[prantsuːzʲɪ'ja]

Zweden (het)	Švèdija (m)	['ʃvʲɛdʲɪjɛ]
Zwitserland (het)	Šveicãrija (m)	[ʃvʲɛɪ'tsaːrʲɪjɛ]
Schotland (het)	Škòtija (m)	['ʃkotʲɪjɛ]

Vaticaanstad (de)	Vatikãnas (v)	[vatʲɪkaːnas]
Liechtenstein (het)	Lichtenšteinas (v)	['lʲɪxtʲɛnʃtʲɛɪnas]
Luxemburg (het)	Liùksemburgas (v)	['lʲʊksʲɛmbʊrgas]
Monaco (het)	Mónakas (v)	['monakas]

148. Centraal- en Oost-Europa

Albanië (het)	Albãnija (m)	[alʲˈbaːnʲɪjɛ]
Bulgarije (het)	Bulgãrija (m)	[bʊlʲˈgaːrʲɪjɛ]
Hongarije (het)	Veñgrija (m)	['vʲɛngrʲɪjɛ]
Letland (het)	Lãtvija (m)	['lʲaːtvʲɪjɛ]

| Litouwen (het) | Lietuvà (m) | [lʲiɛtʊ'va] |
| Polen (het) | Lénkija (m) | ['lʲɛnkʲɪjɛ] |

T&P Books. Thematische woordenschat Nederlands-Litouws - 5000 woorden

Roemenië (het)	Rumùnija (m)	[rʊˈmunʲɪjɛ]
Servië (het)	Sèrbija (m)	[ˈsʲɛrbʲɪjɛ]
Slowakije (het)	Slovākija (m)	[slʲoˈvaːkʲɪjɛ]
Kroatië (het)	Kroātija (m)	[kroˈaːtʲɪjɛ]
Tsjechië (het)	Čèkija (m)	[ˈtʂʲɛkʲɪjɛ]
Estland (het)	Èstija (m)	[ˈɛstʲɪjɛ]
Bosnië en Herzegovina (het)	Bòsnija iř Hercegovinà (m)	[ˈbosnʲɪja ir ɣʲɛrtsʲɛɡovʲɪˈna]
Macedonië (het)	Makedònija (m)	[makʲɛˈdonʲɪjɛ]
Slovenië (het)	Slovėnija (m)	[slʲoˈvʲeːnʲɪjɛ]
Montenegro (het)	Juodkalnijà (m)	[jʊɑdkalʲnʲɪˈja]

149. Voormalige USSR landen

Azerbeidzjan (het)	Azerbaidžānas (v)	[azʲɛrbʌɪˈdʒaːnas]
Armenië (het)	Armėnija (m)	[arˈmʲeːnʲɪjɛ]
Wit-Rusland (het)	Baltarùsija (m)	[balʲtaˈrʊsʲɪjɛ]
Georgië (het)	Grùzija (m)	[ˈɡrʊzʲɪjɛ]
Kazakstan (het)	Kazāchija (m)	[kaˈzaːxʲɪjɛ]
Kirgizië (het)	Kirgìzija (m)	[kʲɪrˈɡʲɪzʲɪjɛ]
Moldavië (het)	Moldāvija (m)	[molʲˈdaːvʲɪjɛ]
Rusland (het)	Rùsija (m)	[ˈrʊsʲɪjɛ]
Oekraïne (het)	Ukrainà (m)	[ʊkrʌɪˈna]
Tadzjikistan (het)	Tadžìkija (m)	[tadˈʒʲɪkʲɪjɛ]
Turkmenistan (het)	Turkmėnija (m)	[tʊrkˈmʲeːnʲɪjɛ]
Oezbekistan (het)	Uzbèkija (m)	[ʊzˈbʲɛkʲɪjɛ]

150. Azië

Azië (het)	āzija (m)	[ˈaːzʲɪjɛ]
Vietnam (het)	Vietnāmas (v)	[vʲɛtˈnaːmas]
India (het)	Ìndija (m)	[ˈɪndʲɪjɛ]
Israël (het)	Izraèlis (v)	[ɪzraʲˈɛlʲɪs]
China (het)	Kìnija (m)	[ˈkʲɪnʲɪjɛ]
Libanon (het)	Libānas (v)	[lʲɪˈbanas]
Mongolië (het)	Mongòlija (m)	[monˈɡolʲɪjɛ]
Maleisië (het)	Malàizija (m)	[maˈlʲɪʌɪzʲɪjɛ]
Pakistan (het)	Pakistānas (v)	[pakʲɪrˈstaːnas]
Saoedi-Arabië (het)	Saùdo Arābija (m)	[saˈʊdɔ aˈraːbʲɪjɛ]
Thailand (het)	Tailàndas (v)	[tʌɪˈlʲandas]
Taiwan (het)	Taivānis (v)	[tʌɪˈvanʲɪs]
Turkije (het)	Tùrkija (m)	[ˈtʊrkʲɪjɛ]
Japan (het)	Japònija (m)	[jaˈponʲɪjɛ]
Afghanistan (het)	Afganistānas (v)	[afɡanʲɪˈstaːnas]
Bangladesh (het)	Bangladèšas (v)	[banɡlʲaˈdʲɛʃas]

| Indonesië (het) | Indonezija (m) | [ɪndonʲɛzʲɪ'ja] |
| Jordanië (het) | Jordãnija (m) | [jɔr'da:nʲɪjɛ] |

Irak (het)	Irãkas (v)	[ɪ'ra:kas]
Iran (het)	Irãnas (v)	[ɪ'ra:nas]
Cambodja (het)	Kambodža (m)	[kambo'dʒa]
Koeweit (het)	Kuveĩtas (v)	[kʊ'vʲɛɪtas]

Laos (het)	Laòsas (v)	[lʲa'osas]
Myanmar (het)	Mianmãras (v)	[mʲæn'ma:ras]
Nepal (het)	Nepãlas (v)	[nʲɛ'pa:lʲas]
Verenigde Arabische Emiraten	Jungtìniai Arãbų Emiratai (v dgs)	[jʊŋk'tʲɪnʲɛɪ a'ra:bu: ɛmʲɪratʌɪ]

| Syrië (het) | Sìrija (m) | ['sʲɪrʲɪjɛ] |
| Palestijnse autonomie (de) | Palestìna (m) | [palʲɛs'tʲɪna] |

| Zuid-Korea (het) | Pietų Koréja (m) | [pʲiɛ'tu: ko'rʲe:ja] |
| Noord-Korea (het) | Šiáurės Koréja (m) | ['ʃæʊrʲe:s ko'rʲe:ja] |

151. Noord-Amerika

Verenigde Staten van Amerika	Jungtìnės Amèrikos Valstìjos (m dgs)	[jʊŋk'tʲɪnʲe:s a'mʲɛrʲɪkos valʲs'tʲɪjos]
Canada (het)	Kanadà (m)	[kana'da]
Mexico (het)	Mèksika (m)	['mʲɛksʲɪka]

152. Midden- en Zuid-Amerika

Argentinië (het)	Argentinà (m)	[argʲɛntʲɪ'na]
Brazilië (het)	Brazìlija (m)	[bra'zʲɪlʲɪjɛ]
Colombia (het)	Kolùmbija (m)	[kɔ'lʲʊmbʲɪjɛ]

| Cuba (het) | Kubà (m) | [kʊ'ba] |
| Chili (het) | Čìlė (m) | ['tʂʲɪlʲe:] |

| Bolivia (het) | Bolìvija (m) | [bo'lʲɪvʲɪjɛ] |
| Venezuela (het) | Venesuelà (m) | [vʲɛnʲɛsʊʲɛ'lʲa] |

| Paraguay (het) | Paragvãjus (v) | [parag'va:jʊs] |
| Peru (het) | Perù (v) | [pʲɛ'rʊ] |

Suriname (het)	Surinãmis (v)	[sʊrʲɪ'namʲɪs]
Uruguay (het)	Urugvãjus (v)	[ʊrʊg'va:jʊs]
Ecuador (het)	Ekvadòras (v)	[ɛkva'doras]

| Bahama's (mv.) | Bahãmų salõs (m dgs) | [ba'ɣamu: 'salʲo:s] |
| Haïti (het) | Haìtis (v) | [ɣʌ'ɪtʲɪs] |

Dominicaanse Republiek (de)	Dominìkos Respùblika (m)	[domʲɪ'nʲɪkos rʲɛs'pʊblʲɪka]
Panama (het)	Panamà (m)	[pana'ma]
Jamaica (het)	Jamáika (m)	[ja'mʌɪka]

153. Afrika

Nederlands	Litouws	Uitspraak
Egypte (het)	Egiptas (v)	[ɛˈgʲɪptas]
Marokko (het)	Marokas (v)	[maˈrokas]
Tunesië (het)	Tunisas (v)	[tʊˈnʲɪsas]
Ghana (het)	Gana (m)	[gaˈna]
Zanzibar (het)	Zanzibaras (v)	[zanzʲɪˈbaːras]
Kenia (het)	Kenija (m)	[ˈkʲɛnʲɪjɛ]
Libië (het)	Libija (m)	[ˈlʲɪbʲɪjɛ]
Madagaskar (het)	Madagaskaras (v)	[madagasˈkaːras]
Namibië (het)	Namibija (m)	[naˈmʲɪbʲɪjɛ]
Senegal (het)	Senegalas (v)	[sʲɛnʲɛˈgaːlʲas]
Tanzania (het)	Tanzanija (m)	[tanˈzaːnʲɪjɛ]
Zuid-Afrika (het)	Pietų afrikos respublika (m)	[pʲɪɛˈtuː ˈaːfrʲɪkos rʲɛsˈpʊblʲɪka]

154. Australië. Oceanië

Nederlands	Litouws	Uitspraak
Australië (het)	Australija (m)	[ɑʊsˈtraːlʲɪjɛ]
Nieuw-Zeeland (het)	Naujoji Zelandija (m)	[nɑʊˈjɔːjɪ zʲɛˈlʲandʲɪjɛ]
Tasmanië (het)	Tasmanija (m)	[tasˈmaːnʲɪjɛ]
Frans-Polynesië	Prancūzijos Polinezija (m)	[prantsuːˈzʲɪjos polʲɪˈnʲɛzʲɪjɛ]

155. Steden

Nederlands	Litouws	Uitspraak
Amsterdam	Amsterdamas (v)	[ˈamstʲɛrdamas]
Ankara	Ankara (m)	[aŋkaˈra]
Athene	Atėnai (v dgs)	[aˈtʲeːnʌɪ]
Bagdad	Bagdadas (v)	[bagˈdaːdas]
Bangkok	Bankokas (v)	[baŋˈkokas]
Barcelona	Barselona (m)	[barsʲɛlʲoˈna]
Beiroet	Beirutas (v)	[bʲɛɪˈrʊtas]
Berlijn	Berlynas (v)	[bʲɛrˈlʲiːnas]
Boedapest	Budapeštas (v)	[bʊdaˈpʲɛʃtas]
Boekarest	Bukareštas (v)	[bʊkaˈrʲɛʃtas]
Bombay, Mumbai	Bombėjus (v)	[bomˈbʲeːjʊs]
Bonn	Bona (m)	[boˈna]
Bordeaux	Bordo (v)	[borˈdo]
Bratislava	Bratislava (m)	[bratʲɪsʲlʲaˈva]
Brussel	Briuselis (v)	[ˈbrʲʊsʲɛlʲɪs]
Caïro	Kairas (v)	[kʌˈɪras]
Calcutta	Kalkuta (m)	[kalʲkʊˈta]
Chicago	Čikaga (m)	[tʂʲɪkaˈga]
Dar Es Salaam	Dar es Salamas (v)	[ˈdar ɛs saˈlʲaːmas]
Delhi	Delis (v)	[ˈdʲɛlʲɪs]
Den Haag	Haga (m)	[ɣaˈga]

Dubai	Dubãjus (v)	[dʊˈbaːjʊs]
Dublin	Dublinas (v)	[ˈdʊblʲɪnas]
Düsseldorf	Diuseldorfas (v)	[ˈdʲʊsʲɛlʲdorfas]
Florence	Florencija (m)	[flʲoˈrʲɛntsʲɪjɛ]

Frankfort	Fránkfurtas (v)	[ˈfraŋkfʊrtas]
Genève	Ženevà (m)	[ʒʲɛnʲɛˈva]
Hamburg	Hámburgas (v)	[ˈɣambʊrgas]
Hanoi	Hanòjus (v)	[ɣaˈnojʊs]
Havana	Havanà (m)	[ɣavaˈna]

Helsinki	Hèlsinkis (v)	[ˈɣʲɛlʲsʲɪŋkʲɪs]
Hiroshima	Hirosimà (m)	[ɣʲɪrosʲɪˈma]
Hongkong	Honkòngas (v)	[ɣoŋˈkongas]
Istanbul	Stambùlas (v)	[stamˈbʊlʲas]
Jeruzalem	Jeruzalė̃ (m)	[jeˈruzalʲeː]
Kiev	Kìjevas (v)	[ˈkʲɪjɛvas]

Kopenhagen	Kopenhagà (m)	[kopʲɛnɣaˈga]
Kuala Lumpur	Kvala Lùmpuras (v)	[ˈkvalʲa ˈlʲumpʊras]
Lissabon	Lisabonà (m)	[lʲɪsaboˈna]
Londen	Lòndonas (v)	[ˈlʲondonas]
Los Angeles	Lõs Ándželas (v)	[lʲoːs ˈandʒʲɛlʲas]

Lyon	Lionas (v)	[lʲɪˈjonas]
Madrid	Madrìdas (v)	[madˈrʲɪdas]
Marseille	Marsèlis (v)	[marˈsʲɛlʲɪs]
Mexico-Stad	Mèksikas (v)	[ˈmʲɛksʲɪkas]
Miami	Majãmis (v)	[maˈjaːmʲɪs]

Montreal	Monreãlis (v)	[monrʲɛˈaːlʲɪs]
Moskou	Maskvà (m)	[maskˈva]
München	Miùnchenas (v)	[ˈmʲʊnxʲɛnas]
Nairobi	Nairòbis (v)	[nʌɪˈrobʲɪs]
Napels	Neãpolis (v)	[nʲɛˈaːpolʲɪs]

New York	Niujòrkas (v)	[nʲʊˈjɔ rkas]
Nice	Nicà (m)	[nʲɪˈtsa]
Oslo	Òslas (v)	[oslʲas]
Ottawa	Otavà (m)	[otaˈva]
Parijs	Parỹžius (v)	[paˈrʲiːʒʲʊs]

Peking	Pekìnas (v)	[pʲɛˈkʲɪnas]
Praag	Prahà (m)	[praɣa]
Rio de Janeiro	Rio de Žaneĩras (v)	[ˈrʲɪjo dʲɛ ʒaˈnʲɛɪras]
Rome	Romà (m)	[roˈma]
Seoel	Seùlas (v)	[sʲɛˈʊ lʲas]
Singapore	Singapū̃ras (v)	[sʲɪngaˈpuːras]

Sint-Petersburg	Sankt-Peterbùrgas (v)	[saŋkt-pʲɛtʲɛrˈbʊrgas]
Sjanghai	Šanchãjus (v)	[ʃanˈxaːjʊs]
Stockholm	Stòkholmas (v)	[ˈstokyolʲmas]
Sydney	Sidnéjus (v)	[sʲɪdˈnʲeːjʊs]
Taipei	Taipėjus (v)	[tʌɪˈpʲeːjʊs]
Tokio	Tòkijas (v)	[ˈtokʲɪjas]
Toronto	Toròntas (v)	[toˈrontas]

Venetië	**Venècija** (m)	[vʲɛˈnʲɛtsʲɪjɛ]
Warschau	**Váršuva** (m)	[ˈvarʃuva]
Washington	**Vãšingtonas** (v)	[ˈvaːʃɪŋktonas]
Wenen	**Víena** (m)	[ˈvʲiɛna]

www.ingramcontent.com/pod-product-compliance
Lightning Source LLC
Chambersburg PA
CBHW070558050426
42450CB00011B/2901